Ideias

Dados Internacionais de Catalogação na Publicação (CIP)
(Câmara Brasileira do Livro, SP, Brasil)

Aznar, Guy
    Ideias : 100 técnicas de criatividade / Guy Aznar ; [tradução Mariana Echalar]. – São Paulo : Summus, 2011.

    Título original: Idées – 100 téchniques de créativité pour les produire et les gérer.
    ISBN: 978-85-323-0701-9
    Bibliografia.
    Índice remissivo.

    1. Criatividade 2. Criatividade - Técnicas I. Título.

11-04774   CDD-153.35

Índice para catálogo sistemático:

1. Criatividade de ideias : Psicologia   153.35

Compre em lugar de fotocopiar.
Cada real que você dá por um livro recompensa seus autores
e os convida a produzir mais sobre o tema;
incentiva seus editores a encomendar, traduzir e publicar
outras obras sobre o assunto;
e paga aos livreiros por estocar e levar até você livros
para a sua informação e o seu entretenimento.
Cada real que você dá pela fotocópia não autorizada de um livro
financia um crime
e ajuda a matar a produção intelectual em todo o mundo.

Guy Aznar

Ideias

100 técnicas de criatividade

summus editorial

Do original em língua francesa
IDÉES
100 techniques de créativité pour les produire et les gérer
De Guy Aznar
Copyright © 2005 by Groupe Eyrolles, Paris, França
Direitos desta tradução adquiridos por Summus Editorial

Editora executiva: **Soraia Bini Cury**
Editora assistente: **Salete Del Guerra**
Tradução: **Mariana Echalar**
Revisão técnica: **Renata Di Nizo**
Projeto gráfico e diagramação: **Pólen Editorial**
Capa: **Alberto Mateus**
Impressão: **Sumago Gráfica Editorial**

Summus Editorial
Departamento editorial
Rua Itapicuru, 613 – 7º andar
05006-000 – São Paulo – SP
Fone: (11) 3872-3322
Fax : (11) 3872-7476
http://www.summus.com.br
e-mail: summus@summus.com.br

Atendimento ao consumidor
Summus Editorial
Fone: (11) 3865-9890

Vendas por atacado
Fone: (11) 3873-8638
Fax : (11) 3873-7085
e-mail: vendas@summus.com.br

Impresso no Brasil

Admite-se em geral, ao menos entre os matemáticos,
que o homem que se dá o trabalho de ir às Índias
está certo de que alcançará uma América qualquer.

Arthur Koestler

Agradecimentos

Agradeço a todos os companheiros da aventura Synapse[1], a primeira equipe a explorar o território da criatividade de ideias, o que, na época, parecia uma *terra incógnita*.

Primeiro, a meu irmão Christian Aznar, com quem partilhei momentos de exaltação e entusiasmo que nos levaram a abandonar atividades profissionais seguras e a nos aventurar, inventando uma nova profissão: produtor de ideias.

A Pierre Bessis, com quem, em um dia de outubro de 1966, num café, assinei o estatuto da Synapse, primeira "sociedade francesa de criatividade aplicada".

A Jacqueline Aznar, por suas inspirações.

Aos primeiros companheiros de estrada, Clotaire Rapaille, Bernard Leblanc, Aldo Nonis, Roland Guénoun, Georges Guelfand, e aos da primeira renovação, Jacques Mariot, Jean-Claude Wydouw, Marcel Botton.

Às aves migratórias que trouxeram seu talento durante algum tempo e depois seguiram o próprio rumo (em ordem alfabética): Jacques Anfossi, Jean-Luc Auber, Pierre Berloquin, Alain Bobrie, Hervé de Clerck, Guy Crété, Philippe Christau, Sylvie Dion, Jean-Claude Ducatte, Geneviève Ely-Lemaire, Jean-Pierre Grard, Danièle Guillot, Ignazio Martin-Poyo, Margot Perez, Georges Renouard, Ketty Teboul. Desculpem-me os que esqueci.

Por fim, agradeço àqueles que colaboraram na produção deste livro: Philippe Dupont, Isabelle Jacob e Danielle Guillot, pela busca de ideias; Ghislain Grévy e Philippe Guariloff, pela parte da Triz; Jean-Claude Le Joliff, pela inovação; Rémi Saint-Péron, pelo trabalho de "coleta das ideias". Obrigado a Nathalie Garaud pelas ilustrações.

---

1. Para saber mais sobre a história da Synapse, veja "Anexos" (p. 239).

Sumário

Introdução **13**

PARTE 1 – SAIR EM BUSCA DE IDEIAS

Capítulo 1
Os grupos de criatividade **29**

1. Características dos grupos de criatividade **29**
Técnicas, para quê? 31
A linguagem associativa 32
A suspensão do julgamento 35
O mecanismo criativo 38

2. As técnicas de criatividade: famílias técnicas 1 a 3 .... **42**
Pontos em comum 42
Família técnica 1: as técnicas de desvio 58
Família técnica 2: as técnicas analógicas 91
Família técnica 3: o brainstorming 102

3. A dinâmica dos grupos de criatividade **114**
Características 114
Princípios de treinamento dos grupos 121
A organização dos grupos 143

Capítulo 2
Os métodos racionais 151

1. O pensamento lateral – família técnica 4 151
   Apresentação 152
   O método dos seis chapéus 154

2. A teoria Triz – família técnica 5 159
   O princípio 159

3. A coleta das ideias 169
   O princípio 170
   Implementação 171
   Exemplos 178

PARTE 2 – GERENCIAR IDEIAS

Capítulo 3
Avaliação das ideias 185
1. A seleção pelo grupo 186
   Objetivo 186
   Participantes e contexto 186
   Método 187
   Vantagens e riscos 188

2. A avaliação com um cliente mediador 188
   Objetivo 188
   Participantes e contexto 188
   Método 189
   Vantagens e riscos 189

3. A seleção para partir para a ação 190
   Objetivo 190
   Participantes e contexto 190
   Método 190
   Vantagens e riscos 190

Capítulo 4
Como integrar as ideias 194

1. Criatividade: uma etapa no processo global 194
2. Criatividade: uma fase do procedimento de inovação 201

Capítulo 5
Organizar a criatividade 204

1. **Criar um clima criativo: dez propostas** 205
   Organizar seminários... 205
   Treinar mediadores de criatividade internos 207
   Estimular a criatividade individual 208
   Coletar ideias espontâneas.. 212
   Organizar sessões de criatividade 212
   Convidar para fóruns criativos 213
   Mediar um *open space*... 215
   Sair do universo profissional 215
   Participar de colóquios de criatividade 216
   Incorporar a criatividade às avaliações profissionais anuais........... 217

2. **Organizar a produção de ideias: cinco soluções** 217
   Corpo de reserva e comandos criativos............................... 218
   Célula de criatividade permanente 218
   Contratos temporários de produção criativa....................... 219
   O receptáculo.. 220
   Grupo de criatividade externo.. 221

Capítulo 6
A criatividade aplicada aos estudos qualitativos....................... 224

1. **Histórico e fundamentos**... 224
2. **Implantação das técnicas projetivas** 226
   Modalidades práticas.. 230
3. **Principais aplicações** 233

ANEXOS

Bate-papo com Roland Moreno 241
Breve história das técnicas de criatividade 246

A escola americana 246

A escola russa 247

A escola japonesa 247

A escola inglesa 248

A escola francesa 249

Bibliografia 251
Índice remissivo 254

Introdução

Este livro está dividido em duas partes, "Sair em busca de ideias" e "Gerenciar ideias", mas eu não saberia definir qual delas é a mais importante.

Para muitas pessoas, o que conta é a ideia em si. É ela que dá força ao projeto, que dá sentido, alma, personalidade, impulso, e, em seguida, mobiliza as energias. É comum escutar que "tudo vem da ideia", "tudo repousa na ideia", "antes de mais nada, precisamos de uma ideia", "busquemos primeiro a ideia". Eu, pessoalmente, tenderia a assinar embaixo e a me entusiasmar com essa busca até chegar o momento da explosão de alegria criativa que acontece quando sentimos que finalmente encontramos "a ideia".

Porém, a experiência mostra que a ideia é uma parte ínfima de um processo complexo de inovação: pode ser tudo ou nada. Na verdade, a ideia não é nada sem o lento processo de formulação e reformulação do problema, de enquadramento da busca, o que garante que não vamos bancar o gênio do assunto. Aliás, a formulação não é apenas uma obrigação: é uma maneira de transformar o desejo informal em contrato. É um trampolim, um *starting-block* que nos impulsiona. A ideia deve ser resultado de um lento trabalho de avaliação e de refinamento, de um ajuste – de ponta a ponta – proporcionado por um processo metódico de maturação, como o do *Creative Problem Solving Institute* (ver p. 197). A ideia é apenas uma fase do processo de inovação, decisiva e irrisória ao mesmo tempo. Devemos acrescentar que um processo de inovação não é apenas uma embalagem em torno de uma única ideia; ao contrário, é um processo global que vai da encomenda até a ordem de iniciar o processo: "ação!" É irrigado, de alto a baixo, por uma profusão de ideias.

Não existe melhor imagem que aquela da fase de aterrissagem de um avião. Vislumbramos uma linha-guia desenhada na pista, constituída de uma série de pontos luminosos. A linha contínua é semelhante a um roteiro de inovação, que vai ajudar a transpor o território das nuvens e alcançar a solidez segura do solo. Os pontos luminosos são semelhantes às ideias. Eles iluminam o percurso, mas cada um, sozinho, é apenas um ponto isolado, inútil. É a linha que conduz à terra firme. Mas é o ponto que ilumina...

O que é mais importante, o ponto ou a linha? Parmênides, fundador da escola eleática, já se fazia essa pergunta.

Dedicaremos a segunda parte deste livro à integração de ideias a um caminho contínuo de resolução de problemas e de inovação, desde o momento da avaliação até estarmos prontos para testar sua aceitação por meio de métodos de estudo qualitativos criativos.

Agora, antes de mais nada, é preciso produzir as ideias. Esse será o objeto da primeira parte deste livro.

Devemos eliminar uma objeção que talvez venha à mente: sempre existe uma maneira racional de analisar um problema que pode gerar "ideias" e soluções novas, e nós a praticamos todos os dias. Se preciso ir de um ponto a outro e meu trajeto habitual estiver bloqueado, eu estudo o mapa da cidade e encontro racionalmente um novo caminho. O mesmo acontece com qualquer tipo de problema. Existem vários itinerários lógicos: podemos passar de um a outro sem que haja *criatividade* verdadeiramente, entretanto, a inovação está presente. A lógica, lembra o criativo Brabandère, "é um procedimento intelectual maravilhoso, que encontra sua realização na informática".

Se a criatividade tem alguma função, é complementar à da lógica, ocupa o lugar dela, ou, ainda, é usada quando ela falha. Guilford (1982, p. 151-154), por meio de experiências, demonstrou que, para se livrar de certas armadilhas, a lógica não era suficiente, e a criatividade era indispensável. A criatividade entra em cena quando estamos diante de uma contradição, de um problema aparentemente insolúvel. Assim, quando o mecanismo lógico trava, *temos de procurar outra coisa*. A criatividade é o que nos permite explorar essa *outra coisa*, deixando de lado as leis da lógica. O matemático Hadamard (1993), que estudou a criatividade no campo da matemática, insiste que "em alguns momentos é necessário tapar a consciência para poder tomar a decisão certa". Todos os relatos de invenções destacam a conjunção súbita, no campo da consciência, de duas informações muito distantes, cuja aproximação, estatisticamente, era *altamente improvável*. Essa aproximação ocorre em consequência do relaxamento do processo lógico e do processo de desvio que analisaremos adiante e que permite beber de uma fonte remota.

Enquanto a lógica propõe um número pequeno de soluções sólidas, o procedimento criativo fornece um grande número de propostas, algumas "ilógicas" ou "geniais", que *passam dos limites* e têm de ser selecionadas racionalmente.

A criatividade também entra em cena quando o número de combinações lógicas é excessivo. Nesse caso, ela constitui um *atalho*. Ehrenzweig (1967) observa:

> Toda busca criativa, seja de uma imagem, seja de uma ideia nova, implica o exame de um número frequentemente astronômico de possibilidades. Quem busca deve tomar uma decisão sobre o caminho a seguir sem ter conscientemente todas as informações necessárias para escolher. Esse processo faz parte da essência da criatividade.

Gosto do tema *criatividade*, vivo com ele desde sempre (como todo mundo, cada um à sua maneira). Mas, no meu caso, esse tema faz parte de minha atividade profissional, e corre como uma linha vermelha em minha vida, em todas as atividades sociais e pessoais. Desconfio da palavra, pois é empregada a torto e a direito, e abrange conteúdos diferentes. O mínimo que se pode dizer é que ela tem vários sentidos: alguns autores encontraram mais de cem definições diferentes para criatividade!

Pode ser definida como uma aptidão pessoal para produzir o novo, novas combinações, apontar problemas ou resolvê-los. Pode designar um processo mental que serve para definir as qualidades de um objeto, de um estilo. A criatividade tem vários sentidos, escreve Torrance (1992, p. 78), inventor dos testes de criatividade: "Seja um processo, um resultado ou um tipo de personalidade".

Há uma grande confusão entre a inovação, que resulta, por exemplo, numa patente, e a criação artística. "A amálgama que se faz entre a criatividade e a arte vem de um problema de vocabulário, responsável por estragos consideráveis", escreve Edward De Bono (2004), especialista em criatividade. Compartilho desse ponto de vista.

Então, em vez de criatividade em geral, estamos falando de *criatividade de ideias*.

Aqui é necessário esclarecer que não falamos de "ideias" no sentido proferido por Platão, mas como soluções obtidas dos problemas em questão. Pode tanto se tratar de um problema vago e informal, de uma leve tensão que acarrete uma resposta do tipo: "olha, me ocorreu uma ideia hoje de manhã sobre..."; como de um problema apresentado metodicamente, reformulado cuidadosamente, fixado na parede, transformado em contrato moral entre mercenários de ideias que originará um relatório de produção com uma lista de propostas. Há diversos tipos de busca de ideias.

Buscamos solução para problemas *a priori* insolúveis. Gastamos um bom tempo procurando soluções evidentes, lógicas, e damos de cara com um muro:

não há saída. "Para sair desse beco", dessa contradição aparentemente insolúvel, "precisamos de uma ideia". Subentenda-se: temos de procurar outra coisa, ou fazer de outro jeito, reconsiderar o problema sob outro prisma, explorar metodicamente mil hipóteses em cérebros interconectados, realizar uma operação mágica, apelando para estímulos escolhidos ao acaso. A ideia aparece como um *ufa!* de alívio, que, de repente, diminui a tensão que a questão não resolvida provoca. Finalmente chegamos a ela e vem aquela sensação de chegar em terra firme. É comum, quando tudo se resolve, sentirmos que a ideia era óbvia, que estava o tempo todo debaixo de nosso nariz.

A ideia frequentemente constitui a versão positiva de uma crítica – a contradição que um problema apresenta: fazer voar um objeto mais pesado que o ar, calcular o volume exato de uma coroa cravejada de diamantes[2], o que leva logicamente a uma resposta negativa: "Não dá, vai quebrar, é impossível..." – e, em geral, interrompe o fio do raciocínio da mesma forma que um disjuntor corta a corrente elétrica. O procedimento criativo que fez surgir a ideia contornou a crítica, desviando-se, ou, ao contrário, apoiando-se nela de maneira sistemática para transformá-la em algo positivo.

Buscar as críticas para transformá-las em algo positivo se tornou uma das técnicas básicas dos grupos de criatividade (ver p. 55), e, de quebra, se habituar a ter uma visão positiva tem se tornado o principal benefício de se fazer um treinamento em criatividade de ideias.

Outra forma de buscar ideias pode se dar quando não estamos realmente interessados em resolver um problema, mas em produzir um catálogo amplo de propostas originais, heteróclito, surpreendente. "Procurem cem ideias para animar o próximo colóquio, para promover o novo produto, para divulgar os métodos de prevenção de tal doença." Dessa forma, subentende-se que da quantidade nasce a qualidade, a originalidade. A hipótese (que se verifica) é que o ímpeto provocado pelo procedimento quantitativo e o estímulo à livre expressão nos encoraja e desvia dos atalhos já conhecidos do raciocínio para levar à exploração de todos os caminhos imagináveis. Como já se desconfiava, é aí que se encaixa a técnica de *brainstorming*, enquanto o tipo de busca citado anteriormente, cujo objetivo é resolver uma contradição, corresponde às técnicas de desvio ou método Triz.

---

2. Esse foi o problema específico apresentado a Arquimedes que levou ao famoso "Eureca!".

Ideias realizáveis

Não procuramos conceitos filosóficos ou representações imaginárias, mas nos situar entre o plano do imaginário (do sonho, do desejo, que abre espaço para as ideias eventualmente irrealizáveis e desordenadas) e o da realidade (o cotidiano, duro, com limites objetivos, em que tendemos a nos apoiar no que já existe). Procuramos um *objeto* particular, que é uma *nova ideia realizável*. Isto é, uma maneira de resolver um problema ou satisfazer uma demanda concreta que pareça nova, inédita, original. Chegamos aqui à definição consensual (apenas uma vez!) dos pesquisadores em psicologia, que definem a criatividade de ideias como "capacidade de realizar uma produção que seja nova e, ao mesmo tempo, adaptada ao contexto em que se manifesta" (Lubart, 2003).

Entre o imaginário
Sonho, desejo, ideias desordenadas

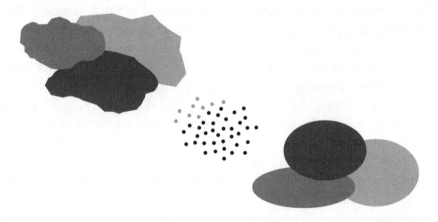

E a realidade
Os limites objetivos,
o que já existe

Por "nova", entendemos que a ideia que procuramos não faz parte da realidade conhecida. Isso não significa que ela não existe na qualidade de forma aproximativa e que teremos de desvendá-la. Talvez exista em outro campo da realidade, na natureza, por exemplo, enquanto trabalhamos com um problema de máquinas-ferramentas. (Certos métodos analógicos têm como objetivo simplesmente explorar uma grande quantidade de campos da realidade, como se explorasse uma série de camadas geológicas sucessivas.) Pode ser que tenha existido no passado, que se pareça com uma patente de invenção solicitada no setor ao lado. O método Triz tem como objetivo explorar o estoque de ideias que forma o conjunto das patentes de invenção.

Você disse "novo"? Passando por um ferreiro da ilha grega Samos, que malhava ferros de diferentes tamanhos, um astucioso grego chamado Pitágoras teve a ideia de fabricar instrumentos musicais cujas cordas pudessem ser dedilhadas, diminuindo seu comprimento, o que produziria sons diferentes. Ideia genial. Porém, parece que um chinês teve a mesma ideia três mil anos antes! Ela já fazia parte da realidade do mundo, mas não era conhecida pelo *novo* inventor. A ideia que procuramos é nova para nós, para o solicitante, para o cliente, para o universo social em que vivemos, mas nem sempre é absolutamente nova. O que há de novo sob o sol?

Descobrir, muitas vezes, não é tirar o véu que cobre fatos existentes? Tentarei ser mais claro: para chegar a um novo sistema de freio a disco, um novo sistema de controle de eletricidade estática em automóveis, nós reutilizamos, combinamos e adaptamos diversas tecnologias hiperconhecidas, construindo um coquetel de coisas comuns que será, por sua vez, extraordinariamente original.

Procuramos, então, ideias desconhecidas para nós, *novas para nós* e para nossos clientes, que ainda não foram patenteadas em sua forma atual. *Novas* quer dizer que estão em outro lugar, fora da realidade presente, talvez numa transversal, um pouco mais adiante.

Além disso, procuramos ideias também realizáveis. *Realizáveis* no sentido de adaptadas à realidade de nosso solicitante, no curto prazo. Realizável é o oposto de imaginário. Essa noção se opõe ao plano do sonho, do desejo, das expectativas, da simples esperança. Opõe-se ao imaginário, na medida em que muitas vezes passamos pelo território do sonho. Por exemplo: no início de uma busca, em geral pedimos ao solicitante que exprima seu *desejo*, seu sonho, seu *wish*, como dizem os norte-americanos. O que você idealiza, *magicamente*? É muito importante conseguir exprimir sua real expectativa, deixando de lado por alguns instantes os limites da realidade.

"Meu sonho é ..." A busca encontra sua dinâmica aí. Depois, ao longo do processo, passamos novamente pelo imaginário, com certas técnicas que ex-

pressam espontaneamente ideias malucas, sem levar a realidade em conta, ou que tentam recuperar a riqueza dos sonhos, sonhando acordados. Essas ideias vagas, fluidas, irreais, produzidas durante a busca, não são o objetivo final, pois "queremos ideias realizáveis". O que buscamos na fase da geração de ideias – quer se trate de ideias científicas, tecnológicas, sociais, de marketing etc. – é um *conceito*, situado da seguinte maneira:
- nem na realidade conhecida (para que serviria?);
- nem no imaginário irrealista (de que adiantaria?).

Quando "praticamos a criatividade", visamos alcançar um espaço intermediário entre o imaginário e os limites que estabelecemos.

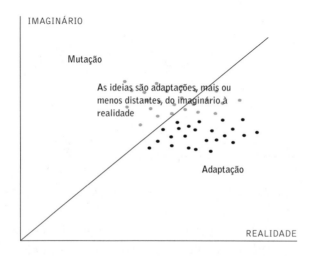

O objetivo final é produzir ideias novas, que permitam solicitar uma patente, e, ao mesmo tempo, que sejam viáveis para nosso cliente, considerando as ferramentas, os meios, os prazos etc.

Portanto, essas ideias se situam em algum ponto no meio do caminho, num espaço mediano, o *lugar* de negociação entre o imaginário e a realidade, o braço do eixo diagonal. O ângulo desse eixo é variável: conforme o tipo de busca, estará mais próximo (ideias em curto prazo, simples de conceber, fáceis de realizar: adaptações) ou mais distante da realidade conhecida (ideias em prazo mais longo, que rompem com o antigo, inovadoras: mutações). A certa altura, inventamos, na Synapse (ver p. 246), uma unidade de medida virtual de distanciamento, que batizamos *kréaton*. No caso de uma busca de ideias simples, de adaptação, dizíamos que era "uma busca de dois *kréatons*". Já para uma busca mais elaborada a respeito de um tema tecnológico em que o setor de estudos estava quebrando a cabeça havia três meses, era "uma busca de dez *kréatons*".

Isso nos levava a adaptar o tipo de grupo e de técnica à busca. Para uma busca de dois *kréatons*, dizíamos: "Você pode marcar uma sessão de quatro horas e fazer um *brainstorming*"; para uma de dez *kréatons*, a observação era: "Você vai ter de apelar para a célula de criatividade [pessoas formadas, treinadas] e programar vários seminários, utilizando técnicas oníricas e projetivas". Como se suspeitava, a definição científica do *kréaton* não é nada fácil!

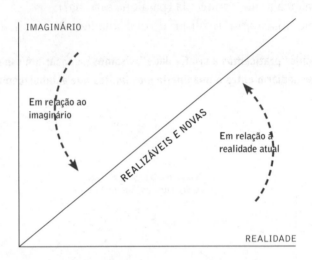

Todo processo de criatividade consiste em alcançar um espaço onde possamos colher os frutos, a que chamamos comumente de ideias. Para isso, os homens, desde o princípio da história da humanidade, empenharam-se em descobrir caminhos. E conseguiram: a prova disso são os objetos ao nosso redor, assim como os serviços e as leis, as organizações, os infinitos detalhes que ditam nosso dia a dia. As ideias são os ingredientes-chave da evolução dos sistemas para a complexidade. Pontos luminosos na estrada...

Essa busca era individual, normalmente, e seu sucesso dependia do acaso. Às vezes se mantinha como um mistério, seja porque o inventor assim o desejava, seja porque ele não fazia questão de esclarecer "como a ideia lhe havia ocorrido". Dizia-se que era obra de um inventor, um criador, um "sujeito cheio de ideias", um gênio. Segundo os gregos, o poeta, por exemplo, recebia inspiração direta dos deuses.

Há cerca de meio século, o desejo de não deixar a criação das ideias por conta do acaso, de não contar apenas com alguns indivíduos excepcionais ou marginais, mas revelar seu procedimento metódico, organizado e aberto a todos, deu origem ao *corpus* da criatividade de ideias. É isso que faz da criatividade uma profissão, um tema de estudo, de pesquisa, e de alguns livros.

IDEIAS

Por trás do movimento de criatividade há um impulso democrático. Talvez não seja por acaso que a maioria das técnicas tenham surgido nos Estados Unidos, concordando com o mito democrático do *self made man*, que diz que qualquer um, em tese, pode ficar milionário porque todos somos potencialmente ricos em ideias. *Just do it!* Na França, a criatividade organizada ganhou impulso por volta de maio de 1968, na época em que se queria levar "a imaginação ao poder". Lembro-me de termos criado a Synapse com o slogan "Todo mundo é criador", erguido como bandeira e pregado nas paredes.

No extremo oposto da atmosfera misteriosa do criador solitário, do qual se espera ideias tiradas de uma bola de cristal (chamada intuição ou inspiração), *praticar a criatividade* (expressão estranha, um tanto banal, incorreta, mas desmistificadora) surge como um procedimento em direção à autonomia e às técnicas como instrumentos de poder e autoconfiança. Depois que comecei a *praticar a criatividade*, sempre tive a sensação de confiança absoluta que consiste em dizer a si mesmo, a respeito de qualquer assunto que peça novas soluções: "é só montar um grupo", como se nossa bagagem conceitual e a energia de um pequeno grupo fossem capazes de resolver qualquer problema.

Além do mais, é uma sensação verdadeira. Tente!

Para alcançar o espaço das ideias de maneira fácil e democrática, não existe apenas um caminho. Os caminhos são múltiplos, incontáveis. Às vezes, temos a impressão de que existem tantos "truques" quanto inventores, e descobri recentemente um site[3] que relaciona 200 "técnicas de criatividade" (por que não mil?) em uma miscelânea inacreditável.

Nessa multiplicidade de caminhos, semelhantes aos incontáveis braços do delta de um rio, podemos distinguir dois "reservatórios criativos", que correspondem ao que chamarei de posturas mentais:

- a que transita sem medo pelo irracional e passeia facilmente pelo imaginário, mobilizando a dinâmica emocional de um grupo;
- a que foge do racional, mas de maneira muito metódica, em equipe ou eventualmente sozinha.

---

3. Ver: <http://www.mycoted.com/creativity/techniques>. Acesso em: 12 dez. 2010.

Para alcançar esse território, há dois caminhos:

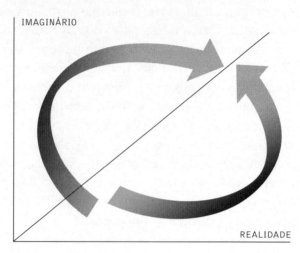

Esses grandes rios, o que nasce no irracional e o que nasce no racional, juntam-se no confluente das ideias. Cada um possui inúmeros afluentes, riachos e ribeirões, que constituem métodos e tipos de técnicas de criatividade batizados com nomes variados. Para explicar da melhor maneira possível, agrupei esses dois grandes rios em dois capítulos:

- Capítulo 1 – Os grupos de criatividade, em que são apresentadas as técnicas de desvio, as técnicas analógicas e o *brainstorming*.
- Capítulo 2 – Os métodos racionais (que deveríamos qualificar como "menos irracionais"), em que é apresentado o método do "pensamento lateral", de Edward De Bono, a teoria Triz e os sistemas de coleta de ideias espontâneas.

Enfim, diferentes procedimentos intelectuais, cada um com suas variadas técnicas, permitirão estruturar a apresentação dos métodos de busca de ideias.

Não quero dizer que essa classificação seja a única nem a melhor. Associei critérios puramente lógicos a critérios intuitivos, históricos ou culturais, levando em conta a personalidade dos autores. Poderia ter criado outros conjuntos ou fundido logicamente a família das analogias e a do pensamento lateral, pois ambas derivam do mesmo espírito "paralógico". Porém, a primeira é profundamente marcada pelo pensamento de W. J. J. Gordon, que inventou a cinética e inaugurou a prática dos grupos de criatividade de longa duração. A segunda é influenciada por Edward De Bono, que inventou o pensamento lateral e demonstra desconfiança com relação à primeira. Poderia logicamente fundir o *brainstorming* e as técnicas de desvio, pois ambos mergulham no irracional e funcionam em grupo, mas o primeiro é tão famoso que merece ser tratado individualmente.

A classificação tratada aqui é mais *um sistema prático de referência* que uma classificação puramente conceitual. Essa lista não pretende esgotar o assunto. Existem culturas criativas que conheço pouco. Acredito, por exemplo, que da Ásia ou da África poderiam surgir novas técnicas de criatividade seguindo outros roteiros. Espero que uma nova edição me permita apresentá-las.

Não faço julgamento de valor sobre a superioridade de um método em detrimento de outro (todos são excelentes) não por considerá-los iguais (ao contrário, cada um tem sua especificidade), mas porque me parecem servir a culturas diferentes, a tipos de problemas diversos e a circunstâncias de uso variadas. Se dispuser de duas horas, de um dia ou de um processo escalonado de seis meses, estiver trabalhando com um grupo treinado ou de neófitos, ou tiver um problema de marketing ou de tecnologia, você escolherá uma ferramenta diferente. Muitas vezes, numa mesma sessão, empregamos técnicas oriundas de variadas fontes.

Em compensação, o que sempre me surpreende – e, para dizer a verdade, me choca um pouco – é constatar a que ponto os porta-vozes de uma escola ignoram ou desprezam as outras. Todos, em seus livros ou simpósios anuais, tendem a dizer que são os únicos a conhecer *o verdadeiro caminho da criatividade*, o verdadeiro processo, e deixam de falar dos outros sistematicamente. Poderíamos dizer que é espírito provinciano, atitude anticriativa ou, para sermos generosos, atitude de artista que quer preservar a força de seu estilo, como dois músicos que se recusam a unir estilos criativos.

Pessoalmente, acredito que podemos conservar nosso estilo próprio, mesmo abrindo espaço para o novo. Não considero normal que o colóquio de Buffalo não dê mais espaço a Edward De Bono ou à cinética, por exemplo; que o colóquio de Inovadores não apresente as técnicas de desvio ao lado da técnica de "coleta de ideias individuais"; que a cinética ignore a Triz etc.

Um dos objetivos deste livro é facilitar o diálogo entre as escolas, apresentando-as lado a lado, em pé de igualdade. Sonho com um grande colóquio em que as diferentes tribos da criatividade estarão reunidas em torno de uma fogueira, formando assim uma "roda de cura", como aquelas de que falam os índios.

Panorama das diferentes estratégias de produção de ideias

Técnicas de desvio: decomposição do movimento criativo

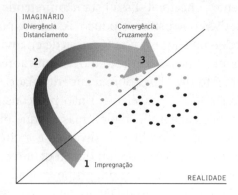

Ver página 58

Técnicas analógicas: deslocamento do problema

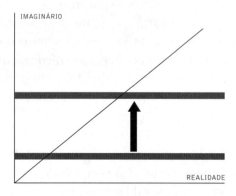

Ver página 91

Brainstorming: "metralhar" o alvo a esmo

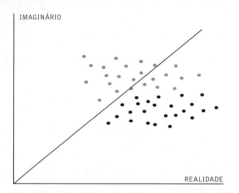

Ver página 102

Pensamento lateral: desvio controlado

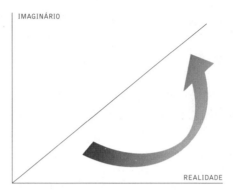

Ver página 152

Triz: inspiração em inventores para resolver contradições

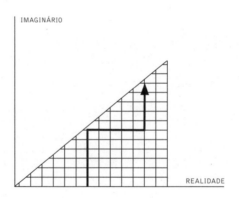

Ver página 159

Coleta de ideias: compilação organizada de todas as sugestões espontâneas

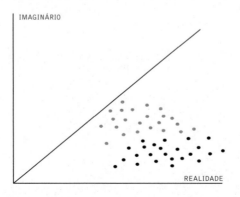

Ver página 169

Parte 1

SAIR EM BUSCA DE IDEIAS

Capítulo 1

Os grupos de criatividade

1. Características dos grupos de criatividade

Produzir ideias sem se deixar levar apenas pela intuição fortuita, pelo velho golpe de gênio, mas em consequência de uma atitude decidida, dizendo: "Amanhã, das 9 às 12 horas, vamos buscar ideias sobre tal assunto, com tal objetivo, e temos certeza de que vamos encontrá-las".

Essa é a característica da prática de produção de ideias em grupos de criatividade. Trabalho de artesão, prática que consiste em sentar na frente da bancada (a sala de reuniões, o *flip chart*) e pegar as ferramentas (os pincéis atômicos, os *post-it*), ao contrário do trabalho de artista, que acorda no meio da noite com uma ideia genial. Isso não quer dizer que os grupos de criatividade não têm ideias "geniais" de vez em quando, mas que podemos deixar a criação acessível a todos, simples de praticar e desmistificada, graças às técnicas que vulgarizam o golpe de gênio. A fonte encontra-se exatamente na análise e reprodução dos procedimentos mentais dos criadores geniais.

Substituímos o acaso ligado ao humor do momento pela busca sistemática. Mesmo assim, é claro que nada substitui o gênio do criador em determinados campos e assuntos! No entanto, há muitas questões na vida de uma pessoa, de uma empresa ou de uma administração nas quais a criatividade é necessária, em que um aporte de ideias é vital, e há dez mil problemas que exigem uma solução criativa rápida e para os quais não temos à disposição um Leonardo da Vinci ou um Pablo Picasso.

Naquele dia, justamente, recorremos ao grupo de busca de ideias, que vai para a bancada e pega as ferramentas.

Há dois tipos de ferramenta: as *intelectuais* (que aprendemos e compreendemos) e as *energéticas* (que praticamos e experimentamos).

É essa dualidade que traz tempero à profissão de artesão; que irrita os que não suportam se dedicar à energia emocional enquanto estão trabalhando na bancada.

Esses dois aspectos são complementares: quando reunidos, provocam sinergia; isoladamente, são insuficientes.

A rigor, com um gasto considerável de energia, não precisamos de técnicas: é só se angustiar, se estressar, acordar no meio da noite, andar em círculos pelo quarto e repensar mil vezes o problema. Pode funcionar.

Por que não dispensar a energia, se podemos utilizar a técnica? É mais demorado, mas pode funcionar.

Na prática, o fenômeno do grupo cria um equilíbrio entre o entusiasmo de um e o desânimo do outro, e, depois de algum tempo, aumenta a energia de todos. Na prática, um grupo treinado passa de uma técnica à outra sem dificuldade, conforme o humor presente naquele dia.

A técnica em si (decompor um problema, considerar cada elemento dele, exagerar sua importância) pode ser utilizada por um indivíduo, quieto em seu canto, com lápis e papel. Nesse caso, ele utiliza apenas uma parte de seu cérebro. Por que não utilizá-lo todo? E por que não aumentar a probabilidade de encontrar a solução tomando uma injeção de energia, que chamamos de *grupo de criatividade*?

O grupo é, em si, um motor muito eficiente, algumas vezes lúdico, outras não, mas sempre poderoso. Sem técnica, ele vai girar em falso, concentrar-se em si mesmo, desperdiçar energia com os participantes em vez de consumi-la com um objeto externo, ou seja, o problema a ser resolvido.

A apresentação deste capítulo reflete precisamente essa dualidade. A primeira parte apresenta as ferramentas (a perfuradora de conceitos, o esmerilhador de problemas, o espremedor de ideias) que chamaremos de técnicas de produção de ideias. A segunda parte trata do motor que põe essas ferramentas para funcionar, e que é chamado aqui de dinâmica dos grupos de criatividade.

Como favorecer a criatividade

Ferramentas intelectuais
Técnicas de criatividade (uma série de procedimentos intelectuais cujo objetivo é eliminar as antigas configurações e criar novas)

Motor:
a dinâmica do grupo
Mobilização de energias num grupo treinado

Técnicas, para quê?

Elas permitem abordar o irracional sem perigo. Não é contraditório abordar o irracional com "técnicas" e "métodos" que, por definição, são comportamentos mentais rígidos, organizados? Não é trocar uma estrutura antiga, a da lógica, por outra igualmente restritiva? Não é impossibilitar o sonho, a livre associação, o distanciamento pelo imaginário? Essas objeções são saudáveis e merecem atenção. A resposta divide-se em diferentes níveis. Em primeiro lugar, não está claro que a palavra "técnica" seja adequada no contexto da criatividade. Não estamos falando de tecnologias rigorosas e de sucesso garantido, mas de "truques", de condições favoráveis que oferecem boas chances de chegar a algum lugar, de partilhar regras comuns em um grupo.

As técnicas funcionam como referência. Propõem um roteiro. A criatividade é a combinação de um estímulo imaginário com as limitações de um problema, e seu intuito é encontrar um "cruzamento" entre eles, aquilo que chamamos de ideia. Mas por onde – e como – começar no vasto e infinito campo do imaginário? As técnicas são roteiros de exploração metódica, pedrinhas brancas jogadas no espaço imaginário para deixar o rastro. E encontrar a volta.

As técnicas de criatividade permitem abordar um problema **de diferentes ângulos**. Cada problema tem um ponto fraco. É preciso empregar uma série de técnicas para examinar todos os elementos. Para abrir a porta, temos de encontrar a chave certa entre as muitas de um molho. Além disso, as técnicas oferecem meios **para que cada um possa encontrar seu caminho**. Fulano tende a pensar em imagens: ele se dará melhor com as técnicas gráficas. Sicrano tem dificuldade para se distanciar da lógica: ele se sentirá mais à vontade com as técnicas analógicas. Beltrano tem imaginação verbal: ele terá mais facilidade com histórias imaginárias etc.

As técnicas **funcionam como treinamento**. Não é fácil se acostumar a "pensar de lado". Por exemplo: propor a uma pessoa que diga "tudo que passar pela sua cabeça" é uma ilusão. Só conseguimos isso explorando metodicamente diferentes caminhos. É comum perdermos o hábito – e, para pegar o jeito novamente, nada como uma boa receita prática no início da sessão de criatividade.

Por fim, as técnicas **nos permitem funcionar em grupo**. Se cada um avança numa direção, é difícil trabalhar coletivamente. Se, ao contrário, definirmos uma técnica e dissermos "agora vamos fazer uma identificação", ou "agora vamos fazer uma árvore de ideias", todos compreendem imediatamente as regras. As técnicas praticadas em grupo são as regras de um jogo coletivo que não tolhem a criação individual. Todos seguem um procedimento coletivo, mas cada um pode improvisar livremente em um contexto, como no *jazz*, em que cada um tem sua vez de *improvisar* sobre um mesmo tema.

Seja qual for a técnica escolhida, há dois princípios comuns para colocá-la em prática: a linguagem associativa e a suspensão de julgamento, que possibilitam seguir o percurso criativo.

A linguagem associativa

Associação de palavras

A criatividade em grupo obviamente utiliza a linguagem, ou ao menos *uma* linguagem, apreendida como se fosse uma língua estrangeira. É claro que a linguagem do grupo não deve ser rígida, formal, gramaticalmente impecável. O discurso não deve ser forçosamente organizado, estruturado, construído; o emprego das palavras não precisa ser unívoco, claro, preciso; o vocabulário pode sair de outras línguas, como o francês, o inglês, o espanhol, de gírias diversas; deve-se encorajar a criação de palavras especiais, de neologismos ou onomatopeias. Digamos que se um integrante pode sentir uma imagem, sua linguagem não precisa ser completamente construída, ela pode ser concluída por gestos.

O objetivo é chegar a uma linguagem do grupo, isto é, à construção de um discurso em que cada um contribui com um tijolo, como naquelas brincadeiras de criança em que a história vai sendo construída aos poucos com a contribuição de cada um. Cada palavra, cada imagem, deve quicar ao menos três vezes antes de cair. Quando um participante dá uma ideia, estimula a imaginação de outro, mas sua associação também estimula o poder de associação dos outros membros do grupo. Esse *contágio* foi descrito por um pesquisador chamado Fred Sharp, citado por Alex Osborn (1988), nos seguintes termos: "Quando se cai realmente no turbilhão de uma sessão, a faísca que se acende num cérebro acende outras por tabela, exatamente como o estouro de uma série de rojões, é uma reação em cadeia". O discurso do grupo deve levar à produção de uma ideia geral.

Portanto, um dos objetivos de treinar o grupo é ensiná-lo a falar, fazê-lo perder os hábitos adquiridos nas conferências, palestras e, por que não, nas histórias de pescador, em que, para contar que pegou uma enguia, o sujeito leva 45 minutos. Os participantes devem aprender a não discorrer, a condensar a mensagem, a não ficar preocupados em terminar as frases, a não buscar sempre o significado do que dizem.

IDEIAS

Devem aprender a associar. Usamos em especial exercícios que têm como objetivo decompor os diferentes tipos de associações[4].

- Associações *semânticas*. No caso de uma palavra dita em frase anterior, associar uma noção do mesmo campo semântico e do mesmo universo de referência.

- Associações *subjetivas*. É comum associar "perfume" a "frasco", já que essas duas palavras fazem parte do mesmo campo semântico. Todos entendem o elo associativo. Mas por que não associar a palavra "bondade" a "micro", se, pessoalmente, você as vê no mesmo campo de consciência? Ou "Helena" a "lobo", por causa de uma pianista que você admira e que adora lobos? O elo entre essas palavras é subjetivo, válido apenas para você. Talvez seja até inconsciente. Mas isso não importa, nada é dito por acaso. Existe, sim, uma relação entre bondade e perfume, porque você sentiu, porque você disse. Ninguém no grupo tentará interpretar o que você disse. Mas o que você disse pode resolver o problema, sem que ninguém saiba exatamente por quê.

- Associações *fonéticas*. Associar não o sentido da palavra, mas o som. Dessa maneira, o grupo recupera muitas vezes os significados etimológicos das palavras. De modo mais global, a ideia subjacente, desenvolvida pelos linguistas por outras vias, é que o som da palavra, sua roupagem, não é uma construção aleatória, mas carrega significados. O método de associação, o brincar com as palavras, desarticula a linguagem, faz dela uma nova matéria, um veículo diferente de pensamento.

- Associações *por opostos*. É o tipo de associação quente/frio, perto/longe, bonito/feio etc. Tem que ver com uma técnica de criatividade que consiste em inverter, virar do avesso, considerar o oposto.

- Associações *por metáfora*. São associações do tipo cidade/formigueiro, vida/rio (porque a vida é como um longo rio), morte/foice (porque a morte é comparada, muitas vezes, a uma funesta ceifeira). Esse tipo de associação é o caminho para o que chamamos de pensamento por analogia, fonte rica de ligações imaginárias.

- Quebra de palavras. Para ampliar o campo das associações, podemos treinar a quebra (arte-fato, ponte-ar etc.), os trocadilhos, os jogos de palavras,

---

4. Os gregos antigos já haviam estabelecido as três regras da associação: contiguidade, similaridade e contraste.

a língua do pê ("peeu pefa pelo pea pelin pegua pedo pepe"[5]) e todas as alterações linguísticas possíveis.

Luc de Brabandère recomenda essa técnica de "transformação, decomposição das palavras por junção, supressão, inversão, trocadilho, aglutinação, justaposição" (Brabandère e Mikolajczak, 2004). Cita, por exemplo, construções linguísticas feitas em grupo, como "inspeticida" (inspetor que persegue ideias novas para matá-las no ovo), "sentibusteiro" (aquele que diz "eu te amo" pensando em outra coisa), "frásio" (desvio de linguagem), "imperminável" (impermeável longo e surrado) etc. Seus modelos são Devos, Boris Vian, Queneau, Frédéric Dard etc. Para treinar, sugere alguns exercícios: suprimir do alfabeto o "i" ou o "e" (como fez o romancista francês Georges Perec (1936-1982); pegar provérbios conhecidos e modificá-los; fazer brincadeiras com o som das palavras (carapau/cara de pau); criar cartões de visita associando o nome à profissão (Paulo Machado, carpinteiro); trocar uma palavra por outra semelhante, alterando uma letra (calote/calota); misturar as palavras (abdominável, benefisco etc.)

- Invenção de palavras. Inventar palavras durante uma sessão de criatividade normalmente é uma grande diversão. Uma das maneiras de ampliar o alcance das associações é improvisar palavras novas durante a criação. De certa forma, em certas buscas, é uma técnica. A procura de uma palavra inventada para designar o tema em desenvolvimento pode nos levar a considerá-lo sob outro prisma. A diversidade das palavras inventadas acaba servindo de material projetivo para as associações. Essa técnica foi utilizada na criação literária (por Boris Vian, por exemplo) e pode ser considerada uma função quando se trabalha na criação de marcas.

Associação de imagens

Associar palavras é o *bê-á-bá* da criatividade, o rompimento com o pensamento linear. Porém, passá-las para o pensamento na forma de imagens é a etapa decisiva. Imaginar é pensar imageticamente e é isso que nos conduz ao imaginário. Enquanto a palavra é uma construção simbólica correspondente a um nível elevado de inteligência, a imagem é uma forma arcaica de representação, que surge "contra nossa vontade" de um nível mais profundo do cérebro. Associar imagens é deixar que elas se alterem, se transformem uma na outra a fim de criar uma nova "forma".

---

5. "Eu falo a língua do pê."

Quando tratarmos das técnicas oníricas (ver p. 79), descreveremos mais detalhadamente os mecanismos do pensamento por imagens.

Associação de ideias

Associar ideias é o objetivo final do processo. Depois da passagem pelo imaginário, é preciso converter o que está lá em ideias, por um processo associativo. Ao longo do livro, descreveremos várias vezes o mecanismo de associação, mas uma de suas principais regras é não propor ideias "prontas", que ninguém se atreve a mudar, e sim ideias "soltas", que podem ser transformadas e alteradas por um mecanismo associativo.

Para treinar a associação, recomendo um treinamento corporal, físico, um exercício de desequilíbrio (ver p. 135), que demonstra fisicamente o risco de manifestar uma ideia "esquisita" e a necessidade do apoio associativo para não liquidá-la.

A suspensão do julgamento

A etapa preliminar da criatividade consiste em suspender o julgamento, isto é, interromper temporariamente o processo lógico usual (que é associar fatos por relação de causalidade) para ligar um fato a outro de modo irracional, pelo princípio do "por que não?" É o que chamamos de divergir.

Na verdade, todo mundo diverge de alguma maneira. O problema é o espaço ou o tempo que concedemos à divergência. Se não dedicamos tempo para que a divergência nasça, pelo fato de estarmos muito ansiosos e, por isso, passamos logo ao julgamento, a criatividade não encontra espaço vital para aparecer. Sempre que inventamos um comportamento, um gesto, um pensamento, nós os controlamos imediatamente. Esses dois momentos estão tão ligados, misturados um ao outro, que não conseguimos distingui-los se não percebermos que um atrapalha o outro. Que caminho pegar para ir de um ponto a outro nessa cidade que conheço tão bem? Por aqui ou por ali? Fechamos o leque de possibilidades logo que o abrimos, sem considerar uma escolha mais ampla de itinerários (ainda bem, senão a vida seria impossível). A fração de segundo que determina a criação de itinerários é imediatamente interrompida pelo julgamento.

O mesmo acontece com os itinerários intelectuais. Julgamos nossas "invenções" à medida que as imaginamos, sem dar a elas tempo de viver. O fim do julgamento acontece já no início da invenção que está nascendo. Às vezes, dizemos que o julgamento vem "colado" à invenção. Em psicologia experimental, usa-se a expressão "viscosidade criatividade-julgamento". Com essa expressão, distingue-se a mistura, a interferência, a impregnação recíproca dessas duas funções que não costumamos diferenciar. A maior ou menor viscosidade que conseguimos estabelecer entre o início da ideia e o julgamento é o ponto central da criatividade. É uma característica tão marcante que Rorschach (1962), inventor do famoso teste projetivo, transformou-a em critério distintivo dos indivíduos imaginativos, definidos por ele como indivíduos "com a faculdade de eliminar, de maneira mais ou menos ativa, durante certo tempo, a preocupação com a adaptação ao real". A faculdade de suspender o julgamento é o elemento distintivo dos indivíduos criativos.

O que aumenta a "viscosidade" (portanto, o que freia a criatividade) é o *medo*. Sem dúvida, parar de julgar, de pesar e de avaliar seus modos é uma atitude anormal e aberrante. Fora do terreno usual, aventurar-se suspendendo o julgamento é um movimento intelectual perigoso, que obriga a arriscar, que muitos temem ou não gostariam de enfrentar, por medo de precisar de muito empenho ou da perturbação que acarretaria. Há um "risco" intelectual em abandonar, por poucos instantes, o chão sólido e estável das certezas, das verdades, das razões preestabelecidas. Como há um "risco" em se perguntar: "E se a casa voar, e se o céu cair sobre a minha cabeça, e se duas paralelas se encontrarem?" Há também o risco de ficar isolado e perder a ligação com os outros, que aceitam as noções existentes. Há o risco de não conseguir obter êxito. O risco intelectual e o medo de sair do terreno seguro explicam a dificuldade que algumas pessoas têm em praticar a criatividade, essa forma escandalosa de pensamento que ousa se aventurar no irracional.

Para vencer o medo, superar a hesitação em pôr o julgamento em ponto morto, a melhor arma é o grupo; aliás, essa é uma de suas funções principais. Há duas razões para trabalharmos em grupo: multiplicar os "bancos de dados" que cada cérebro representa e gerar energia suficiente para abrir mão do julgamento.

Como observa W. J. J. Gordon (1965):

> Suponhamos que um participante de um grupo declare: "Vou questionar a lei da gravidade". Ele assumiu um risco, como se fosse voluntário numa missão perigosa. Mas pode confiar que o grupo saberá interpretar sua declaração no sentido figurado, entenderá o impulso que o levou a desafiar a física estabelecida, captará na brincadeira o sentido profundo e, alerta, procurará ajudá-lo.

Indicaremos mais adiante os métodos que mobilizam essa energia do grupo.

O freio à divergência, fonte da criatividade, é reforçado por mecanismos culturais, variáveis conforme o meio em que vivemos. Sua natureza já foi suficientemente comentada para nos contentarmos em citá-los apenas.

- A *educação* que recebemos é concebida para nos fazer absorver informações, para usar o raciocínio e ignorar a imaginação. Todas as reformas pedagógicas atuais em estudo mostram, contrariamente, a rigidez desse tipo de educação, esclerosante e anticriativa.
- As *estruturas institucionais* têm por vocação moldar os indivíduos à sociedade, e não torná-los transgressores da estrutura. A pressão social ocorre no sentido da imitação, da adaptação. Nunca ocorre naturalmente no sentido da mudança.
- A *cultura da crítica permanente*, flagrante nos noticiários de TV, em que ninguém pode exprimir uma ideia sem que ela venha seguida de uma crítica, uma objeção que se possa inventar para "encurralar" o outro, tende a desestimular os criadores.
- Por último, é claro, a *atitude de especialista* reforça particularmente a contradição entre a criatividade e o julgamento. Todos sabem que o conhecimento excessivo sobre o problema, o domínio excessivo das regras da arte, é, em geral, um obstáculo para que se considere as coisas sob um novo prisma. Alguém que leva anos para se tornar um especialista, que é reconhecido em sua profissão, quase sempre sente como um ataque pessoal se for questionado sobre suas soluções (é por isso que sou contra a presença do *cliente* no grupo).

Um dos principais objetivos de um treinamento em criatividade consiste exatamente em ensinar a suspender o julgamento por meio de uma série de exercícios apropriados.

Existe outro modo de permitir que a imaginação voe livremente, a despeito do bom-senso: mostrar que a divergência é útil. Isso proporciona a oportunidade de percorrer várias vezes o trajeto divergência-convergência, provando que a iniciativa produz ideias. Para incutir nas mentes o princípio do "por que não?" como resposta instintiva a todas as formas de sugestão, mesmo as mais estapafúrdias, o único jeito é convencer o outro de que o distanciamento imaginário no que se refere à loucura tem um propósito, ou seja, provar que essa loucura se transforma em realidade, do mesmo modo que um *negativo* se transforma numa linda fotografia, *positiva* e luminosa.

O mecanismo criativo

A suspensão do julgamento é pré-requisito para o processo criativo. Sem passar por essa etapa, não se decola. Seria como pisar o acelerador e o freio ao mesmo tempo. Quando se tira o pé do freio do julgamento, a viagem criativa começa.

Para compreender o processo criativo, é preciso lembrar que o funcionamento mental põe em jogo dois tipos de mecanismos: um se baseia no princípio associativo, e o outro na faculdade de promover reagrupamentos coerentes, chamados aqui de formas (estruturas ou *gestalt*).

No século XIX, a compreensão dos mecanismos psicológicos foi inicialmente *associacionista*: assim como a física e a química decompunham os corpos em moléculas e átomos e a fisiologia os dividia em células, a psicologia tinha de isolar elementos combinados em associações.

Logo se percebeu a insuficiência dessa explicação simplista, que não dava conta das sínteses mentais. Um psicólogo vienense, Von Ehrenfels, desenvolveu outro processo, batizado por ele de *gestalt theorie* ou teoria da forma[6]. Ao contrário do associacionismo, a teoria da forma postula que "o todo é mais importante que as partes". Por exemplo, o que interessa numa melodia é sua estrutura geral. Se erramos uma nota, ainda reconhecemos a melodia. Se a passamos de dó maior para sol maior, as notas mudam, mas a melodia continua igual. O que importa é a *forma*, a *gestalt*. Nessa teoria, a forma é o principal dado da consciência, e dela decorre a gramática das formas: existem certas e erradas, fortes e fracas, claras e ambíguas. Uma forma só existe em relação a um fundo contra o qual está colocada, e há inúmeros exercícios lúdicos baseados no reconhecimento das formas ambivalentes, em que se deve distinguir a forma do fundo.

Na verdade, não há contradição entre essas descrições do funcionamento mental, mas complementaridade, e o mecanismo da criatividade utiliza ora um, ora outro.

O processo mental que convém à primeira etapa da criatividade (chamada distanciamento ou divergência) **é a mecânica associacionista**. Elaborar uma nova ideia é elaborar uma nova forma, e, para isso, devemos começar eliminando a antiga ou, no mínimo, a ligação entre as informações factuais que se "coagularam", soldaram, colaram, imbricaram entre si, proporcionando um

---

6. A teoria da forma nasceu na Alemanha, no início do século XX. A expressão "gestalt psychologie" teria de ser traduzida logicamente por "psicologia estrutural", mas, por razões desconhecidas, adotou-se a tradução "psicologia da forma". Como não é totalmente satisfatória, continuou-se a falar em geral de gestalt: os grupos de gestalt, a teoria da gestalt.

rearranjo. Devemos começar "quebrando o problema", como se diz. Para isso, o sistema associativo funciona melhor – depois de adiado o julgamento que mantém as informações ligadas entre elas pela causalidade lógica e pela força do hábito.

Isso explica por que a primeira etapa de treinamento de um grupo de criatividade consiste em apresentar o funcionamento associativo (ver p. 32). O sistema associativo é incoerente, irracional e ilógico. Une uma informação a outra sem nenhuma razão, simplesmente por um fenômeno de proximidade: as palavras "artimanha" e "arquiteto", por exemplo, são associadas em função de uma vaga semelhança fonética. Assim, é possível desarticular a coerência do problema inicial. Vamos imaginar uma imagem composta de pontos, uma fotografia composta de pixels ou uma melodia composta de notas: o mecanismo associativo, em vez de se dirigir à inteligência da forma global, decompõe a estrutura em elementos (pontos, pixels ou notas), que flutuam como uma nuvem indiferenciada. Essa liberação das informações básicas permitirá que elas sejam reorganizadas numa nova estrutura.

A ferramenta adequada à segunda etapa (convergência ou cruzamento) **é uma mecânica de gestalt, de construção de novas formas.**

Para determinar os novos contornos, o cérebro utiliza um processo que chamamos de *scanning criador*. "Scanning" é uma palavra inglesa que podemos traduzir por varredura; podemos visualizá-la muito bem numa tela de radar, em que um raio luminoso varre o campo à procura de uma forma qualquer (por exemplo, a forma de um submarino, uma bela analogia com as ideias subterrâneas). Lacan (*apud* Ehrenzweig, 1977), em sua linguagem, define o *scanning* como o "procedimento pelo qual uma pesquisa se certifica de seu resultado pela exploração mecânica da extensão total do campo de seu objeto". Anton Ehrenzweig (1977) escreve, ainda, que "o artista, assim como o sábio, deve poder enfrentar o caos em sua obra, antes de efetuar o *scanning* criador inconsciente". Esse processo de *scanning* procura a "forma certa" no campo das informações que flutuam na desordem e a encontra inesperadamente.

- O que é a "forma certa"? É um "conjunto em que os elementos desarticulados tendem a se complementar e, em seguida, captam outros elementos indiferenciados capazes de criar uma estrutura". "A forma certa é aquela percebida como a melhor possível no plano da eficácia perceptiva, aquela que se vê melhor." O estudo da percepção mostra que, em um número de constelações possíveis de estímulos fragmentários, temos propensão a escolher o conjunto mais denso, simples e coerente. "As formas privilegiadas são regulares, simples e simétricas."

- Do mesmo modo, no campo da busca de ideias, entre constelações de fragmentos e de associações incoerentes que flutuam em nossa cabeça, temos propensão a escolher "uma ideia boa", simples, sólida, coerente e consistente. A energia aplicada para detectá-la está ligada à tensão, à motivação (desejo de encontrar, angústia de não encontrar), e aumenta com a dinâmica do grupo.

A descoberta da forma adequada é muitas vezes acompanhada de uma alegria súbita, que se explica pela descarga da tensão acumulada, pelo prazer de recuperar o equilíbrio depois da insatisfação, da incerteza, do mal-estar e da falta de confiança que geraram o desequilíbrio psicológico[7]. A alegria e o alívio são assinalados pela maioria dos criadores como um sinal, um "indicador heurístico", que indica o êxito próximo, a forma certa. Piaget observou o mesmo processo ao trabalhar com bebês: ora mostrando, ora escondendo com um gorro objetos diversos, ele constatou que o bebê começa a rir quando reconhece uma forma. Essa tendência de buscar a forma certa não está ligada apenas à educação ou à cultura; é um mecanismo gravado mais profundamente, no nível genético, encontrado também nos animais[8]. O grupo todo comemora uma boa ideia!

"Um belo dia nos veio ao espírito a luz da descoberta: percebemos a solução", escreve Abraham Moles (1970). É o ponto alto da busca, o indivíduo se convence de que encontrou, ele acredita nisso. O termo *iluminação* também foi proposto por numerosos autores para descrever esse momento.

O psicólogo checo Max Wertheimer, um dos fundadores da Teoria da Gestalt, chama essa etapa de "fechamento da *gestalt*", o que me parece uma expressão apropriada. Desarticular o problema abre o campo das possibilidades, mas cria um desequilíbrio. Encontrar uma ideia nos faz pôr os pés de novo no chão, o que explica a alegria.

Nesse caso, porém, a forma certa, a boa ideia que salta aos olhos e chama a atenção por ser sólida e coerente corre o risco de se mostrar óbvia, banal, principalmente se buscamos uma ideia que rompa com o que já foi estabelecido. Daí o interesse de procurar o máximo possível ideias fluidas, não fixas, não

---

7. Por isso, antes de uma busca de ideias, sempre fazemos o exercício simbólico do desequilíbrio. Encontramos esse desequilíbrio no que chamamos de efeito Zeigarnik, que ocorre quando interrompemos uma tarefa antes do fim. Essa frustração da tarefa incompleta foi medida em laboratório.

8. Experiências de M. Hertz com gaios, citado em Guillaume (1937).

prontas, que não sejam determinadas pelas leis da ordem e da simetria[9]. Daí também o interesse em manter o motor do *scanning* criador ativo o máximo possível, varrendo incansavelmente o campo em busca de uma forma (uma ideia) e depois outra, não se detendo na primeira ou na segunda, nem na mais bonita, prosseguindo a coleta de formas que, depois, serão novamente selecionadas. O criativo é aquele que consegue deixar que seu instinto de coleta de formas vagueie mais que o normal (mas não demais). A intuição criativa é a arte de detectar novas formas.

Mas que fator "intuitivo" é esse, que organiza de tal forma os elementos de informação que flutuam na semiconsciência? Uma resposta vaga seria: a personalidade do criativo. Uma resposta mais precisa seria: o inconsciente do criativo. O fato de ter afrouxado a censura consciente, de ter deixado o inconsciente se manifestar com base na mobilização emocional, permite que o inconsciente subjetivo projete seu sistema de organização (sua tendência a criar formas) no campo das informações, da mesma maneira como faz em seu ambiente relacional projetando suas neuroses. O modo de leitura do inconsciente é útil porque é o único que pode detectar formas entre infinitas opções. O matemático Hadamard (1993), que estudou a criatividade na matemática, é enfático quando diz que "qualquer tentativa de visualizar claramente o caminho a ser percorrido só pode nos extraviar, é preciso deixar a decisão para o inconsciente". Assim como fez antes Henri Poincaré (citado por Hadamard, 1993), afirma, como mencionado antes, na Introdução, "que é necessário tapar a consciência para tomar a decisão certa". É preciso desviar a atenção "para a visão subterrânea não focada do inconsciente".

Assim, o trabalho de produção de ideias se define como a reorganização, ditada pelo inconsciente, dos elementos do problema, desorganizados na fase anterior.

Isso significa que a ideia é a manifestação de uma fantasia do inconsciente? Não, é a expressão de um conflito entre uma produção inconsciente e um problema instalado na consciência a ser resolvido. Lembramos que em nosso caso (e isso deve ser lembrado com frequência nos grupos) a ideia corresponde à solução de um problema trazido por um terceiro. "O desenvolvimento de imagens novas na arte e de conceitos novos na ciência alimenta-se de dois princípios estruturais opostos", escreve Anton Ehrenzweig (1977). A ideia

---

9. A noção de objeto fluido é encontrada em geral nas artes plásticas, nos efeitos de penumbra, de claro e escuro, na música e na pintura impressionistas, nas esculturas de Rodin (em que o objeto está a meio caminho da matéria, ainda não "formado"), em certas fotografias de arte, na leveza das roupas etc.

nasce da dissociação entre a tendência subjetiva de reorganizar as informações de acordo com uma ordem interna e a necessidade de resolver um problema externo.

Já o criador de ideias deve relacionar a forma vaga delineada em sua mente às limitações do problema diante dele. É isso que torna a criação de ideias, assim como qualquer outra criação, um conflito, e é isso que justifica o termo "cruzamento" (como duas espadas cruzadas durante um duelo) para ilustrar esse encontro dialético entre a *fluidez* das ideias que se delineiam no imaginário e a *rigidez* da realidade.

A ideia nasce num espaço intermediário, fruto de um encontro improvável entre ordem e desordem, "entre o cristal e a fumaça", de que fala o cientista francês Henri Atlan (1979) quando descreve os mecanismos de auto-organização que seguem o caos da complexidade.

2. As técnicas de criatividade – famílias técnicas 1 a 3

Pontos em comum

A noção de desvio é utilizada há muito tempo na psicologia experimental para caracterizar o comportamento de certos animais em relação a outros. Coloque uma galinha diante de uma grade semicircular e jogue grãos de milho de boa qualidade do outro lado dessa grade; ela morrerá de fome ou machucará o bico, porque não compreende que deve fazer *um desvio*, ou seja, que, por um instante, deve ir do lado oposto do que seria o seu desejo e depois pegar o rumo de volta. Animais mais evoluídos, em particular os macacos, observados por Köhler, dominam perfeitamente o desvio (ver quadro *O mecanismo do desvio*).

O mecanismo de desvio

As informações circulam de maneira relativamente rígida no córtex quando se trata de lógica construída. Em relação a essa linha reta, familiar ao nosso raciocínio, temos de pegar a tangente se quisermos nos livrar do jugo no ato da criação. Temos de fazer o que os psicólogos chamam de "desvio", o procedimento simbólico da criatividade.

>

IDEIAS

O "desvio" é partir do contrário, como Cristóvão Colombo, que fez o "desvio" mais extraordinário da História, partindo a oeste para alcançar as Índias, que em teoria se localizavam a leste, encontrando afinal um novo continente, a América. (Isso acontece com frequência com a criatividade: partimos em busca de uma coisa e descobrimos outra genial.)

O processo de desvio foi particularmente observado pelo psicólogo alemão Wolfgang Köhler (1957, p. 35), cujo famoso estudo sobre os chimpanzés do Tenerife data de 1918.

De modo geral, os animais seguem a linha reta do instinto. A questão que se coloca é: o animal é capaz de um "desvio" para atingir um alvo quando há um obstáculo? No caso mais simples (um chamariz colocado atrás de uma grade), percebemos que um chimpanzé, um cachorro e uma criança de um ano sabem fazer o desvio para pegá-lo. Sabem, portanto, "inventar" uma solução; a galinha, por sua vez, não consegue fazer isso, porque não tem a "ideia" de dar a volta. Outras invenções e "desvios" são mais complexos. Observe a experiência característica de um animal que descobre as ferramentas.

Nueva, uma jovem fêmea, foi testada três dias após sua chegada. Ainda não havia tido contato com os outros animais e permanecia isolada em sua jaula. Colocamos um pequeno bastão na jaula e ela raspou o chão, empurrou um monte de cascas de banana e, despreocupadamente, jogou o bastão a cerca de 75 cm da grade. Dez minutos depois, colocamos algumas frutas do lado de fora da jaula, fora de seu alcance. Ela estendeu o braço em vão e começou a queixar-se: arregaçou os beiços, lançou olhares suplicantes para o observador, soltou gemidos e, por fim, caiu de costas, um gesto de desespero bastante eloquente que observamos também em outras ocasiões.

Assim, entre lamentos e adulações, algum tempo se passa até o momento em que – mais ou menos sete minutos depois de levarmos as frutas – ela nota o bastão; para de gemer, pega o bastão, passa-o através da grade e consegue – de maneira bastante desajeitada, aliás – puxar as bananas ao alcance da mão. A ideia é que Nueva use de imediato o bastão para alcançar seu objetivo. O teste foi repetido após um intervalo de uma hora e, dessa vez, ela recorreu ao bastão muito mais rápido, servindo-se dele com mais habilidade. Na terceira vez, e depois a cada repetição, serviu-se dele imediatamente.

Nueva descobriu a utilidade das ferramentas. Vejamos o caso da fabricação de ferramentas. Desta vez o herói é Sultão, o gênio dos chimpanzés de Köhler.

Do lado de fora das grades, fora do alcance, está o objetivo, uma banana. Do lado de dentro, no fundo da sala de experiências, colocamos um pé de mamona sem raízes, cujos galhos se quebram facilmente. É impossível fazer o arbusto — bastante pesado, aliás — passar pela grade. Colocamos Sultão, que não percebe o objetivo de imediato e começa a chupar um galho do arbusto. Mas sua atenção é atraída para o objetivo; ele se aproxima da grade, olha, vira-se de repente, vai decidido até o arbusto, pega um dos galhos mais finos, quebra-o sem hesitar, volta para a grade e alcança o objetivo. Do retorno ao arbusto até a captura da fruta utilizando o galho quebrado ocorre uma sequência de ações, únicas e rápidas, sem intervalos nem qualquer movimento que não seja exclusivamente aplicado à solução da questão.

Köhler comenta:

Para o homem adulto, cheio de métodos e de soluções mecânicas, às vezes é preciso provar, como aqui, que uma ação é uma façanha e não algo banal; que quebrar apenas um galho de uma árvore é um êxito muito superior ao simples uso de um bastão. Vemos isso com animais menos dotados que Sultão, mesmo quando já haviam compreendido o uso dos bastões.

Ao apresentar essas experiências, Arthur Koestler (1965) atenta que Sultão, se falasse grego, certamente teria gritado "eureca!".

Assim, o ato da descoberta rompe as estruturas da organização mental para rearranjar uma nova síntese [...]. Sultão tinha uma maneira usual estabelecida de olhar um arbusto como um todo coerente: precisou desfazê-la [...]. Uma vez que descobriu que é possível transformar galhos em ferramentas, nunca mais esqueceu. Podemos dizer que, para ele, uma árvore nunca mais foi o que era antes. Sultão perdeu a inocência da visão, mas tirou um ganho imenso dessa perda: a percepção de "galhos" e o manejo de "ferramentas" se combinaram em apenas uma técnica.

"Quando dois conjuntos de informações se misturam, não se pode mais separá-los", conclui Koestler.

"É por isso que nos surpreendemos com o fato de termos sido *tão ingênuos*, de não termos percebido logo o que depois pareceu bastante óbvio."

IDEIAS

Na criatividade, o termo "desvio" é utilizado para descrever as técnicas que apelam para o irracional. Diante de um problema cuja solução está presa por contradições ou limitações, em vez de atacá-lo de frente, na linha reta do raciocínio lógico (que pode funcionar, por exemplo, se cortarmos as grades com um maçarico), devemos recuar, regredir a um pensamento infantil e voltar por outro caminho.

As técnicas aqui descritas organizam o desvio de maneira metódica, em marcha lenta, por etapas. Têm por princípio seguir *um percurso de três tempos* (a importância desses três tempos varia segundo a técnica e a "escola" de criatividade):

- impregnação;
- divergência ou "distanciamento";
- convergência ou "cruzamento.

Impregnação

Esta etapa se justifica de maneira óbvia: à medida que nos "afastamos" e "divergimos" das limitações, "esquecemos" parcialmente o problema. É preciso que os dados permaneçam gravados em alguma parte do cérebro, caso contrário o distanciamento ocorrerá em todos os sentidos e não terá utilidade.

Impregnar-se é tornar-se obcecado pelo problema, como aquelas pessoas de quem se diz: "Aquele lá só pensa naquilo" (sexo, dinheiro, ser presidente da república etc.). Cada membro do grupo deve "só pensar naquilo" (o problema em voga) durante certo tempo.

É preciso ter gravado no cérebro um tipo de filtro, que vai selecionar automaticamente as informações que têm relação com o problema. Roland Moreno (ver p. 241) fala de "registro oco": "O cérebro tem de estar alerta", diz ele. "Deve-se ficar à espreita, como um animal. A ideia vem depois, em relevo, legível, mas oca. Por enquanto, só temos as demandas, os desejos."

Deve-se instalar em algum lugar o enorme escâner capaz de varrer o campo dos estímulos internos e externos à consciência. Aliás, chamamos de *scanning* essa função de exploração que antecede a "iluminação criadora" (ver *O mecanismo criativo*, p. 38).

Impregnar-se é como carregar o escâner com uma imagem, por exemplo, ou colocar a fita na câmera de vigilância. Se não houver fita na câmera ou se o escâner não for carregado, as imagens não serão gravadas. Acontece o mesmo se a bateria dos equipamentos estiver fraca, isto é, se você estiver pouco motivado, pouco "carregado" emocionalmente.

Impregnação não é o mesmo que compreensão racional do problema. Alguém apresentou racionalmente o problema, você compreendeu a história dos pistões que travam acima de determinada velocidade. Obrigado, tchau. Mas para ativar sua reserva individual de fantasias, não basta entender *racionalmente*, é preciso integrar a problemática no inconsciente.

É evidente que a impregnação não precisa ser sempre tão intensa. Se você procura ideias para promover uma festa de fim de ano, basta compreender isso. Mas se procura um novo conceito, tecnológico ou social, deve empregar uma técnica de distanciamento muito divergente (por exemplo, um sonho acordado). Ou, ainda, se pretende mandar o grupo fazer um passeio de duas horas na cidade, no museu ou na praia a fim de buscar estímulos, é evidente que, se a impregnação não for intensa, se a bateria não estiver totalmente carregada, o grupo pode passear no imaginário ou num bar, mas voltará de mãos vazias.

Implementação

Para que haja impregnação, o processo deve acontecer em dois tempos.

- 1º Comece pela formulação objetiva do solicitante, o "cliente" (primeira formulação, perguntas, aprofundamento, reformulação). Esse procedimento foi particularmente bem estudado pela escola americana de criatividade.
  Uma vez claramente definida, e no caso de aceitar essa formulação, esse será seu contrato. Deve permanecer pendurado na parede, à vista do grupo. Esse é o ponto para o qual você deve voltar a todo instante, depois do desvio.
- 2º Depois que o solicitante sair e o grupo tiver em mente a formulação objetiva, passe para a impregnação subjetiva. Não se trata de apenas compreender o problema, mas de "entrar nele". Utilize, por exemplo, a técnica da identificação (ver p. 70). Transforme-se num pneu de carro que tem um desempenho ruim na estrada, numa molécula de medicamento que ataca as alergias desarmada ou com uma espada, uma ponta de caneta que rasga a folha em vez de deslizar por ela etc. Ou então mimetize o problema, represente-o com seu corpo. Desenhe-o, não na forma de um croqui figurativo, mas num desenho abstrato, feito com tinta para pintura a dedo, coletivamente. Você ainda pode fazer um pedido, desejar solucionar o problema como num passe de mágica: imagine o problema resolvido

assim? É o que George Prince, um dos criadores da sinéctica[10], chama de *wish* (desejo): "Somos treinados para formular pedidos racionais, desejos 'confessáveis', descrever objetivos que sabemos que podemos atingir". Ora, *wishing* é, por definição, "esperar algo que não pode acontecer normalmente. A livre expressão do desejo nos liberta das limitações da realidade. Isso traz um componente emocional e uma energia libertadora à medida que permite pensar e sentir as coisas com toda liberdade".

Exprimir seu desejo e supor o problema já resolvido é ganhar confiança em si mesmo. Confiar nas chances de ter sucesso aumenta potencialmente a probabilidade de sucesso.

Entre as muitas maneiras de se impregnar de um problema, recomendamos em particular o método do mapa mental (ver quadro a seguir).

O método do mapa mental

Princípio

Encontramos sinais de funcionamento por mapa mental em manuscritos escritos em sânscrito e nos esboços de Leonardo da Vinci. Essa abordagem foi formalizada sobretudo no fim dos anos 1960, por Tony Buzan (1995), escritor inglês, como uma técnica para auxiliar os estudantes a tomar notas de acordo com imagens ou palavras-chave, o que permite uma transcrição rápida e organizada das ideias à medida que vão surgindo. Não é necessário construir ou escrever frases.

Desde então, sua utilização como esquema heurístico cresceu.

A memória não se organiza de forma linear, mas associativa. De certo modo, o mapa mental funciona como o cérebro, de maneira não linear. É provável que cada ideia estabeleça uma enorme quantidade de ligações em nossa mente. O mapa mental permite que as ligações e as associações sejam registradas e reforçadas; favorece um fluxo mais rápido de novas ideias; permite que um problema seja examinado "visualmente", em todos os aspectos e relações. Ele permite que o grupo cubra rapidamente as diferentes representações de um problema.

>

---

10. Do francês "synectique", palavra cuja raiz tem origem grega e significa "combinação de elementos aparentemente heterogêneos". A tradução para "sinéctica" foi sugerida pelo autor. Trata-se de um método de busca de ideias que será explicado mais detalhadamente neste livro (ver p. 94 e seguintes). [N.E.]

Modo de usar

Para desenhar um mapa mental, primeiro escrevemos o conceito principal no centro de uma folha e, em uma série de ramificações sucessivas, em todas as direções, anotamos um conjunto de representações, informações, evocações, pensamentos. O resultado se apresenta na forma de uma rede de fibras nervosas.

Com base em uma palavra-chave, peça aos participantes que deixem vir o máximo de associações possíveis: "O que isso lembra? Faz pensar em quê? Que associações você faz?" (sentimentos, sensações, lembranças, imagens, sons, associações simbólicas e metafóricas). Em seguida, convide os participantes a se distanciar da palavra central e a fazer associações em coroa com as palavras, como se cada palavra fosse o centro de um novo mapa mental. Assim, você cria ramos auxiliares ligados aos principais.

Conselho

Utilize apenas palavras-chave e, quando possível, desenhos, símbolos ou imagens. Comece pelo centro da folha e distancie-se aos poucos. Crie subcentros para os subtemas. Se possível, escreva um roteiro. Pule de ramo em ramo, em vez de se concentrar apenas em um. Escreva as ideias à medida que aparecerem, mesmo que soem sem pé nem cabeça. Anote tudo no mesmo suporte. Se faltar espaço, cole mais folhas à original. Observação: prazer e envolvimento são as chaves do sucesso do mapa mental.

Quando utilizar?

O mapa mental não vai trazer a solução, mas possibilita a impregnação. É aconselhável utilizá-lo no início da sessão de criatividade para aquecer e compartilhar as diferentes concepções que cada membro do grupo tem do problema. Isso permite se distanciar do problema, ir além das percepções óbvias e se apropriar do objeto da busca.

A maioria das técnicas de distanciamento também serve como técnica de impregnação. Contudo, nesse estágio, não utilizamos a produção de ideias para chegar a uma solução (para cruzar): passamos rapidamente de uma a outra para nos impregnar. Inversamente, algumas técnicas de impregnação podem ser utilizadas como técnicas de distanciamento.

Técnicas de distanciamento que também funcionam na impregnação:
- identifique-se com o problema (ver p. 70);
- desenhe-o (ver p. 88);

- sonhe com a solução (sonho acordado) (ver p. 83);
- distancie-se (escalas de abstração).

Outros truques de mediador:

- *Por quê?* Retome a *formulação* com o grupo repetindo sem parar, um de cada vez, "por quê?".
- *Faça o grupo reformular o problema* do ponto de vista dos diferentes atores envolvidos, cada um com sua perspectiva[11].
- *O negativo do tema.* Adote uma atitude semelhante à da fotografia, que produz uma imagem negativa antes de chegar à positiva. Descreva o que não faz parte do problema, o que é proibido considerar a princípio por não ser o problema, apesar de ter que ver com ele. Esse é o avesso do cenário (Berloquin, 1993).
- *O não dito do problema.* Habitue-se a procurar o que o cliente escondeu de você, o que ele não disse espontaneamente. Seja meio paranoico, choque-se. Processe-o, detalhando tudo o que ele omitiu.
- *A alegoria do problema.* Imagine o problema como um ser fantástico, um personagem, um mecanismo com engrenagens desmontáveis ou um mito antigo (Berloquin, 1993).
- *Revelação progressiva.* Não forneça o problema de cara. Se estiver trabalhando no projeto de um estacionamento, diga ao grupo: "Queremos estocar em algum lugar objetos volumosos, que pesam quase uma tonelada" (Gordon, 1965).
- *Parafrasear a formulação.* Considere a formulação pregada na parede e mude sistematicamente cada palavra, uma a uma. Em seguida, trabalhe com a formulação alterada[12].
- *Reformular infinitamente.* Fazer o problema ser reformulado inúmeras vezes por personagens imaginários: uma criança, um nativo das florestas australianas, sua avó, um matemático, um artista etc.
- *Considerar o problema pelo avesso.* Em vez de tentar inventar um abridor de latas, invente um utensílio que impeça sua abertura.
- *Provocação delirante.* Enuncie a formulação como uma ideia provocadora, eventualmente delirante. Por exemplo, "as casas não deveriam ter telhado". Edward De Bono, que sugere esse método, recomenda que a provocação seja antecedida da palavra *po* (ver p. 152).

---

11. Citado por Isabelle Jacob. Disponível em: <http://www.iris-consultants.com>. Acesso em: 21 jan. 2011.

12. Citado em *Paraphrasing key words*. Disponível em: <http://www.mycoted.com/Paraphrasing_Key_Words>. Acesso em: 22 jan. 2011.

- *Quem, o quê, quando, como, onde.* As cinco perguntas fundamentais quando formulamos o problema com o cliente podem ser utilizadas na impregnação para o reconsiderarmos, eventualmente de maneira lúdica, irônica, fantasmática, mágica etc.

Quando você sentir o grupo suficientemente "impregnado", aproveite para iniciá-lo nas técnicas de distanciamento.

O aprendizado das técnicas de desvio

Um grupo qualquer (um time de futebol, por exemplo) que precisa concluir determinada tarefa deve estar de acordo quanto às regras do jogo. Aqui, as técnicas são as regras do jogo que devemos aprender. A pedagogia das técnicas de desvio consiste em repetir várias vezes o percurso, decompondo os movimentos num ambiente seguro (do mesmo modo como aprendemos a nadar), e em mobilizar as energias da maneira mais econômica possível, num grupo que se comunique bem. Na verdade, trata-se de um aprendizado clássico e, como tal, não causa grandes problemas. É preciso explicar claramente ao grupo a natureza de cada etapa, a especificidade de cada técnica, seu sentido, origem e função, para que ele adote intelectualmente essa "regra", inicialmente insólita e descabida. Costumamos proceder da seguinte maneira:

1. Explicação curta de cada técnica.
2. Exercício prático:
   a) sobre a fase imaginária (distanciamento);
   b) sobre a base de regresso ao real (cruzamento), para que se possa "tocar com a mão" a utilidade da técnica.
3. Repetição da gravação (e/ou leitura das anotações até o momento).
4. Discussões, respostas às perguntas, correções e explicação geral da técnica.

Recomendamos que o tema do exercício escolhido não seja um assunto apresentado pelo mediador, mas assuntos diversos, propostos pelos participantes. Nesse caso, o grupo dá mais credibilidade aos resultados. Durante o treinamento, porém, recomendamos que não sejam expostos logo de saída problemas da empresa, para não gerar bloqueios de "especialista".

O distanciamento

O objetivo do distanciamento é produzir *estímulos imaginários* (e não ideias), que numa fase posterior de produção serão utilizados para gerar ideias.

Essa é a diferença em relação ao *brainstorming* (ver p. 102): no procedimento de desvio em marcha lenta, em vez de buscar a produção rápida e intensa de ideias, avançamos lentamente e não produzimos ideias.

Em um primeiro momento produzimos o que chamamos de estímulo ou matrizes de ideias. Por exemplo, se você está usando a técnica das analogias e, no problema da janela nova, você faz analogias com a abertura das ostras ou das pupilas, a abertura de *A flauta mágica*, de Mozart, a abertura de um testamento etc., esses temas não são ideias, mas campos de busca que devem ser explorados de diferentes maneiras, racionais ou não, com um sonho ou um computador, com o objetivo de produzir uma ideia.

Quando produzimos um estímulo em vez de uma ideia, adotamos uma etapa suplementar no processo, distanciamo-nos *a priori* do tema. É por isso que a noção de distanciamento me parece mais precisa que a de divergência. Divergimos mais ou menos longe do tema.

Existe um grande número de técnicas de distanciamento, e você pode inventar uma amanhã. Mas o termo "técnica" normalmente abrange um pouco de tudo, tratando-se frequentemente de um mesmo procedimento com nomes diferentes.

Reunimos as múltiplas técnicas em cinco grupos, correspondentes aos cinco principais procedimentos mentais:

- técnicas de alteração (ver p. 58);
- técnicas de encontros forçados (ver p. 63);
- técnicas projetivas (ver p. 70);
- técnicas oníricas (ver p. 79);
- técnicas gráficas (ver p. 88).

Depois do distanciamento, devemos retornar, isto é, convergir, "cruzar" o imaginário com o real, sabendo que, no fundo, "o cruzamento é a criação".

O cruzamento

O procedimento mental de divergência (ou distanciamento) alterna-se naturalmente com uma fase de convergência (ou cruzamento), como mencionado anteriormente. Se utilizo a palavra "cruzamento", de preferência "convergência", é porque ela evoca com mais clareza o encontro dialético entre o imaginário e o real, entre a desordem e a ordem, o encontro forçado que devemos estabelecer entre o "estímulo" imaginário produzido num primeiro momento e os limites especificados na formulação. O princípio do cruzamento é o conflito, que se resolve por intermédio de uma negociação (no caso de adaptações) ou de uma mutação (no caso das ideias que rompam com o antigo) (ver *O mecanismo criativo*, p. 38).

Na verdade, se o grupo produziu ideias diretamente, podemos classificá--las, "pôr no monte" das ideias similares, avaliá-las, adaptá-las à demanda. Baixamos a bola, tornamos as ideias apresentáveis e ponto final. É o que muitas vezes acontece com o *brainstorming*.

Em compensação, se produzimos um estímulo, um esboço de ideia rudimentar, como um sonho acordado ou um desenho coletivo abstrato, não podemos avaliar diretamente seu proveito potencial. Devemos então efetuar uma operação de cruzamento. Para explorar o proveito do processo, lançamos mão do *scanning*.

Implementação

Várias etapas favorecem o cruzamento.

- *Buscar ideias fluidas.* Nunca peça a um grupo de criatividade que produza "ideias". Peça que produzam "fragmentos de ideias", pedaços, espectros, esboços, "ideias vagas, ainda fluidas". Isso porque, primeiro, ninguém tem uma ideia completamente acabada na cabeça, pronta para ser usada. Além disso, a exigência de propor "ideias" acabadas, isto é, conceitos claros, exigiria a presença do julgamento funcionando ininterruptamente, para avaliar e finalizar. O que nos interessa aqui, ao contrário, é explorar uma zona intermediária entre a sombra e a luz. A habilidade de emitir "ideias fluidas e ambíguas" não é fácil. Muitas pessoas não gostam dessa maneira de se exprimir, precisam aprendê-la. Várias pesquisas definem a "tolerância à ambiguidade" como um dos critérios da criatividade (Furham e Ribchester, 1995). Diferentes testes mostraram a ligação entre a tolerância à ambiguidade e a flexibilidade, e encontrou-se uma forte correlação entre a tolerância à ambiguidade e a criatividade (Lubart, 2003). É importante começar qualquer treinamento em criatividade praticando a formulação de ideias fluidas.
- *Organizar o scanning.* Como escolher um estímulo imaginário dentro da produção do grupo? O método mais simples é examinar com outros olhos a produção durante a fase de distanciamento. Ouça novamente a gravação

IDEIAS

da parte do distanciamento, pausando sempre que um participante disser um estímulo "útil" (uma ideia, uma frase, uma palavra). Faça o grupo ouvir a gravação de olhos fechados, deitado de costas, de *scanning* "ligado". Deixe-o divagar à vontade, "bricolar", como o bricolador de Lévi-Strauss, que examina seu estoque de objetos recuperados, amontoados no fundo da garagem. Em algum momento, alguém vai dizer: "Estou sentindo alguma coisa"; faça um círculo em volta dele para apoiá-lo, para ajudá-lo a seguir sua intuição (é interessante começar essa parte com um exercício de coesão, ver p. 126). Os participantes procuravam a solução de um problema de mecânica, eles foram longe. Escutam alguém se identificar a um pedaço de metal que sofre, sangra, grita de dor. Nesse momento, não sabem de onde virá a solução. Nem você, aliás. Talvez venha daí, quem sabe? É preciso tentar. Repita a gravação, escute novamente cada frase e, em cada parte do distanciamento, incite-os a fazer os termos do problema se chocarem. "Vejamos, seu braço está sangrando... Colocamos um torniquete bem apertado. E se, no caso de nossa máquina, considerando o fluxo hidráulico no braço da alavanca, a gente colocasse um torniquete regulável em função da pressão?"

Anote a vaga ideia expressa, você a retomará depois. Prossiga com mais estímulos imaginários.

Numa técnica semelhante, não utilizamos o gravador: *cruzamos ao vivo*. Um participante de cada vez se distancia por meio de um sonho, de uma identificação ou do método individual com apoio. O grupo, em volta, procura na hora uma ligação criativa.

Se a produção verbal foi registrada num quadro ou se foi feito um desenho, você pode pendurar os estímulos na parede para que cada um os analise, tentando encontrar uma "forma". Depois de algum tempo, faça um balanço. Você pode repartir o material do distanciamento e dividir o grupo em pequenas equipes, de duas ou três pessoas – em geral, há mais envolvimento. Se o grupo não foi treinado, pegue cada estímulo (frase, desenho) individualmente e faça um cruzamento forçado: peça que os participantes encontrem uma relação, um cruzamento. É um excelente treinamento.

O método mais diretivo consiste em fazer *uma matriz de cruzamento*. Nas ordenadas, anotamos as palavras-chave do problema, as funções ou o vocabulário da formulação; nas abscissas, anotamos os estímulos distantes, por exemplo, pedaços de sonho, ideias malucas etc. De forma metódica, estabelecemos encontros entre as linhas e as colunas e procuramos ideias, deixando o escâner correr.

Também podemos utilizar exercícios incomuns, como o do aquário[13]. O grupo é dividido em dois. O primeiro grupo, dos *sonhadores*, é encarregado de procurar soluções *mágicas* para um problema, inspirando-se em estímulos distantes. Eles são dispostos em círculo no meio da sala, ou, se você tiver um espelho falso, numa sala separada em que possam ser vistos e ouvidos através do vidro do "aquário". "Como resolveríamos o problema se tivéssemos poderes ou instrumentos mágicos, num universo sem limitações técnicas, legais, psicológicas?" Eles desenvolverão o ponto de partida contando uma história fantástica, praticando sistematicamente o "sim", do mesmo modo como as crianças inventam roteiros de jogos.

Ao redor desse grupo, o grupo dos *decodificadores* é encarregado de "cruzar" as ideias mágicas com soluções realistas, descendo aos poucos os degraus da escada. Essa produção é feita por escrito, em silêncio. Se as salas forem separadas, é feito em grupo. Em seguida, as soluções são lidas e incrementadas por todo o grupo. Os grupos devem se alternar nos papéis.

- *Organizar o cruzamento por etapas*. O percurso do cruzamento pode ser comparado a descer uma escada. É preciso avançar passo a passo. Cada degrau, na verdade, corresponde a uma nova busca de ideias.

Uma série de "degraus de escada", que descemos pouco a pouco. Cada "degrau" é uma busca de ideias

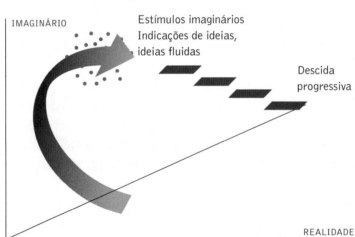

---

[13]. Técnica proposta por Isabelle Jacob. Disponível em: www.iris-consultants.com. Acesso em: 20 fev. 2011.

Na prática, para descer a escada, sugiro instalar três ou quatro *flip charts* na sala. No primeiro, escreva o "ponto de partida das ideias": um estímulo que pareça promissor, aquele que o grupo escolheu (colocando seu *scanning* criador individual para funcionar), e diga: "Vamos tentar com esse". No segundo, aproxime a proposta da realidade, mas de forma ainda vaga e fluida: "Talvez haja um caminho nessa direção, desde que...?" Nesse estágio, contente-se com "críticas brandas". No terceiro *flip chart*, desça um degrau: faça críticas positivas com frases que comecem com: "Para funcionar, seria necessário..." Lembre-se sempre da formulação inicial do problema, ou a escreva na parede!

Da crítica ao cruzamento. Existe certa ambiguidade no cruzamento, e é o domínio dessa ambiguidade que determina o sucesso, é ele o coração da criatividade: a diferença entre crítica e cruzamento. De fato, se reintroduzimos as limitações do problema, forçosamente surge uma atitude crítica em relação à hipótese imaginária, e ficamos imediatamente tentados a exercitar nosso bom-senso, que é bem "pé no chão". Sem a reintrodução do senso crítico, a ideia permanece nas nuvens. Se o reintroduzimos bruscamente, ela se estilhaça como vidro.

É preciso compreender bem que, na verdade, a crítica é uma das fases da criatividade. A crítica é uma proposta criativa que parou no meio do caminho – ou, dito de outro modo, é uma ideia abortada. Inversamente, a ideia é uma crítica que se metamorfoseou, uma recusa infantil que se transformou em afirmação positiva.

Transformar positivamente é a regra de ouro do cruzamento. Não é esconder a crítica, mas transformá-la em ponto de apoio para chegar à solução. Você acha que a ideia de pendurar a cadeira no teto para ocupar menos espaço é interessante, mas o bom-senso insinua uma crítica: "Ela vai despencar nos convidados". Não reprima a crítica (muito útil, por sinal!), mas transforme-a em princípio de proposta positiva: "Para ela não despencar na cabeça de ninguém, seria necessário..." Não procure necessariamente terminar a frase, alguém no grupo perceberá seu pedido de socorro, verá seu "desequilíbrio" e estenderá a mão, propondo um caminho a que outro participante se associará, e assim sucessivamente.

Conselhos para efetivar o cruzamento

Durante uma busca para um novo tipo de casa pré-fabricada, por exemplo, ao abordar o tema das paredes internas, um participante em fase de distanciamento pensa no livro *Le passe-muraille* [*O passa-paredes*], de Marcel Aymé,

>

e em Orfeu, que atravessava um espelho para encontrar Eurídice. Identificando--se com Orfeu, ele se imagina atravessando as paredes. O grupo escuta o registro do sonho.

Na fase de cruzamento, no momento em que ele diz: "E se eu passar pelo espelho, que vira água...", deve-se alertá-lo quanto à solidez da parede. Mas não diga a ele: "Você vai ficar com um galo". Isso provocaria gargalhadas e quebraria o clima. Ao contrário, tente seguir o fio do pensamento, identificar-se com ele, pensando ao mesmo tempo na solidez da parede. E se alguém disser: "Poderíamos fazer uma abertura que abre e fecha à vontade...", não diga: "Isso se chama porta". As gargalhadas recomeçariam e desestimulariam todo mundo. Procure associar, encadear mentalmente, buscar um novo conceito: talvez uma parede composta de fibras elásticas compactadas, de tensão variável, que permita passar à vontade por qualquer lugar; ou uma parede feita de painéis modulares, que possam ser removidos e permitam colocar as portas em pontos variáveis; ou paredes compostas de elementos móveis, que possam ser suspensos como portas de garagem; ou então uma parede de fibra de vidro, que seria ao mesmo tempo uma tela, uma parede de imagens projetadas e, como Orfeu, poderíamos passar através das imagens[14]. Na fase de cruzamento, não diga nem pense: "Isso não vai dar certo, não vai ter resistência suficiente, é impossível", mas: "Para dar certo, para ser resistente, para ser possível..."

Não importa se você não terminar sua frase, alguém a terminará e encontrará a solução. O essencial é não romper o imaginário com a solidez do real, mas trazer o imaginário para o real. Uma das piores críticas na fase do cruzamento é dizer: "Isso já existe".

De fato, é frequente – e, em certo sentido, bom e normal – que durante uma sessão de criatividade reinventemos coisas existentes, seja porque não as conhecemos, seja porque a ideia surge de um jeito tão diferente que não percebemos de imediato que reinventamos algo bastante conhecido. Aquele que anuncia em tom categórico: "Isso se chama periscópio, isso se chama solda a arco", desmoraliza quem falou e o grupo inteiro. Não importa se aquilo existe, o que foi dito é um ponto de partida, não de chegada, e já que aquilo existe podemos aproveitar a ideia, transformá-la. Não precisamos cortar as asas da imaginação atribuindo nomes. Aquele que fala, que se arrisca a lançar uma ideia, precisa se sentir apoiado por todo o grupo, encorajado em seu risco intelectual.

---

14. Envie-nos suas ideias para a próxima edição: <http://www.creativite-conseils.com>. Acesso em 2 fev 2011.

Apresentação das três famílias de técnicas utilizadas nos grupos de criatividade

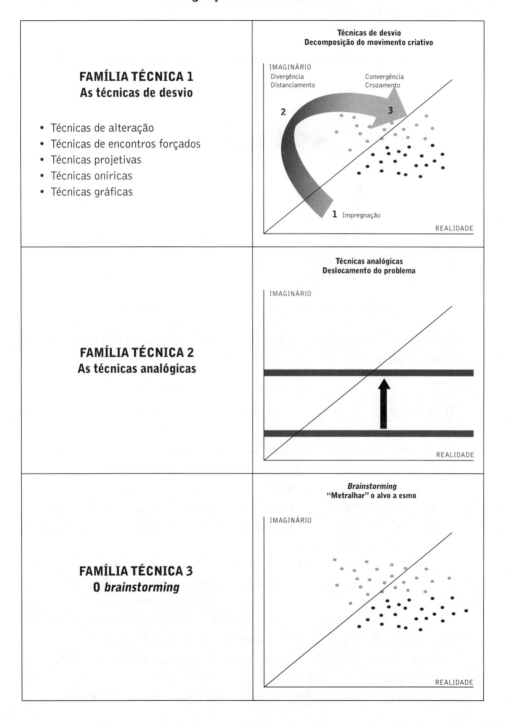

FAMÍLIA TÉCNICA 1
As técnicas de desvio

- Técnicas de alteração
- Técnicas de encontros forçados
- Técnicas projetivas
- Técnicas oníricas
- Técnicas gráficas

FAMÍLIA TÉCNICA 2
As técnicas analógicas

FAMÍLIA TÉCNICA 3
O *brainstorming*

Família técnica 1: as técnicas de desvio
Técnicas de alteração

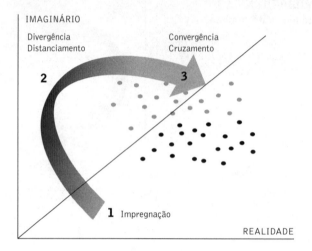

Em resumo, "quebra do problema", alteração sistemática dos dados, dissociação dos elementos.

O princípio

Os problemas tomados em sua integridade formam um bloco. Os elementos do problema são como peças de um quebra-cabeça perfeitamente encaixadas: todos os elementos se unem uns aos outros. As informações relacionadas ao problema são "coladas", magnetizadas, tendem a se ligar de determinada maneira. Quando pensamos em caneta, pensamos em tinta e em escrever, porque essas noções "vão bem juntas".

Dessa forma, para inventar novos sistemas de ligação é preciso "explodir", "quebrar" o problema e, principalmente, as ligações entre os elementos. Esse problema – objeto, coisa, conceito – a que estamos habituados deve transformar-se em uma noção insólita. Como diz W. J. J. Gordon (1965): "Transforme o familiar em insólito, depois de transformar o insólito em familiar".

Desarticular o problema, brincar com ele – como fazem as crianças ao desmontar brinquedos "para ver o que tem dentro" –, é uma boa maneira de se impregnar dele, e é também uma técnica muito eficaz de distanciamento.

Implementação

Lembramos que estamos agora em fase de distanciamento. Nosso objetivo não é produzir ideias "que funcionam", mas propor estímulos criativos, ideias fluidas, objeto de um cruzamento com a realidade e suas limitações.

Etapa 1. Faça uma radiografia do problema, decomponha-o. No início da sessão de criatividade propriamente dita, faça um quadro para anotar todos os componentes do problema. Chamamos esse quadro de "radiografia" e nele fazemos uma decomposição em quatro grandes famílias.

- *Os elementos do problema:*
  - liste todos os elementos objetivos do problema (os elementos físicos, inclusive peso, altura, forma, preço etc.);
  - liste também os elementos ocultos, invisíveis (o outro lado das cartas, o esqueleto no armário etc.).
- *Liste as funções objetivas.* Elas são sempre expressas por um verbo no infinitivo. A função de um livro, por exemplo, é conservar, guardar informações, difundir informações, ensinar, distrair, decorar etc. Liste também as funções psicológicas, afetivas, emocionais, mágicas (por exemplo, o Livro vermelho, de Mao Tsé-tung, tinha a função de reunir, instruir; a Bíblia e o Corão têm função sagrada; os contos de fadas de Charles Perrault – como Chapeuzinho vermelho, A bela adormecida etc. – têm a função de ninar as crianças).
- *O contexto físico.* Descreva o que há "em volta" do problema, o ambiente, onde o objeto deve estar. No caso do livro: livraria, biblioteca, escritório, escola etc.
- *O contexto humano.* Os usuários, os vendedores, os fabricantes, os depreciadores, os legisladores, os piratas, os recuperadores, os decoradores etc.

Etapa 2. Bombardeie, quebre o problema.
Reconsidere o problema, reexamine tudo o que foi anotado na radiografia com uma abordagem particular, de um ângulo deformante, "arrasador". É o que chamamos de "ângulo de ataque". Nós os dividimos aqui em 13 categorias[15].

- Aumentar. Com esse termo, memorizamos a abordagem: aumentar, ampliar, acrescentar, engordar, inflar, abundar, ultrapassar, e todos os verbos que carregam o sentido de exagero (se fosse enorme, gigantesco,

---

15. A maioria desses diferentes ângulos de ataque é citada em Aznar (1972).

monstruoso etc.). Podemos acrescentar a ideia de adição: o que mais poderíamos juntar, para que mais serviria, que outro uso... Assim, você verá o pé da cadeira se transformar em mastro, coluna, tubo central de uma casa em torno do qual as pessoas se sentam.

- Diminuir. Memorizamos a abordagem oposta: diminuir, reduzir, miniaturizar, subtrair, tirar, encurtar, decrescer. O que poderíamos subtrair, se fosse minúsculo etc. O pé da cadeira, então, transforma-se em vara filiforme ou bastão de caçador.
- Considerar o oposto. Desenvolva seu espírito de contradição. É um ângulo válido, principalmente para as funções. Consiste em inverter cada verbo, considerar o oposto. Se você procura algo sem cheiro, procure alguma coisa que tenha um cheiro forte. Se procura um mecanismo econômico, procure outro desperdiçador; se quer o quente, procure o frio; se quer enfeitar, tente enfear etc. Esse mecanismo proporciona ideias interessantes por oposição.
- Combinar os elementos em duplas. Modifique a relação, tente romper o elo entre os elementos. Por exemplo, a porta do carro se relaciona com nosso acesso a ele. Tente relacionar a porta com outro ponto da radiografia, como ouvir música, encher os pneus, fornecer o trajeto, observar as crianças etc.
- Economizar. Esse procedimento é inspirado pelos métodos de análise de valor que intentam reduzir custos. Podemos entendê-lo em sentido amplo: no caso de um livro, economizar a função de decorar, ensinar, informar etc. Podemos invertê-lo em seguida, procurando desperdiçar.
- Isolar um fator. Procure ideias isolando um elemento do problema. No problema do livro, imagine que o único problema é o sumário ou a quarta capa, por exemplo, e esqueça o resto.
- Suprimir um elemento. Procure uma cadeira sem pé ou sem encosto; suprima a função (uma cadeira que não serve para sentar), os usuários, o piso onde ela se encontra. Suprimir nos leva a questionar o problema, assim como cada elemento, cada função.
- Procurar e trabalhar com as contradições do problema. Por exemplo, trafegar rápido e diminuir o número de acidentes, satisfazer a gula e não engordar.

Bombardeie a radiografia com verbos. Considere cada elemento dela empregando um desses verbos. É claro que você pode fazer sua própria lista baseando-se em sua experiência, ou recorrer a uma lista pronta em caso de emergência (a lista proposta por Luc de Brabandère, por exemplo, no quadro a seguir). Você também pode acrescentar os verbos funcionais que lhe vierem à cabeça, obtidos num *brainstorming*.

Lista de Luc de Brabandère e Mikolajczak (2004)

Amplificar, exagerar, maquiar, disfarçar, ampliar, aumentar, engordar, diminuir, reduzir, alargar, encurtar, multiplicar, dividir, adicionar, subtrair, aperfeiçoar, sofisticar, complicar, deteriorar, simplificar, colorir, desbotar, iluminar, escurecer, separar, cortar, reunir, ligar, afastar, aproximar, abaixar, levantar, acrescentar, retirar, suprimir, endurecer, solidificar, amolecer, liquefazer, fundir, polir, afiar, deslocar, recuar, avançar, mostrar, desvendar, esconder, dissimular, copiar, espionar, rejuvenescer, envelhecer, emburguesar, democratizar, adaptar à cidade, ao campo, ao mar, à montanha, ao espaço, tornar mais natural, mais ecológico, menos gastador, menos poluidor.

- Subir ao abstrato, descer ao concreto. Altere o problema como se dispusesse de um *zoom* posterior e um anterior. Dar um passo para trás, tomar distância, com o intuito de buscar ideias. Esse método é exposto por Edward De Bono (1994) em seu livro *Serious creativity* [*Criatividade levada a sério*]. Também é descrito como o método das "escalas de abstração" por Sydney J. Parnes[16]. Consiste em fazer o problema descer e subir alternadamente uma escala, do mais geral para o mais preciso. Para subir ao abstrato, retoma-se cada frase com um "por quê?"; para descer ao concreto, com um "como?"
- Considerar cada elemento com uma lente deformante. Imagine que o problema seja exposto a personagens míticos ou muito distantes de você. Considere cada elemento da radiografia sob o olhar deles. Eis três exemplos utilizados com frequência:
  - super-heróis: cada participante escolhe um modelo de super-herói de acordo com sua fantasia pessoal (Super-homem, Robin Hood, Tarzan, James Bond, Joana d'Arc, Napoleão etc.). Ele se impregna dele. Em

---

16. Em 1981, Parnes descreveu um "método dos porquês" para suscitar formulações cada vez mais abstratas. A utilização da escala de abstração em todos os estágios da busca de ideias foi descrita em Isaksen, Dorval e Treffinger, *Résoudre les problèmes par la créativité*.

seguida, considera o problema com os olhos de seu super-herói e tenta resolvê-lo como ele faria, propondo ideias *heroicas*.

– *trubetzkoï*: uma tribo lendária dos primórdios da Synapse. Vieram supostamente de outro planeta para invadir a Terra. Abordam o problema com olhos de extraterrestres, curiosos, ingênuos, incrédulos. Propõem ideias *estranhas*.

– criança de 8 anos: um participante faz o papel de uma criança de 8 anos muito curiosa. Faz mil perguntas ao tio (representado por outro participante do grupo). A criança não faz outra coisa senão perguntar. Sempre tenta transpor sua compreensão do problema do adulto para o universo infantil, efetivando um desvio analógico. O adulto deve responder com uma linguagem compreensível à criança e entrar em seu universo de jogos, aulas etc. Os outros participantes do grupo, por associação, "cruzam" em silêncio e propõem pistas interessantes para aprofundar[17].

• Brincar com o problema. Você se lembra daquele jogo infantil em que se pode mudar os personagens, colocando a cabeça de um no corpo do outro, trocando as pernas etc.? Você pode desenhar em folhas separadas diferentes aspectos do problema: elementos numa folha, funções em outra, contextos em outra etc. Depois, faça combinações.

Outros sistemas de classificação dos ângulos de ataque

Scamper. Em 1979, Osborn propôs uma lista de perguntas para suscitar ideias. Foram reunidas depois na sigla *Scamper* para indicar certos ângulos de ataque: S de substituir, C de cambiar, A de adaptar, M de modificar, P de propor, E de eliminar, R de ruir.

Stretch. Isabelle Jacob também propôs uma sigla: S de substituir, T de transformar, R de ruir e reordenar, E de eliminar, T de trocar e transformar, C de copiar e combinar, H de homogêneo ou heterogêneo.

---

17. Método proposto por Isabelle Jacob. Disponível em www.iris-consultants.com. Acesso em: 2 mar. 2011.

Técnicas de encontros forçados

Jogar com o princípio da "bissociação", as matrizes de encontro, as associações forçadas.

O princípio

O princípio das técnicas de encontros forçados é provocar um choque, um confronto entre dois universos de referências que não se associam naturalmente. Nossa mente segue, de modo costumeiro, traçados coerentes de um universo de referências. Se somos mecânicos, abordamos um assunto com base em um conjunto de conhecimentos profissionais, experiências e *know-how*. Mesmo que a mente do mecânico se desvie de vez em quando para pensar outra coisa ("Não posso me esquecer de comprar farinha, hoje é a festa da Candelária"), ele vê isso como uma digressão lamentável e se corrige ("Voltando ao problema, de onde vem a pane?"). As técnicas de encontro, ao contrário, procuram estabelecer ligações entre dois universos de referência ou dois aspectos que a princípio não se relacionam. Em geral, sorteamos palavras no dicionário e tentamos estabelecer uma ligação: "Carburador e crepe, isso dá o quê?" Em vez de associar as palavras, imagens ou ideias umas com as outras em função de um eventual elo inconsciente, como costumamos fazer, aqui provocamos um rompimento artificial de associação: não associamos mais, "bissociamos". Arthur Koestler inventou essa palavra para designar o choque entre dois universos habitualmente dissociados; procedimento que, segundo ele, é a chave do pensamento criativo. Seu livro *Génie et folie de l'homme: le cri d'Archimède* é uma das obras mais ricas e originais sobre a criatividade.

O conceito de "bissociação" (Koestler, 1965)

O livro *Génie et folie de l'homme: le cri d'Archimède*, publicado em 1964, é uma das análises mais perspicazes do processo da criatividade. "Em *Le cri d'Archimède*", escreve o autor, "que simboliza o alegre orgulho do inventor, do poeta, do palhaço ou da criança que acaba de resolver uma charada, existe no fundo uma mesma estrutura, e reconhecemos nela o próprio ato, que é o ato bissociativo".

Se o autor criou a palavra, foi para distinguir claramente os processos associativos elementares (os "do bom-senso e do pensamento preguiçoso", que

>

permitem divergir) do "salto inovador"[18] (que, ao unir repentinamente sistemas de referência distintos, proporciona uma vivência da realidade em diversos planos simultâneos).

Koestler explica que todo raciocínio, todo sistema de comportamento é governado por um código de regras fixas. Obedecemos ao código do trabalho ou do esporte, da mecânica ou da música etc. Todo pensamento coerente equivale a disputar uma partida conforme certa regra. O código é o que define os movimentos permitidos. Quando dois sistemas de referência distantes, com dois códigos diferentes, interferem um no outro, ocorre um choque: ou uma colisão que leva ao riso, ou um confronto que origina uma criação.

Para dar um exemplo engraçado, o autor conta uma piada: um condenado joga cartas com os guardas. Ao perceber que o condenado está trapaceando, os guardas o expulsam da prisão. Arthur Koestler analisa essa piada em uma frase: "Duas regras do jogo (para punir os criminosos, nós os prendemos; para punir os trapaceiros, nós os excluímos do jogo), ambas lógicas em si mesmas, chocam-se e causam riso".

Do mesmo modo, no campo da criação, Koestler cita vários exemplos de "cruzamentos" de sistemas referenciais, em especial Gutenberg, que "cruzou" o código da prensa dos viticultores com as punções de madeira para gravar medalhas; Kepler, que cruzou a teologia com a astronomia; e Darwin, que uniu as teorias de Malthus à prática de cruzar espécies vegetais e animais etc.

Sempre que a vida nos impõe um problema, conclui Koestler, nós o atacamos de acordo com um conjunto de regras que nos serviram de base diante de problemas semelhantes. A novidade pode chegar a um ponto em que a situação ainda se assemelha em alguns aspectos a outras situações vividas, mas possui novas complexidades que impossibilitam o uso das regras antigas: dizemos que o problema não tem saída e, às vezes, o sujeito nem se dá conta. Esse impasse intensifica a pressão do desejo frustrado. O pensamento anda em círculos, como um rato na gaiola... É nessa hora que o acaso ou a intuição evocam uma matriz diferente, que se apoia "verticalmente", digamos assim, no problema preso em seu velho contexto "horizontal".

Koestler lembra que o ato criador não é uma "criação" no sentido bíblico: ele não cria do nada, mas descobre, mistura, combina, sintetiza fatos ou ideias que já existem.

---

18. Esse "salto inovador" corresponde ao *insight* que ocorre na fase de cruzamento, do qual falamos ao descrever o mecanismo criativo.

> O matemático Hadamard destaca que o sentido primitivo do verbo, em latim, *cogito* é "agitar junto", enquanto *intelligo* significa apenas "escolher entre".
>
> Criar é cogitar: cabe à inteligência avaliar e julgar, e, à vontade, pôr em prática.

Implementação

Apresentamos aqui três modos de bissociação: as matrizes, com aspecto semirracional; as árvores de ideias, baseadas em conexões com associações remotas; e os encontros com o acaso.

- **As matrizes**
  - As **matrizes racionais de descoberta**: "Toda invenção", escreve René Boirel, "situa-se na junção de dois inventários efetuados simultaneamente pela mente". A conjunção dos dois conduz (em alguns casos) à solução do problema. Por isso utilizamos com frequência matrizes racionais de descoberta que pretendem buscar interações entre duas listas. A famosa matriz de Wassily Leontief (economista russo-americano) estabelece a interação entre setores de atividades industriais e o número de trocas entre eles. O fato de uma célula da matriz estar vazia conduz automaticamente a uma sugestão de inovação. A classificação dos elementos de Dmitri Mendeleïev é um exemplo clássico de matriz de descoberta, ordenada com base em uma lista de pesos atômicos e de famílias de propriedades. Permite "inventar" elementos "no papel", antes até de sua descoberta. Então, comemoremos também a abordagem racional para resolver certos problemas de maneira inovadora. Porém, quando a matriz racional é insuficiente, recorremos às matrizes criativas.
  - As **matrizes criativas**. Uma matriz se torna uma ferramenta criativa quando a utilizamos para unir dois universos improváveis ou quando relacionamos as duas linhas como um estímulo imaginário sobre o qual há divergências inicialmente. Por exemplo, as matrizes de encontros forçados, que Alex Osborn (1988) define como "procedimentos para suscitar ideias originais, baseadas na relação forçada entre dois ou vários produtos ou ideias, normalmente sem relação anterior, nos quais essa correspondência serve como ponto de partida para um trabalho de produção de ideias".

Existe uma infinidade de matrizes[19] possíveis na busca de ideias, sem contar as que você pode inventar. Apresentamos aqui as mais utilizadas. As **matrizes de descoberta** são resumidas por Luc de Brabandère (Brabandère e Mikolajczak, 2004) da seguinte maneira:

Começamos escolhendo dois itens, por exemplo, as necessidades do público e os recursos disponíveis, os produtos e as técnicas, as ferramentas disponíveis e as tarefas que devem ser executadas, as peças mecânicas e as funções, as diferentes situações e os meios etc. Em seguida, inventamos cada um desses itens e escrevemos as características em uma célula da matriz. Por fim, cruzamos metodicamente as linhas e as colunas.

Analisando as células na interseção entre linhas e colunas, encontramos muitas soluções prontas. Mas, para nossa surpresa, há células vazias: nunca se mostrou útil ligar tal elemento a tal função. Isso pode ser o ponto de partida para uma busca de ideias.

A **matriz de conexões criativas** consiste em anotar em uma das entradas da matriz os componentes do problema (supondo que se trate de uma caneta, anotamos forma, tipo de material, tipo de tampa, manejo da tinta etc.). Em seguida fazemos associações para cada tema (todas as ideias de forma, material etc.) e estabelecemos uma conexão entre as associações feitas, e não entre os elementos objetivos.

A **matriz dos ideais** segue a mesma regra: o princípio é buscar o tempo todo "elementos da solução ideal". A matriz registra apenas maneiras válidas de considerar cada elemento. Depois examinamos a matriz, cruzando os "elementos da solução ideal".

A **matriz das combinações em pares** é mais simplista: consiste em escrever as mesmas indicações nas linhas e colunas e cruzar as duas. No caso de uma caneta, escreveríamos: corpo da caneta, forma, tinta, tampa etc. (a lista pode ser maior) de cada lado da matriz e consideramos o cruzamento a distância. Em seguida, cruzamos efetivamente. Consideremos tampa/tinta: se a tinta viesse na tampa, mudaríamos de tampa, cada cor de tinta teria uma tampa diferente etc.

A **matriz de ideação heurística** cruza duas famílias de objetos que não têm ligação entre si. Por exemplo, de um lado, os elementos de uma ca-

---

19. Ver em <http://www.mycoted.com/creativity/techniques> algumas técnicas matriciais descritas aqui, em especial: *Heuristic Ideation Technique, Morphological Forced Connections, Tilmag, Paired Comparison, KJ Method, Mind Mapping* e *Card Story Board*. (Texto em inglês.)

neta e, de outro, os elementos de um carro (caneta, assinatura, carroceria assinada: assinamos nosso nome na carroceria para inibir roubos) etc. As **matrizes morfológicas** emprestam seu nome dos métodos de estudo das formas e estruturas infinitas da natureza, que Fritz Zwicky (1969) aplicou às múltiplas formas do pensamento científico (analogia). Myron S. Allen (1961) aplicou essa abordagem ao pensamento criativo. Uma matriz morfológica não é uma matriz de duas dimensões, mas tridimensional, em que intervêm todos os elementos do problema em discussão, as soluções anteriores etc.

O problema desse tipo de matriz é que o número de encontros potenciais conduz a um desvario matemático: quatro parâmetros cruzados com dez variáveis dá dez mil combinações; sete variáveis por sete dimensões dá um milhão de ligações... Portanto, é necessário selecionar as variáveis (de maneira objetiva ou intuitiva?) ou meter as caras na tabela e selecionar os encontros "férteis" (ao acaso, intuitivamente?), o que nos leva à criatividade.

Um método prático citado por Myron S. Allen lembra aquelas máquinas caça-níqueis que vemos em cassinos ("ladrões manetas"), em que temos uma sucessão de imagens diversas. Partindo desse princípio, ele sugere que cada variável seja escrita em um cartão, que vai se alternar. Interrompemos a sucessão de cartões ao acaso para tentar conciliar as três variáveis (dá para fazer um jogo). Se alguém pensar num joguinho eletrônico, me escreva!

Na **matriz de palavras-chave** determinamos previamente as palavras que vamos trabalhar (elas devem vir do problema em questão) e as cruzamos com os elementos e funções do problema. Uma empresa (um escritório de design ou agência de publicidade, por exemplo) pode selecionar as palavras-chave de sua filosofia, ou de sua marca, e passar todos os problemas pelo crivo dessas palavras. Alguns autores criaram listas de palavras analisando seu potencial evocativo. Segundo eles, elas podem ser utilizadas sempre que quisermos passar um problema por uma matriz. Veja abaixo a lista de palavras de Kent e Rosanoff (1910).

Lista de Kent e Rosanoff

Mesa, sombra, música, náusea, homem, profundo, mole, faminto, montanha, casa, negro, carneiro, conforto, mão, curto, fruta, borboleta, macio, comando, cadei-

>

> ra, suave, apito, mulher, frio, lento, desejo, rio, branco, bonito, janela, rugoso, cidadão, pé, aranha, agulha, vermelho, sono, raiva, tapete, garota, alto, trabalhador, azedo, terra, dor, soldado, quente, duro, águia, estômago, caule, lâmpada, sonho, amarelo, pão, justiça, garoto, luz, saúde, bíblia, lembrança, rebanho, banho, cabana, rápido, azul, esfomeado, padre, oceano, cabeça, poeta, longo, religião, uísque, criança, amargo, martelo, sedento, alvo, praça, manteiga, doutor, forte, ladrão, leão, alegria, cama, pesado, tabaco, bebê, lua, tesoura, calma, verde, sal, rua, rei, queijo, flor, assustado.

Variante: palavras ao acaso (ver p. 69).

Matrizes de criação de nomes de marca. É frequente o uso de matrizes para criar nomes de marcas. O princípio consiste, primeiro, em produzir de forma intensa um grande número de palavras relacionadas com o tema. Em seguida, recuperar os fonemas, as raízes e elementos verbais que pareçam fecundos. Também podemos criar onomatopeias relacionadas com o tema (croc, crac, flop, vlo etc.). Com o computador, fazemos esse material verbal se encontrar. Além disso, selecionamos sufixos relativos ao tema: sufixos apetitosos para um produto alimentício, sufixos elegantes para um perfume etc. Assim obtemos uma lista considerável de sugestões. Mas à medida que nos habituamos conseguimos percorrer a lista, com um lápis na mão, e identificar as "leitelas", os "crocnhacs" e as "flopandinas" que nos interessam.

• As árvores de ideias

Esse é um método muito eficaz de bissociação, baseado em encontros forçados entre associações de ideias distantes do ponto de partida.

- *A árvore de ideias*. Escreva a palavra principal da busca no centro de uma folha grande, conforme o processo do mapa mental descrito na página 47. Recomendamos pendurar na parede um rolo de papel, para transformar o mapa em pintura coletiva. Desenhe a primeira rede de palavras associadas (como arvorecências), depois a segunda e assim por diante. Você terá uma cartografia associativa do problema. O objetivo é estabelecer encontros entre essas associações distantes e buscar ideias na interseção: misture palavras tiradas das bordas do mapa com palavras tiradas do centro, uma palavra do norte, outra do sul, outra do oeste etc. Você pode fazer isso aleatoriamente e distribuir três palavras ao acaso para cada palavra escolhida ou, de preferência, entre subgrupos; pode também proceder de maneira intuitiva, deixando cada participante devanear diante do mapa e escolher três palavras, que serão separadas em subgrupos.

A principal vantagem desse método é demarcar de maneira bastante ampla o terreno do problema para alcançar campos cada vez mais distantes. Numa simples instrução associativa: "Façam associações livres mediante tal ponto de partida", há um lado sistemático e uma estratégia espontânea de distanciamento, já que, a cada nível, nós "subimos" e nos distanciamos de onde saímos. Além disso, é um método coletivo, em que todos fazem associações ao mesmo tempo. Visualmente, há um "mapa" pendurado na parede, permitindo que todos acompanhem o processo.

– *O pôquer dos encontros forçados*. Anote todas as associações feitas desde o início da sessão em cartões, como se fossem cartas de baralho. Distribua-os; cada "jogador" ficará, por exemplo, com 16 cartas. Um jogador propõe uma palavra escrita em uma de suas cartas, isto é, uma associação que intuitivamente lhe parece interessante como elemento de estímulo. Todos examinam suas cartas e, conforme o caso, dizem "passo" ou "pego", indicando que encontrou uma palavra útil no confronto com a palavra proposta. Todo grupo converge nesse momento e tenta criar uma ideia na interseção das duas palavras. Você pode inventar um sistema de bônus e recompensa.

• Os encontros forçados devidos ao acaso

Enquanto as matrizes organizam "encontros" semirracionais e o sistema de mapas mentais favorece encontros entre diversos campos associativos, o sistema ao acaso consiste em estabelecer encontros entre um problema e um estímulo completamente aleatório. Já que temos de nos distanciar, por que não pegar uma lista de palavras escolhidas ao acaso (num dicionário aberto, por exemplo)? Com isso, temos a certeza de começar bem distantes do problema.

Nada mais absurdo em seu princípio que esse método. Como posso imaginar que entre meu problema de eletrônica e uma palavra escolhida ao acaso, como dinossauro ou panetone, exista uma misteriosa correspondência? A resposta é que a palavra escolhida ao acaso não é utilizada em si mesma, mas tomada como ponto de partida para uma cadeia de associações em que aquele que procura uma ideia volta a suas fantasias habituais, a suas estruturas mentais, e retoma o imaginário do problema. A palavra "ao acaso" é um suporte projetivo que provoca uma onda de novas associações que a mente tenta cruzar. Funciona mais ou menos como os suportes abstratos que empregamos nas técnicas projetivas apresentadas assim: "A solução do problema está escondida aqui, procure-a" (ver p. 70). Essa imagem abstrata é "fortuita" em relação ao tema, mas os participantes a alimentam espontaneamente com suas projeções.

Em resumo, para chegar ao ponto de encontro entre o imaginário e a realidade há dois caminhos: ou partimos do real e tentamos pacientemente retornar ao imaginário por cadeias associativas, apoios projetivos etc., ou partimos de qualquer coisa, ao acaso, e tentamos estabelecer conexões. Esse método é útil em situações sem saída, ou para treinar o distanciamento nas pessoas e ensiná-las a fazer cruzamentos. De modo geral, em vez de usar estímulos totalmente aleatórios, recomendamos estímulos projetivos, mais evocativos e saturados do imaginário vivo de um participante do grupo (ou do seu imaginário, se estiver sozinho).

Meu conselho é se deixar levar pelo sonho, em vez de abrir o dicionário. Porém, se não conseguir sonhar, vá fundo!

Técnicas projetivas

Consistem em se projetar no problema, projetá-lo num suporte visual ou no mundo exterior. A família das técnicas projetivas é uma das mais importantes e fecundas da criatividade. Distinguimos três tipos de técnicas projetivas: a identificação, a projeção em suporte e as projeções externas.

A identificação

O princípio da identificação

"Emma Bovary sou eu", disse Gustave Flaubert. Esse é mais ou menos o princípio da identificação. É identificar-se com uma personagem da literatura (do cinema, da televisão etc.) ou partilhar nossos sentimentos e emoções, nosso *páthos*, com uma personagem a quem nos sentimos próximos. É o que chamamos de empatia, bem mais forte que simpatia. É confundir-se com ela, a ponto de poder dizer: "Sei o que você está sentido, porque, na verdade, eu sou você".

Esse mecanismo de entrar virtualmente na pele do outro, no *páthos* do outro, é o que chamamos de mecanismo projetivo. Ele funciona não só com uma pessoa, mas também com objetos, paisagens, cenários etc.

É ele que utilizamos, por analogia, na busca de ideias, quando os participantes ficam tão impregnados do problema que se projetam para dentro dele e "sofrem como uma engrenagem", esticam-se como um fio de náilon, quebram como uma placa de gelo.

W. J. J. Gordon (1965) foi um dos primeiros a introduzir essa abordagem num grupo de busca de ideias (ver quadros a seguir) e a descreveu com vários exemplos, fontes de uma ideia ou invenção. Ele escreve que a analogia pessoal

consiste, no caso de quem busca, em se identificar com os termos do problema, que deixam de ser vistos na forma de dados analisados anteriormente. No caso de um químico, o procedimento habitual é combinar as moléculas em equações, mas ele tornará seu problema insólito se se identificar com as moléculas em ação. O técnico inventivo imagina-se como uma molécula dançarina, deixa-se atrair e repelir pelas forças moleculares, deixa-se arrastar pelo turbilhão, escapa momentaneamente da condição humana para seguir a aventura de uma molécula.

Exemplo 1, citado por W. J. J. Gordon (1965)

Um grupo de busca de ideias foi encarregado de inventar um mecanismo que gerasse uma velocidade constante. Como fazer para que a extremidade de uma árvore de transmissão, movida a uma velocidade que variava de 4 mil a 400 rotações por minuto, girasse sempre a essa última velocidade? Havia inúmeras soluções clássicas. Eles buscavam uma nova... Cada participante foi convidado a entrar na caixa de câmbio e tentar fazer a mudança de velocidade com o próprio corpo.

Trechos parciais: "Entrei na caixa de câmbio, estou com uma mão na árvore de entrada e outra na árvore de saída... Solto a primeira quando acho que está indo muito rápido para deixar a outra a uma velocidade constante... Mas como você sabe a que velocidade ela está? Olho no meu relógio e conto... Como você está se sentindo aí dentro? Minhas mãos estão queimando tanto que estou quase largando".

Passemos a outro participante: "Estou me vendo na caixa de câmbio, mas não posso fazer nada porque não tenho como contar as rotações ou o tempo... Estou dentro da caixa de câmbio e tento ser um comando... um sistema de contrarreação integrado... Seguro na árvore de saída... Supondo que a árvore de entrada tenha uma placa que eu possa controlar com os pés... O que preciso é que meus pés diminuam quando a árvore de entrada girar mais rápido, haveria menos atrito..."

"E se os seus pés se aproximassem da placa quando a árvore de entrada girasse mais rápido... O que precisamos evitar é a força centrífuga... O que

> você acha de um líquido antinewtoniano que fosse atraído para o centro da rotação, ao invés de projetado para fora?"
>
> "A única coisa que tende a se parecer com um eixo de rotação é uma corda com um peso na ponta... Se você a torce, ela se enrola, diminuindo o tamanho... A gente podia inventar um fluido composto de infinitas cordas, ou melhor, um fluido elástico... Um fluido composto de milhares de fibras de borracha etc."

Na sequência, um dos participantes inventou um dispositivo baseado numa analogia mecânica do fluido transmissor de velocidade constante e conseguiu demonstrar o valor prático e econômico do modelo.

Exemplo 2

Problema encontrado pelo gerente de um clube de tiro ao pombo de argila. Depois de lançados, os pratos ou os cacos caíam nos terrenos ao lado do clube, o que gerava conflitos com a vizinhança, é claro. O que fazer? Fechar o clube? Construir uma redoma de plástico que custaria uma fortuna? Comprar os terrenos vizinhos? Nenhuma dessas soluções lógicas era satisfatória.

Um grupo de criatividade se debruçou sobre o problema. Durante a busca, um participante fez uma analogia pessoal: "Sou um disco de argila. Depois de um lançamento rápido, voo pelos ares e tenho a sorte de não ser atingido... Caio num jardim, em cima de umas plantas... Estou tranquilo... O sol me aquece... As plantas têm um cheiro bom... Mas ouço um barulho, alguém vem vindo, provavelmente o jardineiro... Vou ter problemas... Ele vai me achar... Preciso me esconder... desaparecer... Tento me esconder... Gostaria de me enfiar na terra... de sumir".

Nesse momento, um participante exclama: "Estou tendo uma ideia! Você disse que gostaria de sumir na terra... Precisamos descobrir um jeito de fazer os discos sumirem na terra..."

O grupo faz a associação: "Para sumir na terra, eles podiam ser feitos de outra coisa que não de argila, mas de gelo colorido... Quando caíssem no chão, derreteriam com o sol... Não seriam mais vistos... Deixariam de ser um incômodo e ainda regariam as plantas!".

Implementação da identificação

Distanciamento: a técnica de identificação supõe um bom treino dos participantes, tanto de quem se projeta quanto dos que escutam e fazem o cruzamento ao mesmo tempo. A identificação só tem sentido se há implicação (do latim *in plicare*, dobrado dentro, identificado com). Como escreve Constantin Stanislavski (2001) a respeito da identificação do ator com o personagem: "Você deve vivê-lo percebendo realmente os sentimentos que têm que ver com ele... As imagens que você produz criam um estado interior correspondente e provocam emoções. Nossa arte exige do ator a participação ativa de toda sua pessoa, e que ele se abandone de corpo e alma ao papel".

Devemos mergulhar realmente no problema e não apenas fazer de conta para divertir a plateia (ainda que às vezes a identificação lúdica tenha sua função). Não é uma história fantástica, é uma imersão em um dos elementos do problema. Isso supõe estar bem impregnado do problema, ter passado várias horas com ele, tê-lo programado intelectualmente.

Em seguida devemos cortar as amarras com o ambiente, colocar-nos em situação de sonho, já que a identificação tem semelhanças com o sonho. Normalmente acomodo o sonhador entre almofadas, deitado de costas, com o grupo ao redor. Coloco uma venda em seus olhos. Podemos induzir a viagem por meio de um relaxamento (ver p. 131). Recomendo em particular o exercício de "levitação" (ver p. 132).

Nessa atmosfera privilegiada, a pessoa que está fazendo a identificação tenta exprimir o que sente imaginando-se um dos elementos do problema: "Sou um pneu, estou rodando numa estrada molhada, balanço ligeiramente..." O mediador tem um papel de apoio não diretivo, silencioso ou estimulante no plano da experiência: "O que você está sentindo? O que está vendo neste momento?" Podemos fazer várias identificações seguidas, com diferentes elementos do problema.

Cruzamento. Há duas maneiras de fazer o cruzamento: ao vivo, em que cada um anota indicações que serão aprofundadas depois, ideias fluidas, fragmentos de ideias que lhe ocorrem; ou, ainda, ouvindo a gravação. Cuidado: a pessoa que sonha muitas vezes fala em voz baixa. Certifique-se de que os microfones sejam adequados para esse tipo de gravação e que o ambiente esteja protegido de ruídos.

A técnica do gravador é mais indicada quando há tempo de sobra. Lembre o desafio da busca: "Estamos buscando ideias para..." Deixe correr a gravação quando todos estiverem concentrados. Em determinado momento, alguém alerta que sentiu algo, que percebeu uma indicação; deixe que exponha seu fragmento de ideia e que, por meio de associações, todos cruzem com ele.

Exemplo 3: um novo conceito de papel de parede

O grupo foi encarregado de buscar ideias que rompessem com o antigo conceito de papel de parede, que adquiriu uma imagem antiquada. Tentou tratar dos diferentes defeitos do papel de parede, detectados num estudo: difícil de cortar e colar, monotonia de um mesmo visual durante anos etc.

O grupo produziu primeiro uma certa quantidade de analogias tratadas com a técnica da identificação. Cito alguns trechos curtos:

Analogia 1 (corte)

"É como um terno que a gente prova e corta a cada vez... Vou ao alfaiate, ele tira minhas medidas, anota, corta o tecido... Se eu voltar um ano depois, ele vai fazer tudo de novo... Queria que ele olhasse nos meus olhos e me arquivasse na memória... Estou na memória dele, me enrolo no tecido, o terno chega pelo correio e cai como uma luva..."

Cruzamento: se trabalhássemos com essa ideia de "alfaiate de papel de parede", ele teria uma memória, não precisaria ir à casa das pessoas... Elas enviariam uma foto da parede, com as medidas, e o papel já cortado chegaria pelo correio... E se o alfaiate viesse tirar as medidas de cada cômodo e de tempos em tempos a gente pudesse encomendar um rolo? Nos prédios novos, em que o tamanho dos apartamentos é sempre o mesmo, seria fácil... O promotor de vendas forneceria um "catálogo de papel de parede". A fábrica só precisaria colocar as medidas na memória, e uma máquina faria o corte. Assim, as pessoas poderiam até ter uma assinatura anual.

Analogia 2 (terno)

"Sou um terno, eu e ele somos um só. Acompanho todos os movimentos dele... Ele se abaixa, eu me dobro; ele estende o braço, eu me estico. Fomos feitos para nos entender, fomos feitos um para o outro, um não incomoda o outro, somos livres. Quando não me quer mais, ele me tira sem dor e me guarda... Não sou como a pele dele... A pele também é um terno, mas ele não pode tirá-la nem se estiver se sentindo mal."

Cruzamento: atualmente o papel de parede é como uma pele e, se estiver se sentindo mal com ele, você não pode tirá-lo. E se tentássemos transformar a pele em terno... Poderíamos tirá-lo à noite! E, no domingo, colocaríamos um papel de domingo. Ele não pode grudar na parede, então temos de dissociar a função decorativa da função colagem. Poderíamos estendê-lo, por exemplo: para pendurar quadros, existe um sistema chamado cimalha. Poderíamos

>

estender o papel partindo da moldura, de cima a baixo, e trocá-lo sem dificuldades. Para ficar bem esticado, podíamos... Não sei, teremos de retomar essa ideia. Essa história de pele me fez pensar nas pessoas que gostam de se bronzear, de mudar de cor, ou os animais cuja pele muda de cor. Vamos pensar em tudo que muda de cor: alguns óculos de sol, os olhos de uma mulher [longa lista]. Vamos voltar àquela observação sobre o papel atrás dos quadros que muda de cor, amarela... Por que só amarela? Por que não verde, vermelha? Se a gente inventasse um papel de tornassol, ou alguma coisa que reagisse à umidade do ar, ao calor... A gente teria paredes-barômetros... No verão as paredes seriam verdes, para refrescar, e no inverno seriam de uma cor quente. Poderiam reagir à luz, conforme o cômodo fosse iluminado por luz natural, luz elétrica, luz negra... Seria uma casa viva.

Analogia 3 (cenário)

"Sou um cenário de teatro... Estou guardado com outros cenários... Estamos todos suspensos por varas, um do lado do outro..."

Cruzamento: a história do cenário me faz pensar numa loja de papel de parede em que os rolos ficam suspensos nas paredes. E se fosse assim num apartamento? E se a gente instalasse no alto da parede uma caixa como aquela das janelas do tipo persiana para servir de suporte para os rolos? À noite você sobe o papel decorativo e desce aquele que combina melhor com o seu humor... com as pessoas que você vai receber. A gente recarregaria os rolos como recarrega uma máquina fotográfica...

Analogia 4 (pele)

A pele é uma coisa interessante. Ela cola no corpo, mas perdemos pele o tempo todo, perdemos células e produzimos outras. Enfim, mudamos a pele o tempo todo.

Identificação: "Sou pele, epiderme. Sou irrigada por sangue. Na verdade, sou formada por uma série de camadas, é como se eu usasse uma série de roupas de baixo. Se arranco uma, sempre há outra por baixo. Na verdade, sou como uma cebola, e isso me faz chorar".

Cruzamento: essa história de pele/casca de cebola me fez pensar; e se a gente fizesse um papel de parede multicamadas? A pessoa compra uma vez, coloca uma vez, mas ele é composto de seis camadas sobrepostas... Quando ele suja ou a pessoa quer mudar o ambiente, arranca uma "pele" e embaixo tem outro papel de parede, novo em folha.

Projeção num suporte

O princípio

As séries de ficção científica falam muito de "teletransporte": as pessoas são transportadas magicamente para outro lugar, outro planeta ou mesmo outra época. É uma analogia com o fenômeno projetivo: nós nos transportamos magicamente para outro lugar, levamos nossa mente para o local de um evento, choramos ao ver uma cena no cinema porque "entramos" nela. Projetamos na tela nossos sonhos e fantasias inconscientes misturados com as preocupações do dia a dia.

A citação abaixo, de Leonardo da Vinci, ilustra com precisão o princípio da técnica projetiva:

> Deves observar certas paredes manchadas de umidade. Poderás ver a semelhança com paisagens divinas, ornadas de montanhas, ruínas, rochedos, bosques, extensas planícies, colinas e vales, de grande variedade. Verás também batalhas e figuras estranhas em ações violentas, expressões de rostos e roupas, e uma infinidade de outras coisas, porque a mente se excita em meio a essa confusão e nela descobre várias invenções. (Koestler, 1965. p. 357)

Rorschach (1962) utilizou esse princípio para desenvolver o teste batizado com seu nome, que convida as pessoas a ver tudo o que lhes passa pela cabeça observando uma coleção de manchas de tinta. No caso de Rorschach, cujos objetivos eram terapêuticos, o que interessava era a análise das projeções. Esse também é nosso caso quando estudamos as motivações criativas (ver p. 224). Em compensação, numa situação de busca de ideias, não analisamos, mas buscamos exprimir soluções.

A imagem projetada na tela (figurativa ou abstrata) é um suporte que facilita a expressão das fantasias pessoais. Na busca de ideias pedimos aos participantes que projetem o problema ao mesmo tempo. O que acontece é uma estranha mistura de projeções fantasmáticas individuais e projeções ligadas ao problema. Um nó de projeções, do qual podem surgir ideias muito interessantes.

Implementação

• Projeção com fotos abstratas

Distanciamento: como vamos projetar imagens em uma tela, a sala mergulha na penumbra. O grupo é acomodado em almofadas. A coesão do grupo influencia a qualidade da produção.

IDEIAS

A escolha do material é importante. Em nosso caso, temos uma coleção de fotos abstratas produzidas por trucagem (superposição, exposição malfeita, erro voluntário durante a revelação) e pinturas que estão entre o figurativo e o abstrato. A apresentação de imagens abstratas, sem significado, abre um campo maior à imaginação que a de imagens muito codificadas (é o princípio das manchas de tinta). Selecionamos as imagens que reunissem material com potencial evocativo, segundo nossa experiência.

Num primeiro momento, convidamos os participantes a *ver* imagens, mais e mais imagens a cada projeção (é um excelente exercício de associação em grupos iniciantes).

Cruzamento: durante a projeção, o problema deve ser apresentado à mente, para que ocorra o cruzamento (existe o risco de o grupo esquecê-lo). No caso de um distanciamento exagerado, o mediador deve reintroduzir o problema com intervenções do tipo: "Mas qual é a relação dessa imagem com o nosso transformador?" Ou, como em alguns jogos de adivinhação: "A solução do nosso problema está escondida nessa imagem, quem consegue vê-la?"

Como ninguém toma notas no escuro, é necessário um gravador ou uma secretária para anotar os princípios de ideia.

• **Projeção com desenhos**

Também podemos utilizar desenhos, figurativos ou não, feitos anteriormente pelos participantes.

Distanciamento: pedimos que os participantes façam uma série de desenhos simbólicos sobre o problema (ver "Técnicas de desenho", p. 88).

Cruzamento: esses desenhos servirão de material projetivo, utilizado em comum.

• **Projeção com revistas**

Aqui, trata-se de material figurativo. Alguns mediadores têm coleções particulares de páginas de revistas selecionadas segundo diversos critérios, utilizadas como pranchas projetivas. Podemos deixar os participantes escolherem-nas num banco de imagens ou recortá-las de uma pilha de revistas.

• **Projeção em suportes diversos**

A lista de suportes visuais é infinita. Podemos inventá-los em função do tema ou do estilo do mediador. Alguns mediadores, como Pierre Berloquin (1993), têm coleções de árvores: "Cada árvore é considerada um personagem importante na busca de ideias. Tentamos adivinhar sua personalidade, seu temperamento... Escolhemos a árvore em que podemos confiar e fazemos a ela as perguntas fundamentais que nunca foram formuladas antes".

Outros, como Danielle Guillot, têm uma coleção de portas: "Que porta você abre? Que solução para o problema você encontra?"

Podemos simplesmente pedir aos participantes que folheiem uma enciclopédia ilustrada e a vejam como um "livro projetivo". Eles a consultam com o problema em mente e param assim que percebem alguma ligação.

Alguns mediadores pedem aos participantes que tragam seus objetos ou imagens de estímulo favoritos, que os fazem voar: mapas, coleções de fotos, livros técnicos ou de arte, lembranças de infância, cartões-postais, figas e amuletos pessoais que facilitarão as projeções.

Projeções externas

O princípio

O maior livro de estímulos projetivos é o mundo exterior, a cidade e as paisagens urbanas, a natureza, o mar, as nuvens, as árvores, os animais etc. Muitas ideias, invenções e criações intelectuais saíram da cabeça de um indivíduo que se tornou *obcecado* por um certo problema, a ponto de *só pensar naquilo,* depois de ter observado um fato insignificante ocorrido na rua, no escritório ou em casa, sem que tivesse relação aparente com o assunto. Foi assim com Arquimedes, vendo a água encher sua banheira, ou com Gutenberg, observando a prensa dos vindimeiros. Conforme o olhar que lançamos ao ambiente, o espetáculo pode se tornar uma grande coleção de pranchas projetivas. É pôr o *scanning* (a varredura) para funcionar, projetando o raio da curiosidade criadora em tudo que nos rodeia.

É por isso que em alguns casos, em especial quando se trata de animar uma reunião morna, pode ser interessante incentivar a coleta de estímulos em ambientes externos.

Implementação

Distanciamento: mande-os a lugares que não se relacionem com o problema (se o problema for mecânico, não os mande a uma oficina, mas a um museu). Peça a eles que procurem lugares insólitos, que não conheçam muito bem. Não o bar da esquina, mas a cozinha do bar ou o ateliê de um artesão. Envie cada um a um lugar diferente, para multiplicar os espaços projetivos (supermercados, museus, empresas, porto, praia, metrô, vitrines etc.). Antes de saírem, recarregue bem a bateria deles com uma nova impregnação, porque há o risco de passearem muito e não trazerem nada de volta: a "máquina de projetar" precisa ser recarregada. Determine um tempo, dê um bloco de notas a cada um. Lembre-os de anotar apenas ideias vagas e fluidas, esboços de ideias.

Cruzamento: organize o cruzamento para a volta, enquanto eles "ainda estão quentes". Cada um apresenta o resultado da "coleta", e todos cruzam para tentar tirar proveito dela.

Estimulação externa (na natureza), citada por Gordon (1965)

Um pesquisador, numa empresa de estudos, precisava inventar um meio que permitisse aos pesados tratores dos serviços públicos atravessar valas de três metros de largura. Durante três semanas, ele revirou o problema de todas as formas possíveis. Estava tão obcecado que decidiu dar uma volta para arejar. Fez um esforço para esquecer o que o preocupava e apreciar a natureza. Sentado ao lado de uma árvore, olhou as folhas, as nuvens, o formigueiro a seus pés. Deitado na relva, enquanto observava as formigas e as imaginava em ação, pensou no problema que o perturbava. Com suas carapaças, as formigas lembravam os tratores dos serviços públicos, e lhe "trouxeram à consciência" (literalmente) o problema. De suas divagações surgiu a tão procurada solução. Ele fez a aproximação e viu que, se colocasse amarras na traseira e na dianteira dos tratores, estes, como as formigas, poderiam formar uma ponte. Na beirada do fosso, as amarras seriam atadas e o primeiro trator seria sustentado no ar pelos outros veículos, até que encontrasse apoio do outro lado. Em seguida os outros tratores seriam puxados um a um.

Técnicas oníricas

"Sonhar acordado, utilizar os sonhos."

O princípio

Para encontrar ideias, é preciso "se impregnar do problema, ficar obcecado, só pensar naquilo". Depois, de repente, "esquecê-lo, divagar, errar, seguir em outra direção, pensar em outra coisa". Tem algo de esquizofrênico nesse procedimento de desvio mental.

É como contrapor bruscamente um calor extremo a um frio de rachar, um tremendo barulho a um silêncio absoluto, um dia ofuscante a uma noite escura. A sucessão entre dia (consciência clara) e noite (sonho) é justamente a melhor configuração criativa. Se durante o dia pudéssemos impregnar nossa mente com um problema bem colocado, sonhar com ele à noite e depois nos lembrar do sonho, teríamos a solução mágica da criatividade e correríamos todas as manhãs ao Instituto Nacional da Propriedade Industrial para registrar uma patente. Aliás, inúmeras invenções nasceram de sonhos ou de momentos de relaxamento da tensão desperta.

As ideias nascem do sonho

Em 1865, Friedrich August von Kekulé, professor de química em Gand, na Bélgica, adormeceu certa tarde e teve o sonho mais importante da história da química:

> Virei minha cadeira para o fogo e peguei no sono. Os átomos continuavam a dançar diante dos meus olhos. Dessa vez, os menores ficaram modestamente ao fundo.
> Meu olhar mental, aguçado por visões repetidas dessa espécie, podia distinguir grandes estruturas de conformação múltipla, longas fileiras, às vezes estreitamente acomodadas, e isso tudo com ondulações e contorções de serpente. Mas, de repente, o que aconteceu? Uma das serpentes mordeu sua cauda, e a forma começou a rodopiar zombeteiramente diante dos meus olhos. Como um raio, acordei... (Koestler, 1965, p. 101)

A serpente enrolada forneceu a Kekule a chave para uma descoberta considerada "a mais brilhante produção de toda química orgânica". É uma das pedras fundamentais da ciência moderna. Para simplificar, digamos que se trata de uma ideia revolucionária, segundo a qual as moléculas de certos compostos orgânicos importantes não são estruturas abertas, mas cadeias fechadas, "anéis", como uma serpente mordendo o próprio rabo.

Jacques Hadamard (1993), matemático:

> Um fenômeno é certo e garanto sua certeza absoluta: o aparecimento repentino e imediato de uma solução no exato momento de um despertar brusco. Ao acordar em sobressalto com um barulho externo, uma solução

>

buscada havia muito tempo me apareceu de repente, sem um segundo se-quer de reflexão da minha parte e numa direção totalmente diferente de todas as que tinha tentado antes.

Henri Poincaré (*apud* Hadamard,1993), matemático:

Certa noite, tomei café puro, contrariando meus hábitos; não consegui dor-mir: as ideias surgiam aos montes; eu as sentia se entrechocar. Até que duas se engancharam, por assim dizer, e formaram uma combinação estável. De manhã, eu tinha estabelecido a existência de uma classe de funções fuchsia-nas, as que derivam da série hipergeométrica, e só precisei escrever os resul-tados, o que me tomou algumas horas.

O sonho é a maior arma da criatividade, e qualquer técnica tenta apenas substituí-lo.

O pensamento desperto, ordenado e disciplinado é regido por um conjun-to de regras dentro de um sistema de referência, como diz Koestler (1965), e essas regras nos impedem de passar de um sistema para o outro o tempo todo. "Concentrar-se" é eliminar as interferências do sistema vizinho. A criatividade, ao contrário, mistura os sistemas referenciais, e é essa mistura permanente que o sonho possibilita. O sonho "embaralha tudo", inclusive coisas incompatíveis e relações impróprias. Inventa brincadeiras (verbais e visuais), deslocamentos instantâneos, metáforas; desenterra analogias ocultas, inversões de causalidade, identificações múltiplas, sobreposições; ignora o tempo e a história; junta fatos isolados e distantes, guiado pela emoção, à velocidade da luz. Em resumo, o sonho produz o "distanciamento" do processo criativo.

Para chegar a essa solução mágica, podemos tentar aproveitar os sonhos noturnos ou sonhar de dia, semidespertos. O sonho é uma linguagem bastante usual num grupo de criatividade. Alguém fala, associa, fecha os olhos e de re-pente começa a sonhar em voz alta. "Espera, estou vendo alguma coisa. É um objeto estranho, que muda diante dos meus olhos etc." Contudo, podemos transformar o sonho em uma sequência específica, com fases ordenadas de distanciamento e cruzamento.

Implementação

Distanciamento: como a linguagem do sonho é uma forma importante de trabalho nos grupos criativos, privilegiamos a prática do pensamento por imagens. Já descrevemos os diferentes modos de pensamento associativo (ver p. 32), mas a associação por imagens exige um treino específico.

Recomendo as etapas abaixo:

- Pegue um objeto real, que todos conheçam (uma bicicleta, um copo), e peça a um participante que o descreva. Em geral, os participantes falam espontaneamente por conceitos e não por imagens. Dizem, por exemplo: "É uma bicicleta velha" ou "É uma bicicleta de corrida". Você deve fazê-los se acostumar a ver o objeto, a falar por imagens: "É uma bicicleta velha? De que cor?", "Vermelho...", "Que vermelho?", "Vermelho grená...", "Grená como?", "Escuro...", "Como você sabe que ela é velha?", "Está enferrujada...", "Onde?" Aos poucos o conceito abstrato se torna uma imagem comum ao grupo, que poderia até ser desenhada.
- Esse exercício é coletivo; primeiro as pessoas participam em sequência, depois aleatoriamente. O grupo inventa uma história, uma espécie de conto infantil. Um tipo de treinamento é: alguém começa a contar uma história. Em seguida, outra pessoa diz uma palavra arbitrária, que não tem nada que ver com a história, e o narrador tem de incluí-la na narrativa. Outra técnica: escreva num quadro as cinco ou seis expressões-chave dos contos: "era uma vez; todos os dias; mas um dia; por causa disso; até que finalmente; e então". Cada um conta uma parte da história, associando-a com a dos outros. Em determinados momentos o mediador indica uma das expressões-chave e o narrador é obrigado a dar um novo rumo à narrativa.
- Pegue um objeto irreal. Normalmente peço que seja inventada uma palavra nova no jogo das letras: "Me dê uma consoante, uma vogal etc.", e o grupo inventa, por exemplo, "abikor". "Imaginem agora que existe o senhor Abikor. Como ele é? Descrevam sua imagem. Imaginem que Abikor seja um país, uma ferramenta."
- Evocar a dimensão fantástica permite aos participantes sair do real. Vertente negativa: o pesadelo; vertente positiva: o paradisíaco. "Vamos conhecer a casa de Abikor. Suponhamos que, ao conhecê-la, vocês vejam coisas estranhas, um tanto terríveis." Os participantes talvez vejam monstros saindo da lareira ou paredes que se transformam em ventosas venenosas. Versão positiva: os participantes acariciam paredes macias como veludo, que cantam quando são tocadas. Chame a atenção do grupo para o fato de

que o recurso ao fantástico é uma possibilidade oferecida a eles, e não uma nova regra. Cuidado com abusos que transformam os sonhos em piada. Alterne etapas fantásticas com etapas realistas.

- Você pode propor uma história imaginária. Os participantes, de olhos fechados, são reunidos num círculo, sentados ou deitados em posição confortável. O mediador fornece a imagem inicial. Por exemplo: "Um campo de trigo ondulando ao vento". Faça uma associação com a pessoa ao lado, em ordem, e depois livremente, cada um intervindo à vontade. Aos poucos o grupo constrói uma narrativa imaginária, colocando eventualmente elementos fantásticos, sem fazer disso um princípio. O grupo está pronto para criar uma história fantástica.
- Prepare-se para sonhar com assuntos práticos, banais: "Vamos conhecer o porta-malas de um carro", "Vamos conhecer a empresa X, que fabrica sabonetes", "Vamos visitar uma escola da periferia em diferentes horários".
- Aumente o envolvimento. Até aqui, o grupo descreveu imagens externas (paisagens, objetos), era um espectador. O nível seguinte sugere que cada um se coloque na imagem: "Estou em tal lugar, ando, faço um gesto..." Individualmente, é uma identificação: "Sou o mecanismo de um relógio..." Em grupo, é um sonho acordado coletivo.

O sonho acordado coletivo

É compartilhar o imaginário, buscar uma comunicação no plano simbólico. Resulta frequentemente numa verdadeira criação poética e, em geral, numa experiência afetiva do grupo. Ao contrário da associação de imagens, os participantes não descrevem uma imagem: estão "dentro" dela, "viajam" nela. Na busca de ideias é uma rica fonte de inspiração, fabulosa, mas distante. Às vezes nos perdemos nela e não voltamos mais. Mas, se voltamos, é "bingo".

Na prática, os participantes deitam de costas, em estrela: com a cabeça virada para o centro e de mãos dadas. O mediador descontrai o grupo (exercícios de relaxamento). Na fase de treinamento, ele começa com a imagem mais sugestiva possível para "embalar" os participantes. Por exemplo: "Estamos nos erguendo lentamente no ar, o telhado se abre, é noite... Continuamos subindo cada vez mais alto. Estão sentindo o ar fresco? A Terra vira uma bolinha azul. Estão vendo? Aterrissamos em outro planeta... Vamos descrever o que estamos vendo, o que estamos fazendo e o que sentimos". Ou então: "Estamos numa praia. Sentimos a areia quente debaixo de nossos pés descalços. Andamos em direção à água... Decidimos visitar o fundo do mar... Vamos descrever o que vemos".

Numa situação de busca de ideias, o tema do sonho é relacionado com o problema: vamos conhecer um motor, uma cidade nova, uma empresa. A técnica do sonho acordado é muito importante, é passagem quase obrigatória no treinamento de grupos criativos. Em estudos de motivações criativas, quando se procura explorar, revelar o imaginário de uma marca, de um produto, de um conceito ou de uma problemática social, o sonho acordado é a melhor opção. Na busca de ideias, essa técnica nem sempre é adequada a todos os problemas.

Método individual com apoio

É um método original, que derruba as regras usuais do grupo. Geralmente a regra do grupo de criatividade se baseia na associação: alguém inicia uma ideia e os outros fazem associações. Todos se fundem no grupo, produzem apenas ideias coletivas. Mas esse princípio tem um ponto fraco, apesar de sua força considerável: não permite que os participantes sigam os meandros da imaginação pessoal. O grupo conduz, mas ao mesmo tempo absorve. Daí o desejo de alguns participantes de "inverter", de pegar no contrapé, seguindo a regra da criatividade. E se, em vez de eu me incorporar ao grupo, fosse o grupo que estimulasse minha diversidade pessoal? E se, em vez de eu fortalecer a criatividade coletiva, a criatividade coletiva apoiasse minha diversidade? Daí surgiu essa técnica, que lembra o *jazz*: em determinados momentos, fazemos coro com o grupo e, em outros, fazemos um solo. O papel do grupo é apoiar à meia voz, marcar o ritmo. Lembra também o flamenco: alguém começa a cantar ou dançar, e o grupo se contenta em gritar "olé" e bater palmas no ritmo.

É uma criação individual. Em vez de todos imaginarem juntos, cada um explora o veio de ideias que sentiu nascer dentro de si. Quando alguém diz: "Estou sentido alguma coisa!", vê o esboço de uma ideia tão vaga e fluida que compartilhá-la com os outros seria destruí-la, como aqueles sonhos que mal conseguimos contar quando acordamos. "Você quer fazer um solo? Tudo bem." Ele segue com a ideia e o grupo em volta dá apoio, faz associações de maneira não diretiva, sem acrescentar conteúdo, sem enveredar por outro caminho, tentando entrar na cabeça do solista, identificando-se com ele, ajudando-o a revelar sua ideia original.

O participante deita num colchonete. Depois de relaxar, descreve as imagens que lhe vêm à mente. Em círculo à sua volta, os outros escutam silenciosos o desenrolar de uma ideia, ora colocando a mão em seu ombro, ora tomando notas para cruzar.

O método de criatividade individual apoiada pelo grupo pode ser adaptado ao distanciamento ou ao cruzamento.

Sonhar por escrito, poema em grupo

Se a fala é a maneira mais simples de produzir imagens em grupo, a escrita pode ser mais adequada para determinado grupo ou pessoa. Há várias maneiras de proceder: deixar que cada um escreva uma história, um conto, uma parábola, uma fábula etc.; fazer a mesma coisa, só que em grupo (alguém começa e vai passando o texto para o seguinte); ou então combinar texto e desenho numa folha grande de papel.

Podemos utilizar a técnica do poema em grupo. Alguém escreve um verso no *flip chart* e os outros vão completando a evocação poética (não verbal, com música de fundo). Ou então alguém conta um sonho em versos, como um poema, baseando-se mais em ligações estéticas e emocionais do que em formas gramaticais corretas.

O método dos roteiros

É um método racional de exploração do futuro, que pode ser incrementado com projeções imaginárias. O método dos roteiros é utilizado especialmente em prospecções. Pretende tentar descrever, com base em análises de tendências e de informações objetivas à disposição, os "futuros possíveis" (daí o Instituto de Estudos Prospectivos, dirigido por Hugues de Jouvenel, ter sido batizado com o nome de "Futuribles"[20]). Consideramos, por exemplo, a evolução demográfica que hoje em dia proporciona cada vez mais importância aos *seniores*. Podemos construir várias possibilidades em função das tendências de trabalho e consumo dos mais velhos. Mas, além da projeção racional dos fatos, podemos querer "imaginar" o conteúdo desse roteiro, presumir o modo como vivem, projetar situações, "sonhar" positiva ou negativamente a hipótese considerada, isto é, incrementar o cenário.

Utilizar os sonhos noturnos

Idealmente, mais do que sonhar acordado, que apenas substitui o sonho do sono, o objetivo "mágico" seria mergulhar nos "verdadeiros" sonhos. A técnica descrita consiste em se aproximar do mito, tentando utilizar os sonhos noturnos. Essa técnica funciona bem quando os participantes podem dormir num mesmo local. Eles são motivados o dia inteiro por procedimentos criativos

---

20. Futuribles, de "futurs possibles". Disponível em: <http://www.futuribles.com>. Acesso em: 20 jan. 2011.

e resolvem voltar ao trabalho depois do jantar, com a certeza de que vão sonhar acordados. Antes de dormir, fazemos uma impregnação (por exemplo, com uma identificação) ou uma visualização interior silenciosa do problema. Distribuímos lápis e cadernos. Recomendamos que anotem imediatamente tudo que lhes vier à mente e tiver relação com o assunto tratado, seja durante um despertar noturno (bendita insônia criativa!), seja ao acordar, antes de pôr os pés no chão. Essas anotações são retomadas pelo grupo logo no início do dia. No mesmo espírito, Osborn (1988) recomendava telefonemas aos participantes das sessões de criatividade na manhã seguinte para colher ideias suplementares. "Uma das sessões", conta ele, "produziu cerca de cem ideias em meia hora. A coleta do dia seguinte arrebanhou mais de vinte, e quatro eram superiores a todas do dia anterior".

Observações sobre o cruzamento nas técnicas oníricas

Quanto mais nos distanciamos, mais difícil é o retorno. Quanto mais perdemos contato com a realidade, com os limites do problema (sem falar da angústia da reunião com o cliente na próxima quarta-feira, às 10h30 em ponto, enquanto ainda estamos perdidos nos sonhos), mais temos a impressão de ter perdido o fio da meada. "Enlouqueci, estou delirando, não sei mais para onde estou indo..."

Às vezes é o caso. É um risco que se corre. Mas em geral não é bem assim. Ao contrário, é com esse distanciamento "delirante" que você encontra as ideias mais originais e ao mesmo tempo mais realistas. Confie! O distanciamento onírico limpou o terreno, permitiu que você soltasse as amarras. Organize o cruzamento: escute novamente a gravação do sonho, com atenção redobrada; o grupo estará reunido à sua volta, como um time de rúgbi num *pack*. Você está à espreita, o escâner foi preparado como uma gigantesca antena parabólica em sua cabeça. Você procura uma conexão, aguarda a intuição estética que indicará a ligação entre a água que enche a banheira e a coroa do rei.

Um, dois, três. Prepare-se para gritar: "Eureca!"

Técnicas gráficas e corporais

O princípio

A linguagem é a conquista mais nobre do *Homo sapiens*, é a base de toda evolução mental. "Lógica" vem de *lógos*, que originalmente significa linguagem e pensamento, como se as duas noções fossem uma só. O pensamento em *lógos* emergiu do pensamento por imagens dos homens primitivos, confuso e nebuloso, do mesmo modo como emerge do pensamento sincrético das crianças durante o lento processo de desenvolvimento que leva à abstração, aos símbolos, às palavras. A linguagem traduz a lenta marcha do cérebro límbico, muito próximo da animalidade, até o neocórtex, em que se localizam os pensamentos abstratos e a inteligência.

Quando traduzem o pensamento, as palavras registram milhões de informações na forma de conceitos. Dão corpo, estrutura, ao fluxo do pensamento, às imagens imprecisas, às intuições vagas, aos sonhos que se vão como fumaça pela manhã (lembre-se da dificuldade de pôr os sonhos em palavras). As palavras são ferramentas essenciais para formular pensamentos e comunicá-los aos outros.

Mas, assim como nos levam da intuição para um código social compreensível, as palavras também nos inserem numa rede de significados antigos, conhecidos, registrados. Carregam em si respostas a perguntas feitas milhares de vezes.

Ora, para inventar, criar, temos de regredir. Temos de fazer a viagem inversa, do neocórtex para o cérebro límbico, o cérebro primitivo, o cérebro da criança, e assim provocar ligações associativas diferentes das que foram repetidas mil vezes pela linguagem socializada. Temos de recuperar o pensamento pré-lógico, *pré-lógos, pré-linguagem.*

Como observa o linguista Roman Jakobson (citado por Hadamard, 1993, p. 97), "os signos e a linguagem são os apoios necessários do pensamento [...] mas o pensamento interior, sobretudo quando é criativo, utiliza naturalmente outros sistemas, mais maleáveis, menos padronizados, que dão mais liberdade e dinamismo".

E Albert Einstein (Koestler, 1965, p. 130) acrescenta: "Não acredito que as palavras de uma língua escrita ou falada tenham algum papel no mecanismo do pensamento [...] as entidades físicas que parecem servir meu pensamento são certos signos ou imagens mais ou menos claros que podem combiná-las voluntariamente". Jacques Hadamard (1993), que fez um estudo sistemático sobre a criação matemática, concluiu sua pesquisa dizendo: "Os matemáticos evitam empregar palavras mentais precisas [...] utilizam quase sempre imagens".

Koestler (1965) resume bem essas ideias: "De todas as formas de atividade mental, o pensamento verbal é o mais claro [...] mas a linguagem pode ser um obstáculo entre o pensador e a realidade. É por isso que, muito frequentemente, a verdadeira criação começa onde acaba a linguagem".

Implementação

Da psicoterapia surgiram as técnicas que objetivam contornar o código estereotipado da linguagem socializada – por exemplo, as associações livres na psicanálise ou nas técnicas dirigidas de sonho acordado. Anos depois, veio da psicoterapia infantil o uso do desenho para facilitar a expressão das fantasias imaginárias. Mas enquanto a psicanálise procura estudar as estruturas do inconsciente, a criatividade tem um objeto bem diferente. Quando "vai" na direção do não dito, não tenta interpretar[21], apenas organizar, de acordo com dado problema, as associações novas que "vêm" como ideias fluidas, depois como ideias precisas e, finalmente... como patentes.

Para provocar um curto-circuito na linguagem socializada usual, os principais meios empregados pelos grupos de criatividade são o desenho ou qualquer outra forma de expressão gráfica (colagens etc.), além da representação corporal.

Modos de expressão gráfica

- **Desenho.** Quando dizemos "desenhar", estamos nos referindo à expressão gráfica. Poderíamos dizer "produzir riscos e borrões" para deixar claro que o objetivo não é fazer um desenho figurativo, representativo, estético, mas permitir que as ideias se expressem livremente por meio das mãos.

  O material utilizado é importante para o sucesso da técnica. Recomendo que se tenha à mão uma grande variedade de ferramentas gráficas: não apenas alguns lápis bem apontados, mas uma mala cheia de diversos materiais (lápis coloridos, pincéis atômicos, guache, tinta acrílica, giz de cera etc.). Recomendo em especial tinta a dedo (muito utilizada nas escolas), que permite ao participante pintar com as próprias mãos, o que rompe imediatamente a relação comum com o desenho (distribua aventais de pano ou papel para deixá-los à vontade, sem medo de sujar os lindos ternos).

  Nesse mesmo espírito, recomendo o uso de papel em formato grande, que se esbanje, que se desperdice. É útil em geral deixar os participantes se familiarizarem com o grafismo, propondo temas que não tenham relação com o problema do dia. Deixe que brinquem com a tinta, que recuperem os gestos da infância.

  Você pode proceder de diferentes maneiras:

---

21. Exceto no caso dos estudos qualitativos que utilizam técnicas de criatividade. Ver p. 224.

– Desenho individual: cada um desenha "uma ideia fluida" relacionada com o problema.
– Desenho individual em ordem: um participante passa para o seguinte, que completa ou associa livremente (em silêncio, sem comentar a intenção do anterior).
– Desenho coletivo: em *brainstorming*, grupos de quatro ou cinco pessoas discutem e escolhem uma representação do problema ou, em silêncio, fazem associações livres com o que acreditam ser a intenção do outro. Você também pode forrar as paredes com papel canson: um dos participantes começa em determinado ponto e os demais o seguem, quando quiserem, fazendo associações seguindo a inspiração. O conjunto final forma um "afresco", que serve de tela projetiva para o trabalho do grupo durante a reunião.
– Desenho por analogia: o desenho é uma maneira bastante comum de explorar analogias. Como veremos adiante (ver p. 91), o próprio mecanismo analógico é um distanciamento, em maior ou menor grau (certas analogias são quase racionais). Portanto, algumas vezes é interessante explorá-las com uma técnica mais irracional, como o desenho.

Cruzamento

• Os desenhos foram feitos por um grupo dominado por um problema de busca de ideias. O que se quer é "cruzar" um estímulo imaginário com o problema colocado. Para isso, são necessárias as seguintes etapas:
 – O desenho feito individualmente ou em pequenos grupos é uma associação com o problema. Num primeiro momento, o grupo inteiro deve incorporar o desenho, impregnar-se do discurso. O desenho é pendurado na parede e o grupo faz associações, tenta decodificar o imaginário do desenho por meio de projeções;
 – Num segundo momento, o mediador reintroduz o problema: "Em relação ao telhado evolutivo... ao condicionamento de fluidos...". O grupo procura ideias fluidas, inspiradas no desenho;
 – As ideias fluidas são retomadas e cruzadas mais uma vez com o problema;
 – O grupo transforma as críticas em ideias: "Para funcionar, temos de...".

• **Colagem.** É uma técnica próxima, mas bem diferente do desenho, pois não produzimos símbolos imaginados, apenas recortamos imagens de fontes variadas para depois colar no papel. Mesmo assim, podemos fazer com ela uma obra gráfica para representar uma paisagem, um personagem, um objeto heterogêneo, ou criar um universo não figurativo para ilustrar sentimentos, impressões, opiniões. A colagem é muito utilizada em estudos de motivações criativas (ver p. 238) para exemplificar o universo mental associado a um produto ou tema.

Numa busca de ideias, a técnica da colagem pode ser associada ao desenho: a colagem esclarece o desenho e o desenho se sobrepõe à colagem. De certo modo, a colagem é menos imaginativa que o desenho, já que utiliza imagens de objetos reais, fotos de revista, propaganda. Mas pode ser um ponto de partida para uma projeção e, com isso, tornar-se um suporte imaginário. Na prática:

– Preste muita atenção à escolha das revistas que serão utilizadas. A seleção não é imparcial e suas escolhas podem influenciar o conteúdo final.

– Cuidado com o tempo. Quando você distribui revistas não recortadas, os participantes tendem a ler os artigos que interessam e a reunião pode se prolongar indefinidamente. Recomendo que você recorte algumas imagens antes, para concentrar o grupo no trabalho da colagem.

- **Modelagem, escultura, pintura de máscaras etc.** Conforme o assunto tratado, há uma grande variedade de suportes para facilitar a expressão gráfica.
  – A massa de modelar é indicada para qualquer estudo de forma (de produto, de frasco, de embalagem etc.).
  – A escultura de um oráculo pode ser tanto um exercício de coesão quanto um suporte projetivo interessante, ao qual o grupo acrescenta símbolos durante a reunião. Os participantes podem recorrer a ele para pedir não uma profecia, mas ideias (às vezes ele responde).

Já utilizei papel crepom, papel chiffon e tecidos diversos em criações de roupas, e pinturas de máscaras em buscas de produtos de maquiagem. A máscara branca, que pode ser pintada com pincéis atômicos, é um suporte projetivo interessante, pois ganha rapidamente uma dimensão simbólica.

- **Fotografia.** Você também pode utilizar máquinas fotográficas descartáveis[22]. Depois da fase de impregnação, distribua as máquinas e proponha um passeio na cidade, no campo ou mesmo na empresa, com o intuito de procurar estímulos criativos que tenham, segundo a intuição de cada um, alguma relação com o problema. Os participantes têm toda a liberdade de escolher o tema e até de fazer *closes*, que se transformarão em imagens quase abstratas. Faça uma revelação rápida numa loja próxima. Depois utilize

---

22. Técnica apresentada em 2003 por Gregg Fraley, do Creative Problem Solving Institute (CPSI), Buffalo.

as fotos como suporte projetivo, como ponto de partida para um encadeamento associativo. Cada um apresenta sua foto, ou a do vizinho, ou o grupo faz uma colagem, que pode ser completada com recortes, desenhos etc.

Expressão corporal

A expressão corporal é muito comum nos treinamentos, para praticar os mecanismos criativos e experimentar o processo por outras vias que não a da inteligência. Por exemplo, o exercício da passagem de gestos nas associações, o exercício do desequilíbrio nas buscas de ideias etc. (ver p. 135). A expressão corporal pode ser interessante numa busca de ideias em dois níveis. Primeiro, para *se impregnar do problema*: não há melhor compreensão do problema do que a identificação com ele, a imitação dele com o corpo. Você consegue imaginar? Segundo, como *técnica de distanciamento*. Como fazemos frequentemente no dia a dia para representar um mecanismo simples (um espremedor, uma pinça), ou como fazem os deficientes auditivos quando se comunicam pela linguagem dos sinais, podemos representar com gestos um conceito, um mecanismo, uma ideia. Ao representar com gestos indicações muito vagas para ser colocadas em palavras, criamos um suporte estimulante para uma busca de ideias coletiva.

Família técnica 2: as técnicas analógicas

Técnicas analógicas: deslocamento do problema

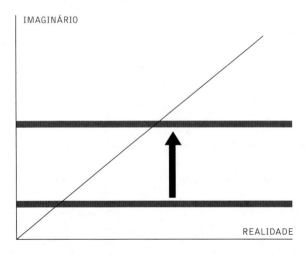

Em resumo, o conceito é deslocado para outro campo da expressão.

O princípio

O princípio das analogias é frequente na criatividade. Porém, é preciso observar que existem dois tipos de analogias: algumas racionais, lógicas, científicas; outras puramente intuitivas, subjetivas.

Essa dupla natureza do mecanismo analógico dificultou a classificação dessa família técnica. Eu poderia classificar as técnicas analógicas entre as estratégias racionais, já que o procedimento "analógico" não está longe do pensamento lógico. Mas também poderia classificá-las entre técnicas que beiram o irracional. O princípio das analogias é um deslocamento lateral do problema. Em lógica, a palavra "analogia" significa "raciocínio baseado em informações paralelas". Formulado de maneira mais simples, o princípio analógico significa que duas situações são semelhantes em certos pontos, mas não em todos.

Para resolver um problema mecânico, por exemplo, nós o deslocamos, procurando um problema similar, análogo, na biologia, na história do direito ou na fabricação natural de geleias. Talvez a solução dada pelos insetos leve a uma solução para o problema da engrenagem.

Existem diferenças entre um alicate de mecânico e uma pinça de caranguejo, mas também há pontos em comum. Por isso podemos escolher a pinça do caranguejo como estímulo criativo. As diferenças, por sua vez, inspiram invenções, como um alicate de mecânico diferente (existe, curiosamente, um tipo de alicate chamado "alicate jacaré").

Esse procedimento é uma forma de bissociação, como diz Koestler (1965). É o encontro de dois diferentes universos de referência. Mas é uma bissociação de tipo particular, pois procede por comparação, busca uma ligação. Em vez de confrontarmos o problema com um universo de referência que *a priori* não tem nenhuma relação com nosso caso, buscamos antes uma relação. Quando se propõe a resolver um problema, segundo Koestler (1965),

> [o cientista] o aborda de vários ângulos [...] Dispõe de regras familiares, extrapolação, interpolação, transposição [...] Para isso existem habitualmente matrizes, ligações preestabelecidas, basta adaptá-las [...] Mas nas descobertas originais não há matrizes pré-fabricadas [...] Só nos safamos descobrindo uma matriz auxiliar, tirada de um campo diferente, subjetivo [...] Aqui estamos mais próximos da criação de uma imagem poética do que de uma produção lógica. A essência da descoberta reside nesse casamento inverossímil entre sistemas de referências sem ligação anterior, cujo intermediário afinal é o inconsciente, ao qual se soma a tendência do sonho de criar analogias insólitas.

De acordo com W. J. J. Gordon (1965): "Nesse mecanismo, trata-se de estabelecer paralelos entre fatos, conhecimentos ou disciplinas diferentes". Aliás, Gordon foi, se não o inventor, ao menos o principal divulgador das analogias na busca de ideias. O método que desenvolveu (a sinéctica) é baseado essencialmente na exploração de analogias. "É possível aplicar as analogias numa infinidade de campos", observa Gordon. "As comparações ingênuas encontram-se na base da escala; no outro extremo, encontram-se as associações complexas."

Podemos, assim, distinguir duas famílias de analogias:

- **Analogias lógicas, racionais**, que podemos explorar de maneira metódica, por meio do intelecto. Esse é o objeto, por exemplo, de uma ciência chamada biônica (ver quadro abaixo), que, com o conhecimento de zoólogos, naturalistas e botânicos, busca respostas na natureza para solucionar problemas conceituais (levantar, carregar, raspar, triturar etc.). Esse é o objeto também de um novo procedimento criativo, batizado de Triz, sobre o qual há um capítulo inteiro neste livro (ver p. 159), e que consiste em buscar problemas análogos para os quais já se encontrou resposta, às vezes na forma de patentes.

- **Analogias intuitivas**, eventualmente insólitas, irracionais e vagas, reveladas pelo buscador do inconsciente, que vêm à mente de forma espontânea ou são buscadas e examinadas com uma abordagem projetiva em um grupo de criatividade.

Biônica (Papanek, 1992, p. 372)

A biônica é a arte de "estudar os princípios básicos em ação na natureza e tentar extrair dela aplicações correspondentes às necessidades dos homens".

Em 1511, Leonardo da Vinci observou que "Um pássaro é um instrumento que obedece a uma lei matemática, e o homem possui a capacidade de reproduzir todos os seus movimentos" (Koestler, 1965).

Como notou Gordon (1965): "Dezessete anos de pesquisa nos mostraram que a mais rica fonte de analogias diretas é a biologia, pois sua terminologia não é impenetrável e suscita analogias que sugerem problemas estritamente técnicos à vida na qual ela se inspira".

Há algumas décadas o biomorfismo, isto é, a tendência das tecnologias sofisticadas de copiar processos naturais, teve um crescimento considerável. Tomemos alguns exemplos.

>

Os dois orifícios entre o órgão respiratório e os olhos das serpentes contêm um detector de temperatura tão sensível que pode captar diferenças de um milésimo de grau. Estudando esse princípio, a Philco e a General Electric desenvolveram um detector de mísseis instalado na saída do escapamento dos aviões de caça.

A semente de bordo, ao cair de alguns metros no chão, efetua uma espiral muito particular. Estudando essa espiral foi criado um procedimento para combater incêndios florestais em barrancos inacessíveis ao jato de água. Foi fabricada uma folha artificial de bordo, de plástico superleve e de baixo custo. Ela contém um pó que apaga o fogo enquanto desce em espiral sobre as chamas.

Ao estudar o comportamento de uma mariposa em relação à luz, W. Grey Walter desenvolveu um dispositivo eletrônico que se desloca automaticamente em direção a uma fonte luminosa. É sabido que os morcegos se orientam por um sistema de eco cujo princípio se assemelha ao dos radares e sonares. Saber que certos coleópteros calculam sua velocidade antes de pousar, observando e medindo o deslocamento de objetos no solo, levou os técnicos aeronáuticos a desenvolver um indicador de velocidade baseado na observação de dois pontos localizados no solo.

É sabido que o princípio do velcro foi desenvolvido com base na observação dos carrapichos, que se agarram às roupas. E também que o focinho alongado dos golfinhos contém um sistema de navegação que não está ligado ao som, como o das baleias, mas à ondulação externa da pele.

A botânica sugeriu inúmeros conceitos de organização, arquitetura e arranjo baseados na observação das plantas: cogumelos, liquens, raízes, estruturas moleculares dos vegetais; assim como da organização da vida animal: colmeias, formigueiros, ninhos etc. A cristalografia forneceu modelos tanto para a arquitetura terrestre quanto para a concepção de módulos espaciais. Os braços de preensão de certos coleópteros não deixam de ter relação com os braços articulados das sondas espaciais para coletar minerais em satélites terrestres, e as estruturas de certos animais submarinos, habituados a viver sob fortes pressões, inspiraram alguns módulos espaciais.

A palavra "synectique" foi inventada por W. J. J. Gordon tendo como base um termo grego que descreve bem o método de produção de ideias desenvolvido por ele e significa "combinação de elementos aparentemente heterogêneos". Enquanto o *brainstorming* indica "uma tempestade no cérebro" – agitação semelhante à dos grãos de poeira no meio de um ciclone – que, em consequência de uma cadeia associativa aleatória, leva a uma produção rápida e abundante de ideias, a sinéctica aponta logo de cara para uma abordagem que consiste em seguir um procedimento metódico, eventualmente em marcha lenta, com o objetivo de explorar campos de referências em planos paralelos ou análogos.

Gordon foi o precursor da segunda corrente americana de criatividade. Enquanto o publicitário Osborn procurava produzir com rapidez e frequência uma grande quantidade de ideias, Gordon, com o apoio da empresa de consultoria estratégica Arthur D. Little, dedicou-se à inovação tecnológica. Enquanto Osborn, mais empírico, procurava um método "que funcionasse", avaliando a eficácia pelos resultados, Gordon era um pesquisador da criatividade e buscava, em primeiro lugar, descobrir e compreender os mecanismos da criatividade: "Como o processo criativo ocorre normalmente à margem da consciência, é difícil reproduzi-lo à vontade. Daí o interesse de tornar conscientes certos mecanismos subconscientes, para que possam ser utilizados quando necessário" (Gordon, 1965).

Gordon começou suas pesquisas sobre o processo de invenção em 1943, observando um indivíduo que, enquanto inventava, era psicanalisado, "o que criava uma separação, obrigando-o a tomar consciência de seus processos mentais enquanto perseguia seu objetivo: resolver um problema de instrumentação para o Ministério da Aeronáutica". Depois, em conjunto com a Universidade de Harvard, realizou uma série de entrevistas com personalidades das artes e ciências para detectar, com alto grau de correlação, "mecanismos [idênticos nas artes e nas ciências] suficientemente universais para que possam intervir numa teoria". Enfim, em Cambridge, nos Estados Unidos, realizou um amplo trabalho de compilação literária, examinando centenas de obras sobre o processo de invenção (de Freud a Aristóteles, de Einstein a Poincaré etc.). Depois da pesquisa veio a experimentação: em 1952, criou um grupo experimental de invenção tecnológica, composto principalmente por um físico interessado em psicologia, um engenheiro eletrônico, um antropólogo interessado em eletrônica, um desenhista de arte com formação em engenharia, um escultor iniciado em química etc. Demonstrou claramente o desejo de formar grupos multidisciplinares, com pessoas escolhidas a dedo.

Durante a observação, notou as seguintes constantes (Gordon, 1965):
- tendência a aceitar o incongruente, isto é, "fatos que, do ponto de vista técnico, não têm relação alguma com o problema considerado";
- atitude lúdica: "Olhar as coisas com olhos de criança [...] o que se manifesta de duas maneiras: brincar com as palavras, com seus sentidos e

definições, e deixar de pernas para o ar uma lei fundamental ou uma noção científica básica";
- utilizar metáforas, um mecanismo dos mais fecundos;
- indicador hedônico: "Quando um objetivo da invenção está prestes a ser alcançado, isso é prenunciado por uma agradável excitação mental [...] essa euforia, essa impressão de estar no caminho certo, é um estado a que o indivíduo aspira inconscientemente como um sinal da direção que deve seguir. A orientação para esse estado deve ser cultivada como um sinal de que se está no caminho certo".

Enfim, depois de vários anos de prática, Gordon conceituou o método cinético e extraiu dele dois princípios gerais: tornar o familiar insólito e tornar o insólito familiar; e quatro mecanismos operacionais, todos de natureza metafórica, que permitem tornar o insólito familiar:
- a analogia pessoal;
- a analogia direta;
- a analogia simbólica;
- a analogia fantástica.

As bases da sinéctica foram assentadas como um método que poderia muito bem ser chamado de "analógico". Mas, na realidade, com suas analogias, Gordon atribui a essa palavra uma definição ampla, manifestamente exagerada. A sinéctica designa um conjunto de técnicas de desvio, mas o que condiz melhor com a definição de analogia é o que o autor chama de "analogia direta: mecanismo que consiste em estabelecer paralelos entre fatos, conhecimentos ou disciplinas diferentes".

O que ele chama de "analogia pessoal" não é de fato uma analogia e corresponde ao que chamamos aqui de "identificação" (ver p. 70). Do mesmo modo, as "analogias simbólicas e fantásticas" correspondem inteiramente às abordagens poéticas e fantásticas que desenvolvemos na forma de histórias, sonhos acordados e técnicas oníricas (ver p. 79).

Ainda hoje, porém, as constantes do processo criativo estabelecidas por Gordon são os pilares da criatividade dos grupos, e grande parte das técnicas de desvio aqui citadas saiu de suas pesquisas. Descobrimos a sinéctica em 1966, na Synapse, por intermédio de um livro de capa vermelha recém-traduzido. Esse "livro vermelho" (Gordon, 1965), que carregávamos o tempo todo debaixo do braço, era nosso catecismo e orientou os primórdios do estudo da criatividade na França. A César o que é de César...

Implementação

Impregnação

Diferentemente de outras técnicas em que trabalhamos intensamente os elementos do problema (forma, cor, peso, preço), aqui trabalhamos com as funções (traduzidas por verbos). Pendure-as na parede em letras garrafais. São as "pedrinhas brancas" que vão marcar seu percurso de distanciamento. Reserve tempo para a impregnação: como o mecanismo analógico é divergente por natureza, você corre o risco de produzir estímulos que não tenham nada de analógicos. Antes de começar, portanto, é importante lembrar as funções-chave do problema.

O procedimento analógico

- Pessoalmente, recomendo começar com um exercício que trabalhe a parte emocional, para sentir melhor o princípio da analogia[23].
- Outro bom exercício é buscar relações de semelhança (Fustier e Fustier, 2001). Deve-se listar certo número de palavras distantes (por exemplo: rede, coqueiro, ervilha, carvão, cortador, gato, trólebus, pedestal) e pedir ao grupo que encontre semelhanças, pontos em comum.
- Um bom treino consiste em habituar os participantes a extrair informações e emoções de suas reservas pessoais. Pegue um tema que todos conheçam – por exemplo: freio de bicicleta. Peça que cada um procure uma analogia em sua infância, em sua vida profissional, pessoal etc., partindo da frase "é como..." Por exemplo, o participante que pratica vela dirá: "Os freios são como as velas quando estou velejando. Tenho a impressão de que elas freiam o vento"; o pescador dirá: "É como a linha de nylon quando a boia escapa. Eu puxo a linha e ela freia a boia, ou então eu ponho mais chumbo"; o pianista dirá: "É como os *rubati* que faço quando toco Chopin. Eu freio a melodia"; o pintor dirá: "É como o produto que uso para frear a secagem"; o cavaleiro dirá: "É como as rédeas do cavalo. Elas freiam, mas também machucam"; o administrador dirá: "É como frear as despesas. Eu limito os gastos etc.". O interesse de compor grupos multidisciplinares é ter uma grande variedade de reservas analógicas.

---

23. Faça o exercício 35 ou o exercício 36 da página 139.

Fase de distanciamento

Depois disso, organize uma fase imaginativa para produzir analogias. Lembre-se de anotá-las cuidadosamente.

Analogias diretas: o conceito de fechamento faz você pensar em quê? O que se fecha? Os criadores buscarão analogias no campo vegetal, animal, mineral, econômico, histórico, mecânico e elétrico; farão um inventário de todas as analogias com fechamento.

A natureza é um depósito de analogias particularmente rico, utilizado com frequência na criatividade – ver a esse respeito os exemplos a seguir e os quadros relativos à biônica (p. 93) e aos animais criativos (p. 99) –, mas é claro que não é o único.

Exemplos citados por W. J. J. Gordon (1965)

Um grupo de criatividade precisava inventar um distribuidor utilizável em uma ampla gama de produtos, desde cola até esmalte de unhas. Os participantes se perguntaram o que, na natureza, funcionava de forma semelhante ao que o distribuidor deveria fazer. Decidiram passar em revista centenas de sistemas, por exemplo: "O marisco sai em parte da concha, depois entra de volta e a concha se fecha. A questão do muco não interessa aqui, porque o marisco só se encolhe na concha. Já a boca do homem cospe, projeta saliva à vontade. Não é totalmente hermética, às vezes baba. Eu me lembro de ter visto num sítio um cavalo fazendo as necessidades. Primeiro vi o ânus se abrindo (era como uma boca), depois o esfíncter se dilatando e o excremento saindo. Depois disso, tudo se fechava, limpo como bumbum de nenê. E se o cavalo tivesse uma diarreia? Isso acontecia com frequência, quando comia muita aveia. Nesse caso, o esfíncter se contraía algumas vezes para fazer o líquido sair e depois tudo se fechava de novo. Enfim, é um movimento plástico".

O produto inventado depois disso funcionava exatamente da maneira que essa analogia sugere.

Outro exemplo: um grupo de criatividade encarregado de inventar um novo tipo de telhado achou, num primeiro momento, que o telhado deveria mudar de cor. Branco no verão, para refletir os raios solares, e preto no inverno, para absorver o calor. Assim ele contribuiria para economizar energia. Mas como fazer isso? Durante uma reunião, na fase de analogia, o grupo passou em revista tudo que mudava de cor na natureza, animal ou vegetal. "A doninha é

\>

branca no inverno e marrom no verão. Como ela faz isso? A pelagem cai e nasce marrom. E o camaleão? Ele muda de cor sem trocar de pele. E o linguado? Ele fica branco quando está na areia branca e marrom quando está no lodo... Como isso acontece?" O grupo pesquisa e, alguns dias depois: "Vou fazer uma curta exposição. O linguado muda de cor porque tem cromatóforos na derme, pigmentos escuros. Quando esses pigmentos são atraídos para a superfície da pele, o linguado fica cheio de manchas escuras e parece marrom, como uma pintura impressionista. Quando o pigmento volta para a derme, o linguado fica mais claro".

Cruzamento: "Vamos passar do linguado para nosso telhado. E se ele fosse feito de um material escuro que contivesse pequenas esferas de matéria plástica? Quando o telhado esquentasse, elas se dilatariam e subiriam à superfície... O telhado ficaria branco como uma pintura de Seurat... No inverno, ele voltaria a ser escuro".

A técnica dos *animais criativos*[24]

Princípio: a técnica dos "animais criativos" é semelhante ao procedimento geral de criatividade mencionado e ao princípio das analogias. Sua originalidade está em propor uma estratégia muito eficaz para transpor um problema para o universo dos animais e buscar elementos de solução que depois podem ser levados de volta para o campo original. A técnica se baseia no fato de que, segundo a teoria da evolução, quando um animal depara com um problema, ele tenta resolvê-lo com "os meios à mão". Quando esgota todas as tentativas, é obrigado a realizar uma mutação. Em geral isso implica tentativas e, em seguida, seleção natural. O processo de resolução de um problema se apoia em um procedimento similar.

Implementação: primeiro definimos o problema e, em seguida, analisamos a situação geral e o ambiente em que está inserido. Avaliamos o peso do problema personalizando-o: "O que eu perco se não encontrar uma solução?" Examinamos as soluções ou tentativas já testadas.

Como sabemos, um problema é uma solução para outro problema subjacente que devemos identificar. O método propõe algumas centenas de "problemas subjacentes", isto é, "situações problemáticas típicas".

> >

---

24. A técnica dos "animais criativos" foi elaborada por Steve Grossmann (*colleague* na Creative Education Foundation). Ele encarregou Philippe Dupont (*colleague* na Creative Education Foundation, Distinguished Awards) de adaptar e enriquecer o método e suas ferramentas para os países de língua latina.

São apresentados como cartas de baralho. Selecionamos de uma a três situações problemáticas. Em seguida viramos as cartas e encontramos a imagem de um animal e a maneira como ele resolveu a situação em seu ambiente.

Analisamos e observamos por algum tempo a solução encontrada pelo animal, sem nos preocupar com o problema original. Podemos então tentar transpor essas soluções para o problema em questão e procurar as nossas. Na prática, esse método é individual ou em pequenos grupos. Como são centenas de situações e cartas, os grupos podem trabalhar paralelamente.

Dispomos de três formulários básicos:

- **Formulário de extinção.** Permite analisar a situação original do problema, o que perderemos se ele não for resolvido, a relação de tudo que foi ou poderia ter sido feito sem resultados satisfatórios.
- **Formulário de mutação.** Identificação do problema subjacente, descrito na forma de situações problemáticas; escolha de situações problemáticas similares nas cartas; descrição dos animais e observações sobre as técnicas que utilizaram.
- **Formulário de seleção.** Propõe soluções de síntese; permite isolar os aspectos positivos e os aspectos difíceis da solução, que serão os desafios que teremos de enfrentar para resolver a situação.

Busca de ideias: partindo das soluções dos animais, procuramos transpô-las para encontrar soluções para o problema original. Atenção: você não é obrigado a fazer uma transposição literal; associações, dissociações e brincadeiras com palavras são bem-vindas. Você pode combinar ideias.

Em resumo, é um método original, que pode ser utilizado tanto em treinamentos para iniciar o grupo na prática da analogia quanto na busca de ideias.

Analogias temporais: como se fazia no passado, como se fará no futuro?

Analogias simbólicas ou metafóricas. Como diz W. J. J. Gordon (1965), "é uma resposta poética com que se condensa o problema numa imagem esteticamente satisfatória". O que caracteriza a analogia simbólica é a instantaneidade: de repente, temos um *flash*. Transpomos o tema para o registro poético. Eventualmente podemos criar um poema em grupo (ver p. 85).

Analogias gráficas. Esse problema "é assim": o participante, então, faz um desenho alegórico, não figurativo, para traduzi-lo em formas e cores.

Parábola (Fustier, 1988). É a construção em palavras de uma simbologia, uma fábula, uma narrativa curta. Por exemplo, *O lobo e o cordeiro*, *O corvo e a raposa*, *A caverna*, de Platão, *Robinson Crusoé*, *As aventuras de Gulliver* e *A volta do filho pródigo* são narrativas simbólicas. Podemos escrever em grupo uma história imaginária num universo semelhante ao do assunto tratado.

Metáforas. São variantes das analogias. É a tradução do problema numa imagem global, que pode ser poética, ou por meio de um símbolo. Para produzir esse tipo de imagem, utilizamos com frequência o método do "retrato chinês", que consiste em abordar o assunto com a frase "se fosse...": se fosse uma flor, seria uma rosa; se fosse uma música, seria uma sinfonia etc. Essa técnica é muito utilizada nos estudos de motivações projetivas.

Mistura de analogias. Podemos obviamente passar de um tipo de analogia para outro. Um bom exemplo é dado por Gordon, partindo de uma analogia direta num grupo encarregado de inventar uma tinta de parede que aderisse a superfícies com resíduos gredosos. "Vamos comparar a superfície gredosa dessa parede com a plumagem de um pato. A água, assim como a tinta, escorre por ela etc." Em seguida, ele encadeia com uma analogia pessoal: "Eu sou um pingo de tinta que acabou de se depositar nessa parede gredosa. Estou morrendo de medo, estou caindo. Tento me agarrar, mas escorrego, vou morrer! Estou tonto... Uso minhas garras para me segurar na parede..."

Cruzamento: "A imagem das garras me fez pensar numa coisa: se pudéssemos preparar as paredes lixando e misturando um solvente à tinta, esse solvente funcionaria como uma garra, atravessando a camada superficial, e a tinta penetraria até o suporte. O solvente atravessaria sem aderir. Faria o papel de garras para chegar à base de sustentação da tinta."

Você tem uma lista enorme de analogias produzidas em grupo e anotadas em quadros, traduzidas na forma de desenhos ou registradas em gravador. Agora você precisa escolher entre esses estímulos os que serão objeto de cruzamento. Como fazer essa escolha? Três hipóteses devem ser consideradas:

- Você quer aprofundar essa analogia *em um nível racional*. Por exemplo, a analogia com o sistema coronário parece interessante, mas como ele funciona exatamente? Vocês podem combinar de tratar disso na próxima reunião, e, nesse meio tempo, um membro do grupo consulta uma enciclopédia ou um especialista para fazer uma rápida exposição do mecanismo em questão, que será base do cruzamento.

- O grupo compreendeu perfeitamente o conteúdo e *percebe bem* a analogia. O objetivo é, na verdade, que os participantes escolham um estímulo que, para eles, tenha relação com o problema. Existem algumas analogias que temos vontade de aplicar imediatamente, pois sentimos que "elas prometem", adivinhamos uma relação ainda vaga e não formulada que precisa ser esclarecida. Então nos esforçamos para fazer o cruzamento entre a analogia e o assunto em questão. Como vimos acima, isso supõe uma motivação firme para o sucesso, um desejo intenso de encontrar, uma tensão de busca entre o participante e o estímulo.

- A analogia parece fecunda, mas *você não sabe como atacá-la*. Repita o distanciamento. Parta de um sonho acordado, de um desenho coletivo, ou então deixe-a de lado e anote tudo cuidadosamente para retomá-la mais tarde.

Família técnica 3: o *brainstorming*

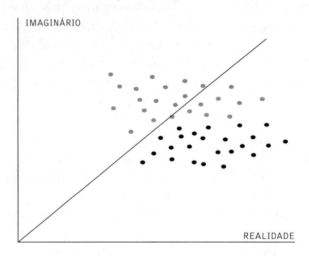

Brainstorming: "metralhar" o alvo a esmo

Em resumo, divergência espontânea, quantitativa, multiforme; produção direta de ideias.

O princípio

Brainstorming foi o nome dado por Alex Osborn a uma técnica de busca de ideias, inventada em 1938.

Osborn era publicitário (ele é o O da agência BBDO) e seu livro foi escrito para, a princípio, servir como manual do pessoal da agência. "Foi em 1938", conta ele, "que organizei pela primeira vez um sistema de reflexão em grupo. Os primeiros participantes batizaram nossas reuniões de 'sessões de *brainstorm*', porque *brainstorm* significa usar o cérebro para atacar um problema" (Osborn, 1988).

Depois disso, a palavra alcançou um sucesso extraordinário. A palavra "brainstorming" passou pela mesma aventura que a palavra "gilete": tornaram-se ambas genéricas e não designam mais uma particularidade, específica de uma marca, mas a arte de barbear, no caso de uma, e um comportamento apresentado em reuniões sob certas circunstâncias, no caso da outra.

Em qualquer lugar do mundo, de Pequim a Denver, de Paris a Melbourne, quando se sente que a discussão não avança, quando se sente que a reflexão chegou a um impasse, tanto a respeito de uma campanha de marketing como da organização de um campeonato de rúgbi, tem sempre uma hora em que alguém levanta a mão e sugere: "E se a gente fizesse um *brainstorming*?"

Esse sucesso extraordinário da marca de Alex Osborn tem aspectos positivos e negativos. Como aspectos positivos, devemos reconhecer que Osborn ofereceu a todos os indivíduos do planeta uma nova maneira de se comportar em grupo. Por isso, ele já merecia uma estátua. Há um lado *non cogito, ergo sum* no procedimento de Osborn. De fato, ele afirma solenemente que todos têm o direito legítimo de, vez por outra e por tempo limitado, suspender o julgamento e exprimir propostas não racionais, o que, sem sombra de dúvida, facilita objetivamente a produção de novos conceitos. Embora Osborn não tenha inventado a palavra "criatividade" nem o andamento da criatividade fundamental, com suas alternâncias de divergência e convergência[25], o fato de ter criado um procedimento, o *brainstorming*, associado a regras extremamente simples de compreender, abriu um novo caminho para o pensamento.

O aspecto negativo desse sucesso extraordinário é que a globalização da "marca" *brainstorming* provocou uma banalização, uma deformação que beira a caricatura e faz que hoje em dia o termo seja aplicado a qualquer coisa. Para falar com ponderação do *brainstorming*, creio que devemos proceder de duas maneiras:

- de um lado, recuperar a especificidade do *brainstorming* tal como se encontra no trabalho de Osborn, que não se resume a "diga qualquer bobagem durante cinco minutos", mas obedece a uma metodologia apoiada numa filosofia;
- de outro, tirar o caráter único e universal que certos discípulos querem dar ao *brainstorming* enquanto técnica, como se fosse o único método de criatividade do mundo.

---

25. Esse mérito é de Guildford. Ver p. 246.

Osborn (1988) apresenta seu método de maneira muito clara, dizendo o seguinte: "Tínhamos o costume de entregar ao acaso a produção de ideias para resolver um problema de maneira criativa. De agora em diante, temos de levar em consideração o fato de que podemos voluntariamente aumentar a produção de ideias, adequando-nos a alguns princípios fundamentais".

Por trás dessa simples afirmação há uma atitude muito positiva, generosa e humanista, que consiste em considerar, de um lado, que todo mundo é potencialmente criativo e, de outro, que cada um pode voluntariamente (isto é, com vontade e energia) manifestar esse talento adormecido. Como escreveu Osborn (1988), depois de lembrar a frase de Flaubert ("O talento é nosso negócio"): "Esse talento criativo pode ser desenvolvido, sem dúvidas [...] Podemos deixar nosso talento criativo enferrujar por falta de uso ou, ao contrário, desenvolvê-lo com exercícios cujo efeito é o cultivo da imaginação". Confie em si mesmo e você será criativo!

Ainda segundo Osborn (1988), esse método é também uma ferramenta de desenvolvimento da personalidade e, ao lê-lo, ficamos impressionados com a importância que atribui à criação individual: "Apesar de tudo, é o poder criativo do indivíduo que importa [...] o trabalho em grupo não substituiu o trabalho pessoal [...] a deliberação em grupo somente é concebível como complemento da produção individual de ideias".

Segue o enunciado dos quatro princípios fundamentais que desenvolvemos a seguir: primeiro, *adiar o julgamento*; segundo, *associar as ideias umas com as outras*; terceiro, *"a quantidade traz a qualidade"*; quarto, *"a imaginação mais louca é bem-vinda"*.

É claro que a prática desses princípios e a organização de uma sessão de *brainstorming* não podem ser improvisadas num canto da mesa, como muita gente pensa; supõem condições específicas, certo treino e estilo de mediação. Se a história conservou, sobretudo, essas regras de Osborn (aplicadas de forma mais ou menos correta), é preciso observar que, dentro de seu pensamento, elas são apenas uma etapa de um processo bem mais elaborado, que compreende várias fases: primeiro, a descoberta dos fatos e a formulação do problema; segundo, a descoberta das ideias propriamente ditas; terceiro, a descoberta das soluções, que é a avaliação e a implementação. Encontramos aqui a estrutura do processo da Creative Education Foundation, elaborado em 1954 com Sydney J. Parnes e conhecido em geral como "Osborn-Parnes processes" (ver p. 197).

Entre as regras formuladas por Osborn, podemos considerar que três são universais:

• suspenda o julgamento (não critique) durante a fase criativa;

- associe uns com os outros;
- deixe sua loucura se manifestar durante algum tempo.

Três regras universais. Já é alguma coisa! Essas regras são absolutas: nenhum grupo de busca de ideias no mundo pode funcionar se o princípio de suspensão de julgamento não for incorporado pelos participantes; nenhum grupo de criatividade pode funcionar se o princípio associativo que une a fase de expressão de si mesmo à fase de escuta não for interiorizado.

Em contrapartida, a regra quantitativa enunciada por ele não é universal. Outros métodos não têm como princípio produzir ideias em quantidade, mas analisar passo a passo até esgotá-las totalmente.

Além disso, existem outros tipos de funcionamento criativo que se baseiam em regras diferentes que não essas, como existem técnicas além do *brainstorming*, nem melhores nem piores, apenas diversas, que também facilitam a produção de ideias.

O *brainstorming* é adequado a certos tipos de busca, em especial àquelas referentes ao marketing, ao comércio, à publicidade, ao dia a dia, aos problemas sociais. Em geral, aquelas de que se espera um amplo leque de propostas. É uma técnica indispensável no início de uma sessão de criatividade para "purgar" as ideias a um passo de aflorar.

Em problemas mais complexos (tecnológicos, por exemplo) ou quando procuramos mais que propostas apenas, mas soluções de um problema por outras vias, devemos aplicar técnicas diferentes de busca de soluções.

Na verdade, o *brainstorming* é essencialmente uma linguagem, utilizada em especial para se distanciar (divergir), qualquer que seja a técnica empregada. Quando buscamos analogias, quando comentamos uma imagem projetiva, um desenho ou qualquer outra coisa, *falamos* a língua do *brainstorming*. Mais que uma técnica, o *brainstorming* é o esperanto da criatividade.

Implementação

O *brainstorming* tem quatro regras básicas.

- **Regra 1:** suspenda o julgamento. Essa é a regra principal, a lei básica que, sozinha, fundamenta o princípio do *brainstorming*. Explique-a bem aos participantes no início da reunião e tranquilize-os: haverá um "antes" (para expor o problema) e um "depois" (para avaliar, julgar e criticar). Apenas peça que, temporariamente, não avaliem suas ideias antes de manifestá-las. Preste atenção: eles dizem muitas vezes que "estão a par das regras", afirmam que "conhecem o *brainstorming*", mas isso nem sempre é verdade. Veja-os sempre como novatos e lembre-os com calma e veemência das regras básicas, entre elas a que segue. Durante a reunião, se um participante estiver sendo crítico demais, não hesite em interrompê-lo para fazer os ajustes necessários. Se ele não consegue deixar de criticar, conceda-lhe o *status* de "especialista crítico": ele ficará sentado num canto da sala, *de boca fechada*, e será convidado a anotar suas críticas numa folha de papel. Elas servirão a outra busca de ideias.

A suspensão de julgamento ocorre da seguinte maneira:

- não critique – nem de modo indireto, com mímicas ou gestos, suspirando, olhando para o alto etc.;
- não aprove as ideias – não diga: "Ah, essa é boa", porque dá a entender que as outras são ruins;
- não julgue, principalmente se for em tom de afirmação: "Não dá, é impossível"; "É boa, mas não é para nós", "Não é com isso que vamos resolver o problema", "Não vai dar tempo" etc.;
- não acabe com o moral do grupo, dizendo coisas como: "Já tentaram antes", "Já foi feito", "Já é feito" etc.;
- proíba formalmente as avaliações, em especial as do tipo: "É muito caro", "Quanto vai custar?", "Não cabe no orçamento" etc.

• **Regra 2:** a imaginação mais louca é bem-vinda. Convide os participantes a exprimir livremente "tudo que passar pela sua cabeça", sem nenhuma restrição. Explique que não devem ter vergonha de dizer coisas absurdas, inúteis, grotescas, irrealizáveis, fantásticas, infantis, imaginárias, sem interesse etc. É claro que essa esperança, esse desejo racional, não garante que eles farão isso. Se você dispuser de tempo, tente fazer um treinamento curto, em particular com histórias imaginárias (ver p. 82). Observe que muitas vezes a regra traz o problema contrário: por desdém ou para parecer bons alunos, os participantes sentem-se obrigados a produzir apenas ideias delirantes: "Vamos procurar ideias de lugares para a próxima reunião da nossa associação. A Lua, o planeta Marte, as profundezas dos oceanos". Propostas desse tipo não são proibidas, desde que venham acompanhadas de outras (podem resultar depois em ideias realizáveis). Mas às vezes constrangem certos participantes, que não entendem bem a regra e não se atrevem mais a exprimir ideias que não sejam "hilárias". Assim, partindo de um exemplo, tente deixar claro que os participantes podem manifestar ideias "malucas", mas isso não é obrigatório (seria uma nova regra): todas as ideias são bem-vindas, tanto as realistas quanto as ficcionais. Justamente essa mistura que é interessante.

Exemplo de ideia maluca

Para fazer os franceses sentirem na pele os problemas dos agricultores, alguém sugeriu: "Vamos plantar trigo em Paris. Paris viraria uma grande plantação de trigo e os parisienses seriam obrigados a fazer a colheita".

Há alguns anos, jovens agricultores transformaram essa ideia: durante um dia, eles cobriram a avenida Champs-Élysées com trigo cultivado em contêineres e convidaram os parisienses a ver como era a colheita. Sucesso estrondoso: Paris inteira se deslocou. Nessa ocasião, todas as redes de televisão fizeram reportagens sobre o assunto e discutiram o problema dos jovens agricultores.

• **Regra 3**: busque quantidade. É uma das leis mais características do processo de Osborn. O postulado subjacente é que a qualidade nasce da quantidade. O subentendido é que todo mundo é criativo, basta abrir as portas e deixar a onda de ideias se manifestar. As boas ideias virão forçosamente nessa onda. Isso se verifica e é verdadeiro para alguns tipos de problemas. Também está subentendido que, nesse "metralhar intenso do alvo"[26], sem dúvida haverá ideias marginais, distantes ou próximas demais, mas também – sejamos otimistas – ideias que acertarão em cheio, novas e possíveis.

A essa noção de quantidade se associa a noção de rapidez, pré-requisito daquela. A rapidez não é apenas um jeito de produzir muitas ideias, mas é, antes de tudo, um meio de não pensar antes de falar.

A forma normal de falar consiste em falar *pausadamente*, exprimir-se com frases construídas, de modo que o sistema de controle verifique se não estamos falando asneiras. A expressão rápida, o jorro contínuo, do tipo metralhadora, permite falar "mais rápido que o pensamento" e não deixa tempo para pensar, isto é, julgar.

• **Regra 4**: associe livremente uns com os outros. O princípio associativo é o coração da criatividade e, naturalmente, o coração do *brainstorming*. Como observa Osborn (1988):

O poder de associação é uma corrente de duplo sentido: quando um participante manifesta uma ideia, ele encaminha automaticamente sua imaginação

---

26. "Pick out a simple target, and shoot freely with your imagination", diz Osborn ("Imagine que você tem um alvo a sua frente e metralhe-o livremente com sua imaginação".)

para outra e, ao mesmo tempo, sua ideia estimula o poder de associação de todos os outros membros do grupo. A faísca que se acende num cérebro acende outras por tabela[27].

No *brainstorming*, produzimos ideias em grande quantidade, buscamos a profusão, o desperdício, a proliferação, a ponto de ficarmos "embriagados de ideias".

Como sabemos, há dois postulados subjacentes: de um lado, a quantidade aumenta as chances de encontrar uma ideia de qualidade. Presumimos que uma ideia aparentemente louca, imbecil, descabida, depois de quicar três vezes, faz surgir uma ideia menos louca numa quarta cabeça, correspondendo exatamente à demanda. Nessa onda de ideias, associamos intimamente e a um só tempo o distanciamento e o cruzamento. Depois destacamos com lápis colorido as ideias "que agradaram", isto é, as que vamos avaliar. Com um procedimento rápido, fechamos tanto o distanciamento como o cruzamento e a avaliação. Essa rapidez é uma das qualidades do método e convém a certos problemas.

Consequência importante do funcionamento associativo: num grupo de criatividade, as ideias nunca são identificadas, pois pertencem a todos.

Na prática:

- ensine os participantes a manipular os diferentes tipos de associações (ver p. 32);
- ensine-os a exprimir "pedaços de ideias", ideias aproximadas, esboços. Isso facilita mais as associações do que as ideias bem formuladas.

Organização de uma sessão

Local. A prática da criatividade não é mais difícil do que a prática da lógica, só segue uma regra diferente. Detalhamos anteriormente as recomendações relativas ao local, à arrumação da sala, às regras comuns a todos os grupos de criatividade, quando utilizam o *brainstorming* ou outra técnica qualquer.

Tamanho do grupo. Osborn considera que o número ideal deve ser aproximadamente doze. Para mim, esse é o máximo, a menos que tenhamos a possibilidade de dividi-lo em dois grupos de seis. Prefiro um grupo de seis pessoas bem treinadas e motivadas a um grupo de doze em que sempre há um

---

27. Um estudo de 38 sessões de *brainstorming* mostrou que, de 4.356 ideias, 1.400 eram ecos de uma ideia alheia.

ou dois sonolentos desmotivando os demais. Se você quer que um grande número de pessoas participe de uma busca coletiva de ideias (funcionários, clientes, fornecedores etc.), existem outras possibilidades, em especial a video-conferência criativa (ver p. 213).

Duração. Os treinamentos em criatividade devem durar no mínimo dois dias: um para o treinamento numa série de técnicas e outro para a aplicação e busca de ideias. Se utilizarmos apenas uma técnica, o *brainstorming*, um dia pode ser uma boa duração: de manhã, treinamento e, à tarde, produção. Mas é claro que acontece de nos pedirem uma sessão de criatividade de meio dia para resolver um problema urgente. Se a empresa dispõe de uma equipe treinada, duas horas já podem ser suficientes para a produção de ideias brutas. Porém, se os participantes não têm treinamento, não conte menos de quatro horas de duração: uma hora de formulação e reformulação do problema, uma hora de treino e duas horas de produção. Parnes (1992) considera que 45 minutos é tempo suficiente para "metralhar" as ideias. Isso vale quando o pessoal é treinado, mas não leva em conta o trabalho de tratamento das ideias.

Treinamento. Se os participantes nunca assistiram a uma sessão de *brainstorming*, reserve algum tempo para o treinamento. Apresente a eles as quatro regras básicas, pendure-as na parede e discuta passo a passo. Faça exercícios simples com cada uma delas. Acima de tudo, treine a linguagem do grupo, a linguagem associativa, desestruturada. Para ensinar a associação, as regras são as mesmas para todos os grupos de criatividade (ver p. 32). Intercale cada fase com exercícios corporais para facilitar a produção de um clima criativo (ver p. 114).

Organização prática. Na sala de reuniões, você deve ter à disposição no mínimo dois *flip charts*. Se dividir o grupo, dobre esse número. Tenha com você um estoque de marcadores de cores diferentes. Para que a sessão corra bem, é necessário que um(a) secretário(a) anote todas as ideias no *flip chart*. Nunca anote sozinho: isso o obrigaria a virar as costas para o grupo e o contato se perderia. Se você não tiver um(a) secretário(a), peça a cada vez que um dos participantes anote as ideias. Não as escreva num bloco de notas: escreva no *flip chart*. É importante que todos vejam que suas ideias foram levadas em consideração. Não rejeite nenhuma ideia, seja qual for: um dos participantes ficaria magoado. Faça anotações abreviadas, em estilo telegráfico, para não perder tempo.

Acompanhamento. Lembre que o *brainstorming* é apenas uma fase dentro do processo de produção. Marque uma reunião para pelo menos um dia depois da sessão de criatividade – eventualmente com apenas uma parte dos participantes ou então com especialistas – para retomar as "ideias", "torturá-las" para fazê-las entrar no foco da busca, classificá-las (curto prazo, médio prazo etc.), avaliá-las e decidir o caminho para implementá-las (ver p. 185). Não se esqueça de manter as ideias rejeitadas na "geladeira" para usos futuros.

Participação do cliente. Osborn e sua escola incluem o cliente (solicitante, especialista) na fase de *brainstorming*:

- para que possa responder às perguntas sobre o assunto, se necessário;
- para fazer verificações a cada 15 ou 25 ideias. Por exemplo: "Estamos indo na direção certa?", "Isso ajuda você?", "As ideias formuladas correspondem às que você procura?"

Pessoalmente, considero esse procedimento uma heresia, absolutamente contrário ao espírito do procedimento que conheço. Significa que o julgamento é permanente e a censura atua durante toda a fase de produção de ideias. Isso já aconteceu comigo. Percebi que, mesmo em silêncio, o cliente exercia uma função implícita de controle; os participantes se viravam de tempos em tempos para ele, para ver se aprovava. O cliente, como a pessoa que estabelece os limites, deve intervir *antes* (na fase de formulação, na sala da lógica) e *depois* (na sala da decisão, para avaliar e escolher), nunca *durante* (na sala da criação). Mas afinal, como se diz em criatividade, por que não?

Variantes

- *Brain post-it*

O *brain post-it* consiste em pedir a cada participante do grupo de *brainstorming* para escrever suas ideias num *post-it* e colar num quadro. Essa técnica tem duas grandes vantagens: de um lado, dispensa a presença de um(a) secretário(a), porque cada um escreve suas ideias; de outro, como o *post-it* é removível, num segundo momento você pode agrupá-los.

Os participantes devem ler suas ideias em voz alta antes de colar o *post-it* no quadro, para que todo o grupo acompanhe. No fim da sessão de produção, peça que se levantem, vão até o quadro e leiam todas as ideias, agrupando-as por temas homogêneos ou direções coerentes. Em seguida, analise cada grupo e repita a busca de ideias para aprofundá-las em uma ou outra direção.

Esse método se revelou tão prático que sua tendência é suplantar as antigas formas de *brainstorming*. Eu o considero pouco criativo, visto que os participantes *escrevem* suas ideias. Colocar uma ideia preto no branco é menos estimulante que propor ideias vagas, aproximadas, fluidas. Além disso, é menos associativo: é mais um procedimento em que juntamos ideias criadas separadamente, cada uma em seu canto. Podemos considerá-lo uma excelente primeira fase de "purgação"; em seguida, analisando os conjuntos, podemos aprofundá-los com uma técnica mais associativa.

- *Brainwriting*

Os participantes buscam ideias individualmente, sem pressa. Depois escrevem três delas em folhas de papel, que são passadas para a pessoa ao lado. Esta lê as ideias do colega e as utiliza como estímulo para criar outras três, e assim por diante. No fim, você pode pendurar as séries de ideias na parede e trabalhar com elas.

Essa variante valoriza a produção de ideias individuais, o que pode ser útil depois de uma fase intensa de *brainstorming*, que faz os participantes sentirem necessidade de uma etapa de criação pessoal. A associação aleatória, que é uma forma de associação forçada, pode ser muito estimulante para aqueles que ficam "paralisados" em dado momento da reunião – isso acontece com todo mundo –, mas para outros ela pode bloquear a criatividade, porque, em vez pegar uma ideia no ar apenas com a intuição, eles são "constrangidos" pelas regras do jogo. Cada técnica tem seus defeitos e qualidades, por isso, varie!

Variante (proposta por Isabelle Jacob, 2011): o jogo do "Toutenkarton". Os participantes escrevem suas ideias em cartões e os colocam no centro do círculo. Em seguida podem tirar um cartão do monte para escolher a inspiração do momento e partir dele para desenvolver as ideias já propostas. Num segundo momento, os cartões são lidos coletivamente, todos desenvolvem ideias juntos e votam. Esse procedimento concilia bem a fase anônima com a coletiva.

- Método 635

É uma variante do *brainwriting*. Seis pessoas escrevem três ideias em cinco minutos. As ideias passam de participante para participante; cada um tenta fazer associações e aperfeiçoá-las. Teoricamente, uma sessão de meia hora deve produzir 108 ideias...

- *Brainstorming* negativo

Faça um *brainstorming* com todos os aspectos negativos do conceito, todos os defeitos, pontos fracos etc. Busque soluções contrárias: como podemos ter certeza que de será um fracasso, como fazer para que não funcione? Depois retome cada uma das ideias e avalie-as pelo lado positivo.

- Método 66

Divida o grupo (se for numeroso) em grupos de seis pessoas, peça que façam um *brainstorming* de seis minutos e apresentem os resultados. Repita o processo.

- Galeria de ideias

Cada participante tem uma folha de papel pendurada na parede. Nessa folha, ele deve anotar ou desenhar suas ideias – e tem um tempo limitado para fazer isso, de quinze a vinte minutos. Em seguida os participantes "visitam" a galeria. Examinam as ideias "expostas" e, de acordo com a inspiração, escolhem uma para completar. Podem ir de uma em uma.

- *Brainstorming* semanal

No fim de uma reunião, distribua um caderno de ideias aos participantes. Peça que escrevam pelo menos uma ideia por dia. Os cadernos são trocados a cada semana e os participantes devem completar ao menos uma das ideias anotadas em cada página por dia. Verifique os cadernos e faça um balanço depois de um mês.

- Com estímulo visual

Dê a cada participante uma pasta-catálogo com imagens (fotos, páginas de revistas etc.) escolhidas por sua natureza estimulante ou em função do problema em questão. Cada participante deve se concentrar no estímulo visual durante cinco minutos, e em seguida anotar uma ideia ou indicação de ideia numa folha de papel. Ele passa a folha adiante e a pessoa ao lado aprimora a ideia inicial. Depois de algumas rodadas, leia as ideias e desenvolva-as em grupo. É um tipo de técnica projetiva (ver p. 70).

- Confronto com palavras-chave

Determine as palavras-chave que serão utilizadas num problema, funcionais ou poéticas, escolhidas pelo cliente ou propostas pelo grupo. Faça um *brainstorming* com cada uma delas. Ou então misture duas delas e faça o *brainstorming* sobre a combinação resultante.

Quais técnicas escolher?

Técnica	Tipo de problema	Tipo de grupo
Brainstorming	Quando precisar de "cem ideias para..." É adequado principalmente ao marketing, às técnicas publicitárias e questões sociais.	Grupos não necessariamente treinados. O mediador é indispensável para estabelecer as regras.
Desvio: técnicas de alteração e encontros forçados	Melhoria de produtos, correções simples de funções (redução de peso ou custo, novos usos etc.), inovação por transformação ou melhoria.	Grupos com o mínimo de treinamento, habituados a trabalhar juntos. As sessões devem ser duas, de meio ou um dia, e o mediador deve ser treinado. Integrado a um processo de inovação.
Desvio: técnicas projetivas, oníricas, gráficas	Criação de novos conceitos ou produtos, inovação por rompimento em médio e longo prazo, *visioning*, problema "insolúvel".	Grupos que tiveram um bom treinamento, habituados a trabalhar juntos. Trabalham em séries de sessões escalonadas, com um mediador. Integrado a um projeto de pesquisa.
Analogias	Podem ser aplicadas a qualquer assunto, mas são adequadas em especial aos problemas tecnológicos e à solução de contradições.	Fazem parte de todas as sessões de criatividade, mas em alguns casos são mais adequadas a grupos que trabalham longos períodos, em pequenas células criativas, com a colaboração de especialistas e de um mediador treinado. Integrado a um programa de busca.

3. A dinâmica dos grupos de criatividade

Como dissemos, para "praticar a criatividade" precisamos de dois ingredientes:

- de um lado, as técnicas: métodos, receitas, "truques", "manhas", isto é, ferramentas de ordem intelectual, que apelam para a inteligência, como peças desmontadas de um motor;
- de outro, a energia que move essas peças: motivação, coragem, paixão, angústia, vontade, medo, prazer etc.

No Capítulo 1 descrevemos as técnicas de criatividade, agora vamos falar da energia emocional e de como mobilizá-la.

Como favorecer a criatividade

Ferramentas intelectuais
Técnicas de criatividade (uma série de procedimentos intelectuais cujo objetivo é eliminar as antigas configurações e criar novas)

Motor: a dinâmica do grupo
Mobilização de energias num grupo treinado

Características

A energia

Por que precisamos de energia quando praticamos criatividade? Em nível mais superficial, porque é sempre mais fácil não mudar. "O que você anda fazendo? O mesmo de sempre. Ah, então está fácil". Muitos comportamentos repetitivos e anticriativos estão ligados simplesmente à preguiça. Mudar implica se mexer (o corpo, a cabeça), isto é, despender energia. Quanto maior a inovação, maior o gasto de energia. Principalmente se ela for de encontro aos hábitos, aos princípios, aos usos, às tradições, às vantagens conquistadas na inércia.

Em um nível mais íntimo, o procedimento criativo consome energia porque *passa pelo irracional*. Ainda que a passagem seja rápida, focada, segura, seguir o irracional é encontrar uma espécie de loucura. O racional foi inventado para dar segurança, para abrir trilhas na selva, para ordenar a desordem. Então, de repente, pedem que você se volte para o pensamento fluido e desordenado, para o sincretismo da criança e do homem primitivo. Ir em direção à própria loucura é meio angustiante (e se eu não voltar?), daí as risadas nervosas que com frequência acompanham sua manifestação. Manifestar sua própria "loucura" na frente dos outros, na frente de um grupo, é assumir um risco que vai muito além do questionamento do *status* social, e explica a necessidade de confiar no grupo.

Em nível mais profundo, o procedimento criativo leva à manifestação de conteúdos inconscientes. A linguagem utilizada na criatividade é associativa, não dedutiva. A relação entre as palavras e as imagens resulta de uma mecânica de encadeamento emocional. Assim, as cadeias associativas exprimem conteúdos latentes, inconscientes, incontroláveis. Mais que isso: quando praticamos técnicas como as projetivas ou oníricas, nós deliramos, fantasiamos, deixamos nosso inconsciente se manifestar sem restrições. Os sonhos, inclusive sonhos acordados, são uma porta para o inconsciente. Aliás, graças a essas estruturas inconscientes (que fazem o papel de escâner), podemos descobrir as formas certas, as boas ideias, no meio do caos criador. Permitir a manifestação do inconsciente (ou pelo menos não se limitar a uma expressão social bem-educada) é correr um risco que exige energia e supõe confiança.

As emoções

Por que devemos recorrer às emoções? Porque a energia humana é de natureza emocional. "Sem emoção não existe vida", escreveu David Servan-Schreiber (2003). Aliás, como lembra Daniel Goleman (2005), a palavra "emoção" vem do verbo latino *motere*, que significa mover, e do prefixo *é*, que indica movimento para fora. Piaget assinalou há muito tempo o duplo motor do espírito humano, a afetividade e a inteligência, que se desenvolvem paralelamente na criança. Emoção e motivação têm a mesma raiz. Para pôr o pé na estrada, temos de nos motivar, com desejo ou raiva, paixão ou angústia. Seja como for, para nos mover, temos de nos emocionar!

Recorrer às emoções também é explorar outra parte do cérebro, que chamamos de cérebro emocional. David Servan-Schreiber (2003) explica que, dentro do cérebro, existe um cérebro emocional:

> um verdadeiro cérebro dentro do cérebro. Ele tem uma arquitetura diferente, uma organização celular diferente do resto do neocórtex, isto é, da parte evoluída do cérebro, que é o centro da linguagem e do pensamento. Por isso o cérebro emocional muitas vezes funciona de modo independente do neocórtex. A linguagem e a inteligência têm influência limitada sobre ele: não se pode ordenar a uma emoção que se intensifique ou desapareça.

Esse cérebro profundo, que Broca (citado por Servan-Schreiber, 2003) chamou de cérebro límbico, foi fotografado: "Quando injetamos em voluntários uma substância que estimula diretamente a parte do cérebro profundo responsável pelo medo, vemos o cérebro emocional se ativar, quase como uma lâmpada, enquanto o neocórtex em torno dele não mostra nenhuma atividade".

"Temos dois cérebros", resume Goleman (2005), "duas mentes e duas formas diferentes de inteligência, a inteligência racional e a emocional".

Recorrer ao cérebro emocional, fora das questões energéticas, é útil por várias razões. Por um lado, é uma espécie de memória, um depósito de informações, diferente da memória comum. "De onde tirei isso?", dizemos com frequência quando nos lembramos de um sonho. De fato, os sonhos exploram alegremente (já que têm liberdade para isso) todas as partes do cérebro. Às vezes seu conteúdo é totalmente explícito e chegamos sem dificuldade à fonte, mas, em alguns casos, eles propõem imagens espantosas, tiradas de um estoque que nós mesmos (nosso pensamento consciente) desconhecemos. É como um computador com duas memórias: a usual, muito prática para guardar mensagens, e uma memória misteriosa, que desenterramos em certas ocasiões. Na realidade, o cérebro possui dois sistemas de memória, como observa Goleman, "um para os fatos ordinários e outro para os fatos carregados de emoção".

Por outro lado, esse estoque de memória suplementar nos interessa não só por uma questão quantitativa, mas porque as lembranças emocionais têm a capacidade de se agrupar, de se aglutinar de forma mais maleável que as outras e, assim, produzir ideias com mais facilidade. A lógica da mente emocional é associativa, como constata Goleman, e por isso as comparações, as metáforas e imagens falam diretamente com a mente emocional.

O professor Todd Lubart (2003), pesquisador e professor da Universidade René Descartes, realizou várias pesquisas sobre a relação entre a emoção e a criatividade. Ele mostrou que o estado emocional promove interpretações mais inovadoras de um estímulo e que as experiências emocionais permitem definir com mais facilidade as relações entre conceitos teoricamente distantes, mas emocionalmente próximos. Essa relação entre a emoção e a criatividade pode ter uma explicação fisiológica. Segundo alguns pesquisadores, o efeito das emoções positivas sobre a criatividade ocorre graças à dopamina: a liberação desse neuromediador, mais intensa em emoções positivas, facilita o desenvolvimento da atenção e a seleção de diferentes perspectivas.

É claro que o excesso de emoção desregula completamente o cérebro. As emoções devem ser reguladas pela análise racional a cargo do cérebro cognitivo. Como observa o professor e pesquisador português, erradicado nos Estados

Unidos, António Damásio (citado por Servan-Schreiber, 2003), a vida psíquica é o resultado de um esforço permanente de simbiose entre dois cérebros.

É isso que tentamos fazer quando alternamos as fases de distanciamento com as de cruzamento.

O grupo, vetor da emoção

Todos os criadores individuais recorreram a técnicas que mobilizam a emoção quando precisaram criar. Rituais e receitas, manias múltiplas e variadas, busca de silêncio ou de barulho, momentos privilegiados, estímulos prediletos ou mesmo recurso a estímulos artificiais (álcool, drogas etc.).

No contexto em que estamos, a intenção é produzir ideias de maneira simples (criatividade não é magia), democrática (todo mundo cria) e prática (amanhã, das 9 horas às 12 horas, vamos buscar ideias).

Para responder a essa exigência prática de mobilização emocional, o método que propomos e que funciona bem é o grupo. O grupo de criatividade é um motor que produz energia, em vez de consumir, e permite colocar a emoção em jogo num contexto protegido e seguro. Desde que haja respeito a certo número de regras (todo grupo tem regras, seja de rúgbi, seja de criatividade) e se determinem objetivos em três níveis: comunicação, confiança e coesão. Indicaremos mais adiante as técnicas mais úteis para alcançar esses três objetivos.

A comunicação

Para funcionar bem, os grupos de criatividade devem ter bom nível de comunicação. Nesse caso, a comunicação não é uma esperança inútil, mas um instrumento de trabalho, e logo percebemos as deficiências quando a comunicação é falha: sonhos acordados bloqueados, busca de ideias interrompidas, formação de "panelinhas", críticas etc.

O nível de comunicação que visamos não é o da boa educação, do bom entendimento intelectual ou do amor: não pedimos que um ame o outro, mas que um se "conecte" com o outro para receber uma "ideia fluida" da melhor maneira possível. Temos de adivinhar o que passa pela cabeça dos outros; temos de estar suficientemente ligados aos outros para sentir suas ideias, mesmo quando são mal expressas, quando são incompletas. É como aquela impressão de transmissão de pensamento que temos quando concordamos com alguém.

O grupo de criatividade deve constituir uma unidade e funcionar como uma pessoa. Seus membros devem se comunicar perfeitamente, como uma pessoa com dez cabeças falando com seus botões, ou como um único ser com dez estoques de lembranças, dez potenciais associativos que podem passar indiferentemente de um para o outro, porque cada um adivinha o que o outro vai dizer, do mesmo modo como sente uma ideia brotar. Mito, é claro, mas temos de nos esforçar para nos aproximar dele o máximo possível. Basta lembrar a dificuldade que é contar um sonho ou mesmo um devaneio. Temos algumas imagens diante dos olhos, vemos uma aura ao redor delas. Sentimos que elas estão carregadas de outras imagens, que alguma coisa vai acontecer nesse cenário interior, rico em cores, ideias e sugestões. Queremos traduzir esse conteúdo global, em que há música, formas e mecanismos bizarros, mas só saem palavras da nossa boca, palavras gastas, palavras de segunda mão, já usadas antes, palavras banais, palavras pequenas e estreitas em comparação com a diversidade e a riqueza do imaginário, palavras áridas que, quando enfileiradas, caem na sala fria e não se parecem com nada. Temos a impressão de que o fato de trabalharmos com palavras já é suficiente para mutilar, limitar uma visão imaginária. Descrever é escolher, privilegiar uma ideia em detrimento de todas as outras. É preciso que o outro ao nosso lado, graças a essas palavras ou apesar delas, consiga penetrar nossa fantasia imaginária para usá-la ou misturá-la com a dele, para transformar nosso pássaro azul em mecânica aeronáutica, que depois nós mesmos transformamos em cata-vento ou giroscópio. Essa dificuldade para exprimir e comunicar ideias – que, por definição, são coisas que não existem ainda e às vezes nem estão totalmente definidas na mente do inventor, são apenas indicações – faz que muitas vezes os membros do grupo falem de maneira estranha. Eles falam de "coisa", "negócio", "tipo uma forma que gira", "um fluido que segura", ou então falam por desenhos, gráficos, gestos, mímicas e outras linguagens sem palavras, desenvolvidas metodicamente para escapar da prisão do dicionário.

A essa limitação geral da linguagem somam-se as restrições da linguagem do especialista. Cada profissão tem uma linguagem própria, útil, exata, detalhada, que parece hermética para os outros, como uma linguagem particular, utilizada entre eles, que condensa numa palavra precisa algo que parece cercado de mistério para os demais.

Como agir numa situação como essa, como melhorar a comunicação num grupo de criatividade? Em primeiro lugar, chamando a atenção dos participantes para as dificuldades da comunicação; fazendo-os sentir na pele a dificuldade de ser eles próprios na frente dos outros, prestar atenção e escutar o outro; ensinando-os a falar, isto é, a dizer de outra forma, coibindo a linguagem de especialista e certas frases tabu, que cortam a comunicação. Membros de um grupo estreante, ao ouvir a gravação de uma reunião em que puderam falar à vontade, sem passar por treinamento, ficam surpresos ao ver que, apesar de acreditarem que trabalhavam em grupo, fizeram apenas uma sucessão de solos. Todos nós temos tendência a monologar, a seguir o fio do próprio pensamento. Ouvimos os outros, mas não os escutamos. Devemos treinar metodicamente a regra de fazer vibrar as palavras do outro em nossa cabeça para fazer eco. O princípio de associação dentro do grupo é a lei mais importante de seu funcionamento.

Além dos exercícios de treinamento verbal, é interessante treinar com o grupo a comunicação não verbal: as técnicas de expressão corporal e gestual, os exercícios de criação gráfica e sonora que costumamos praticar. Paradoxalmente, é com a eliminação da palavra que conseguimos os maiores progressos na comunicação dos grupos, praticando uma série de exercícios determinados por uma locução que indica mais o que não são do que de fato representam: técnicas não verbais. São essencialmente exercícios corporais, experiências comportamentais que vão do gesto básico do encontro ao ritmo e à dança, e utilizam uma série de formas de expressão física. Esses exercícios são praticados em grupo e durante sua realização a palavra é proibida. Abaixo há vários exemplos.

A confiança

Já mencionamos a angústia da criação que toma conta do criador solitário, o medo da folha em branco, como aquela sensação de vazio que sentimos antes de uma prova. O papel do grupo é transformar essa aflição em confiança absoluta no sucesso. E ela vem rápido: basta mostrar algumas sessões de criatividade em que houve muitas ideias sobre um assunto qualquer para tranquilizar e criar um espírito vencedor. Essa confiança não é lorota, é justificada. Um grupo bem treinado é uma ferramenta usual com que se produzem coisas novas usualmente. A ponto de ser hábito dizer, nas empresas em que um grupo de criatividade funciona bem: "Põe o grupo para trabalhar nisso, eles resolvem". Às vezes essa atitude leva a exageros, como submeter ao grupo problemas que não são de sua competência.

Essa confiança no grupo é necessária. Ela nasce com a prática e deve ser alimentada com informações. O grupo precisa saber o que aconteceu com suas ideias, o que o departamento de estudos ou o laboratório fizeram com elas. Não há nada mais desestimulante que a impressão de criar no vazio; e, por outro lado, não há nada que dê mais confiança do que ver o produto ou o sistema que inventamos se tornar realidade. Em geral é motivo para uma festinha, como se fosse a comemoração do nascimento de um filho.

A confiança no grupo como estrutura se completa com a confiança em cada um dos integrantes. Mais ou menos como uma equipe de revezamento 4 x 100: só largamos a toda velocidade e damos o máximo porque sabemos que vale a pena, e que há alguém para receber o bastão. Só fazemos uma identificação e seguimos a indicação de uma ideia porque sentimos que o grupo está atento, pronto para pegar o bastão. Isso reforça a questão da motivação, isto é, a necessidade de reunir pessoas motivadas por um mesmo objetivo. Não conseguimos viajar diante de uma plateia, todos têm de participar da viagem. Também é preciso ter confiança nos outros para permitir que eles "roubem" nossas ideias, para roubar as ideias deles, para não ter um sentimento de posse das ideias. Roubar ideias é uma das regras do jogo. Assim como pegar a ideia do outro antes de ele terminar e passar por cima dele para fazer outra coisa com ela. Não existem ideias pessoais num grupo. Ainda que tenha sido expressa distintamente por uma pessoa num momento de absoluto silêncio, ela é sempre do grupo, porque foi possibilitada pelo silêncio e preparada pelo grupo. Essa atitude, tão contrária ao espírito usual de aprovação das ideias, precisa de treino e confiança nos outros.

Essa confiança implica não ter de se preocupar com imagem, *status* ou função, não ter medo de parecer ridículo ao exprimir ideias descabidas (que talvez se transformem em ideias bastante simples), não ter medo de errar, ter direito ao silêncio, não ter a impressão de estar sendo julgado. Sentir-se livre para manifestar seu inconsciente ou ligar tal palavra ou tal frase a uma recordação de infância, a uma lembrança pessoal. Dar-se o direito de fazer uma associação sem sentido em si mesma e expor fantasias, sonhos e ideias que vêm uma atrás da outra, e nos admirarmo-nos de ter produzido.

Enfim, precisamos ter confiança em nós mesmos, ter a certeza de que somos criativos – é que permite que o sejamos. Certeza de encontrar outra coisa, que comunicamos aos outros, por exemplo, através de exercícios de busca forçada. (Faça o grupo buscar ideias e ficar com a impressão de que esgotou determinado assunto; na reunião seguinte, avise: "Vamos retomar aquele assunto, precisamos encontrar mais ideias". Depois de reclamar muito, os participantes se surpreendem por ter tido tantas ideias. Repita o processo na reunião seguinte. Esses exercícios são muito úteis no treinamento para convencer o grupo de que sempre há mais ideias, e convencer cada um de nós de que nosso estoque de criação é infinito.)

A coesão

A palavra "coesão" foi emprestada da física e indica "a força com que os elementos se atraem". O que é, então, a coesão de um grupo? Segundo Kurt Lewin (1936, p. 249-99), psicólogo que dedicou a vida ao estudo da energia dos grupos, "o grupo é um sistema dinâmico, um campo de força em quase equilíbrio, de tal modo que a mudança em uma parte acarreta fenômenos nas outras. A coesão resulta de todas as forças que agem sobre os membros para que permaneçam no grupo". A coesão é resultado de uma história: é também compartilhar motivações, desejos e vontade de alcançá-los.

A coesão é, portanto, a realização, a soma de todos os elementos indicados acima (comunicação, confiança, motivação para encontrar) para transformar alguns indivíduos isolados, selecionados em dado momento, meio por acaso, em "um grupo". Os grupos de criatividade desenvolvem um forte sentimento de coesão, por isso utilizamos esse tipo de treinamento também para melhorar o clima de uma equipe e não apenas para encontrar ideias. O benefício secundário torna-se o objeto principal.

Princípios de treinamento dos grupos

Para alcançar os objetivos descritos acima, é evidente que precisamos de treinamento.

O trabalho feito nos grupos de criatividade supõe o "treinamento" do grupo pela simples razão de que assumimos uma postura mental diferente da que temos normalmente.

Seja qual for o tempo que você tem, reserve alguns minutos para o treinamento do grupo – por exemplo: meio dia em um seminário de dois dias, duas horas num seminário de um dia, uma hora em uma reunião de quatro horas, trinta minutos numa reunião de duas horas... É melhor reservar um pouco menos de tempo para a produção de ideias propriamente dita com um grupo bem treinado do que passar longas horas com um grupo sem treinamento, que não consegue decolar e perde tempo com lengalenga e discursos lógicos.

O treinamento existe para indicar a mudança. Na maioria das situações da vida nós nos comportamos de maneira "inteligente" (ou pelo menos tentamos) e, em muitas de nossas ações, essa inteligência está ligada a uma "caixa automática", chamada hábito, que poupa reflexão cada vez que precisamos ligar um carro, um computador ou um trator.

A inteligência usual do comportamento mistura racionalidade lógica com criatividade, sendo a primeira proporcionalmente maior (na razão aproximada de "um cavalo para um pardal"), mas essa proporção varia de acordo com a flexibilidade do indivíduo. Dizer que "vamos praticar a criatividade" significa dizer que vamos inverter essa razão e misturar, por exemplo, mil pardais com um rabo de cavalo. Em resumo, praticar criatividade não é mais difícil que praticar lógica: é apenas uma regra diferente.

Logo no início da sessão de criatividade, deixe claro que as regras são outras. Peça aos participantes que se apresentem de outra forma (se você já fez uma apresentação na fase formal e racional, faça outra). No mínimo, faça com que eles se apresentem pelo nome, seguido de algum detalhe pessoal. Em vez de: "Meu nome é Silva, sou chefe de produção" ou "Pereira, chefe de manutenção", devem dizer: "Alberto, gosto de pesca de carpa" ou "Gabriela, passo minhas férias na praia". (Eventualmente, entre em detalhes: "Ah, você pesca carpas? Como é esse tipo de pesca?". Adote um tom mais íntimo, pessoal.) Se estiver em forma, faça o jogo dos apelidos (exercício 1, p. 124) e prossiga com uma modalidade de apresentação (exercícios 2, 3 ou 11, por exemplo), que são lúdicos e úteis ao mesmo tempo. Explique por que está fazendo aquilo. Por exemplo: "Vamos aprender a associar as ideias uns dos outros e, para isso, vamos fazer um exercício muito útil, que consiste em associar gestos" (exercício 26). Ou então: "Vamos aprender a redobrar a atenção para associar melhor. Mas antes, para entender bem o que é, vamos fazer um exercício de escuta" (por exemplo, exercício 24: Bastões; ou exercício 25: Espelho).

Assim que possível, tente fazê-los "rearranjar o espaço" (exercício 4). Quando sentir que o grupo está começando a "dar liga", introduza os exercícios em que as pessoas têm de se tocar (por exemplo, exercício 5: Torniquete; exercício 7: Ombro a ombro; exercício 11: Espaço apertado; exercício 14: Entrando no grupo).

Alterne os exercícios fáceis, lúdicos, que servem para descontrair (por exemplo, exercício 8: Escultura; exercício 9: Rocha; exercício 12: Aplausos; exercício 13: Maestro), com os mais "envolventes".

Intercale os exercícios centrados na pessoa e no clima do grupo (relaxamento) com os "utilitários", que preparam diretamente para a prática de uma técnica de busca de ideias (por exemplo, exercício 27: Desequilíbrio, indispensável antes do início de uma busca de ideias. Repita-o sempre que iniciar uma busca de ideias). É claro que o primeiro exercício útil é o que consiste em definir a linguagem do grupo, a linguagem associativa. Senão, como o grupo vai se comunicar (ver exercícios na p. 127)? O sonho acordado entra depois, talvez no fim do dia, à meia-luz, quando o grupo já estiver bem afiado.

IDEIAS

Prossiga com os exercícios técnicos, que preparam tanto para a expressão gráfica (exercício 33) quanto para a verbal, em grupo (por exemplo, exercício 29: Poema; exercício 30: Jornal mural; exercício 32: Som de grupo) ou coletiva (exercício 31: Ritmos). Dê atenção especial aos exercícios que preparam para as técnicas projetivas (exercícios 34, 35, 36). Por último, de acordo com o tipo de grupo, os objetivos, o tempo e o que diz sua intuição, proponha exercícios que intensificam as emoções e dão maior potência ao grupo (por exemplo, exercício 37: Gosto mais, gosto menos; exercício 38: Quem é você?). Alterne esses exercícios com exercícios de relaxamento, que proporcionam muito prazer (por exemplo, exercício 19: Descontração; exercício 20: Toque de dedos; exercício 21: Ninando; exercício 22: Levitação).

Classifico abaixo os exercícios segundo dois critérios: tendência a suscitar mais ou menos emoção e envolvimento, seguindo um eixo que vai do lúdico ao envolvimento total; e função principal dentro do processo de mediação (utilitário, relaxante etc.).

É evidente que essa classificação, definida muitas vezes por recordações pessoais, é um tanto arbitrária. Na realidade, todos esses exercícios podem ser envolventes, depende de como cada um deles é desenvolvido pelo grupo. Além do mais, um mesmo exercício pode ter mais de uma função e se encaixar em vários casos. Escolhi aqui a função principal.

Esses exercícios não são apenas *ice-breakers*, como dizem os americanos: joguinhos divertidos para quebrar o gelo. Certas técnicas podem provocar uma intensa mobilização emocional, levar a um forte envolvimento do indivíduo ou do grupo. É bom ter cuidado. Eles devem ser sempre acompanhados de uma regulação (ver p. 142).

Apresentação das técnicas principais[28]

A. Exercícios para dar a largada

São lúdicos, descontraídos e pouco envolventes.

1. Apelido de infância

Objetivos: Exercício simples, divertido, que cria instantaneamente um ambiente familiar, intimista, regressivo.

Descrição: "Tente se lembrar como gritavam por você da rua, quando era criança... O apelido, a entonação. Recrie esse grito". Os participantes devem marcar bem a entonação, gritar com força, o mais alto possível, várias vezes. "Agora o grupo vai gritar por você de novo." Um, dois, três... O mais alto possível, várias vezes.

O apelido de infância pode ser a maneira como uns vão chamar os outros durante a reunião.

2. Fórum

Objetivos: Sensibilizar para a escuta do outro, caricaturando a ausência dela.

Descrição: Os membros do grupo andam em todas as direções pela sala, falando sozinhos, sem escutar os outros. O objetivo desse exercício é fazer uma caricatura das reuniões, quando cada um fala para si mesmo e não escuta o que o outro diz. Esse exercício é feito no início das reuniões ou quando o mediador achar que os participantes não estão se escutando. É bastante simples e não apresenta dificuldades.

---

28. Os exercícios apresentados aqui faziam parte das práticas utilizadas na Synapse e foram publicados em 1972, em um livro esgotado: Guy Aznar, Marcel Botton e Jacques Mariot, *L'animation créative des groupes*.

3. Falar com números

Objetivos: Destacar os acessórios não verbais do discurso (gesto, entonação, expressão); favorecer a exteriorização coletiva.

Descrição: Os participantes são divididos em duplas e conversam de pé, sem utilizar palavras, e sim números. Em seguida, trocam de par. O objetivo é fazer o participante exprimir uma emoção, uma reação, com números. O mediador deve estimular a expressão e incentivar a exteriorização dos participantes.

4. Rearranjo do espaço

Objetivos: Apropriação coletiva do espaço de trabalho; criação coletiva; coesão do grupo.

Descrição: Propomos um rearranjo da sala em que estão reunidos, utilizando o material disponível ali ou, eventualmente, trazido de fora pelo mediador (almofadas, colchonetes, folhas de papel, material gráfico, tecidos, papel crepom, biombos etc.). Quanto mais material, melhor o rearranjo. Assim que os participantes arrumarem coletivamente o espaço de um jeito que lhes seja conveniente, eles se instalam. Acontece uma criação coletiva cuja riqueza varia conforme a atmosfera do grupo e a duração do exercício. É recomendável que este dure bastante, a fim de que todos possam expressar sua criatividade.

5. Torniquete

Objetivos: Conhecer o outro; experimentar a confiança no outro.

Descrição: Os participantes se dividem em duplas, ficam de frente um para o outro e com as pontas dos pés em contato. Eles dão as mãos e, em seguida, inclinam-se para trás, sem mover os pés. Um segura o outro. Olhando-se nos olhos, começam a girar lentamente, aumentando a velocidade. Giram o mais rápido possível. Desaceleram bem devagar até parar. Em seguida, trocam de par.

6. Sim/Não

Objetivos: Descarregar a agressividade; relativizar as emoções; mobilizar as energias.

Descrição: Os participantes são divididos aleatoriamente em grupos de dois, em pares de sexo diferente ou seguindo a instrução de fazer dupla com alguém por quem sentiram certa animosidade durante a reunião. De pé, frente a frente, entram em contato pelo olhar. Com toda a força, um diz "sim" e o outro diz "não". Cada um tenta convencer o outro a dizer "sim" ou "não". As duplas se alternam e depois trocam de grupo.

7. Ombro a ombro

Objetivos: Descarregar a tensão; Permitir que as pessoas descubram a experiência do grito. Introduzir o contato físico.

Descrição: "Por favor, formem duplas de tamanho e peso parecidos. Se seus sapatos escorregarem, fiquem descalços, é melhor. Fiquem de joelhos, com as mãos no chão, de frente um para o outro... Aproximem-se de maneira que seus ombros de toquem (ombro esquerdo com ombro esquerdo). Ao meu sinal, empurrem seus parceiros com toda a força possível, como num jogo de rúgbi. Não reprimam o som que acompanha o esforço, expressem-no."

B. Exercícios que facilitam a coesão do grupo

8. Escultura humana

Objetivos: Forçar a aproximação física; favorecer a escuta.

Descrição: Um dos membros do grupo é indicado como "escultor". Seu material são os corpos dos outros participantes. Ele os utiliza livremente para fazer uma escultura humana. Pode utilizar quantos elementos do grupo quiser. Um a um, todos fazem o papel de escultor. O mediador deve estar atento para que os participantes entrem no jogo e o escultor possa moldá-los como bem entender. O tema da escultura pode ser figurativo ou não. O exercício é não verbal.

9. Pedra

Objetivos: Desenvolver a coesão física do grupo; descarregar as energias; reagir fisicamente a uma tarefa imaginária.

Descrição: O grupo forma um círculo, com os participantes de pé em espaçamentos regulares. O mediador declara que no centro do círculo há uma pedra imaginária e convida os participantes a ajudá-lo a deslocar essa pedra, empurrando-a em determinada direção. O grupo tenta de todas as maneiras, simulando o esforço e as medidas que tomariam para mover uma pedra real. É permitido aos participantes emitir sons, mas o exercício é não verbal. Em geral não apresenta dificuldades. O mediador dá o tom dinâmico e o movimento, mas não impede a manifestação de iniciativas pessoais. O grupo pode mover a pedra de diversas maneiras: utilizar uma corda imaginária, colocar paus debaixo da pedra para fazê-la oscilar etc. Esse exercício causa euforia e pode ser praticado logo pela manhã. É uma boa maneira de preparar o grupo para uma fase de trabalho intenso.

10. Máquina viva
Objetivos: Aperfeiçoar a coordenação entre os participantes; desenvolver a imaginação corporal; favorecer o contato físico.
Descrição: Os participantes ficam de pé, em círculo. Um deles vai para o centro da roda e fica na posição que desejar (deitado, de pé, ajoelhado). Começa a fazer um movimento simples e regular, mecanicamente (por exemplo: balança os braços, vira a cabeça etc.). Um segundo participante se aproxima do primeiro, que ainda se mexe de maneira mecânica; estabelece com ele um contato físico por um ponto qualquer e também começa a fazer um movimento mecânico, no mesmo ritmo do primeiro. Quando os dois tiverem conseguido realizar seus movimentos no mesmo ritmo, um terceiro participante tenta se ligar a essa "máquina" da mesma maneira que o segundo e assim por diante, até que todos os participantes formem uma máquina viva e móvel, funcionando no mesmo ritmo. Depois que todos estiverem ligados à máquina e ela estiver funcionando regularmente, o mediador pede que eles mudem o ritmo. O exercício é não verbal, mas sonoro.

11. Espaço apertado
Objetivos: Aumentar a coesão; dinamizar o grupo de maneira lúdica; forçar o contato físico; jogar o jogo da ajuda mútua e da agressividade entre os participantes ou com o mediador.
Descrição: Almofadas ou colchonetes justapostos no chão criam um espaço e convidam o grupo a se mover sem sair dele. O mediador tira as almofadas uma

a uma para diminuir o espaço disponível. Faz isso até tornar a situação quase impossível, obrigando o grupo a reagir ou se ajudar. Trata-se de um exercício curto, lúdico, pouco envolvente. Pode ser praticado com um grupo em início de treinamento. É também um jeito eficaz de descontrair depois de uma fase longa de reflexão ou, ao contrário, para iniciar os trabalhos. Pode ser uma boa hora para descarregar a agressividade tanto entre os participantes quanto com os mediadores.

Variante: A pessoa que pisar fora do espaço delimitado é excluída. No fim do exercício sobram apenas as pessoas que se escolheram. O exercício acaba se transformando num sociograma.

12. Aplausos

Objetivos: Colocar os participantes em situação de valorização; fazer cada um reagir à sua maneira a essa situação.

Descrição: O grupo é reunido em círculo. Um de cada vez, os participantes vão até o centro do círculo e são aplaudidos. Voltam para seus lugares quando desejarem. É um exercício globalmente não verbal, mas o participante que estiver no centro do círculo pode dizer algumas palavras antes de receber os aplausos (por exemplo: pode dizer seu nome, ou apenas "sou eu", uma frase curta de sua escolha etc.). Os participantes podem se manifestar fisicamente enquanto são aplaudidos. O grupo pode não apenas aplaudir, como também ovacionar. Esse exercício pode ser feito no início da reunião ou quando o mediador julgar que os participantes precisam ser valorizados.

13. Maestro

Objetivos: Desenvolver a expressão sonora; forçar a participação ativa de cada um; transformar os participantes em seus próprios mediadores; induzir um clima lúdico.

Descrição: "Você vai representar o papel de um maestro. Nós seremos os instrumentos e os cantores. Faça um concerto". Esclarecemos que a música deve ser inventada (abstrata), para evitar musiquinhas de quartel. Estimule os maestros a organizar, dirigir e mediar. Esse exercício é muito útil para os tímidos. Os participantes podem utilizar como instrumentos objetos diversos, ou inventar instrumentos adequados.

14. Entrando no grupo

Objetivos: Para o participante que está entrando: demonstrar fisicamente o desejo de fazer parte do grupo; permitir uma descarga motora; forçar um engajamento físico total.

Para o grupo: forçar a coesão; forçar o contato físico.

Descrição: Os participantes ficam de pé, em círculo, com as mãos nos ombros dos colegas ao lado. O círculo deve ser fechado, para que todos fiquem bem próximos uns dos outros. Um participante sai do círculo e tenta voltar à força. O grupo deve impedi-lo.

Esse exercício exige um gasto enorme de energia. Quanto mais fechado o círculo, mais violento o exercício. É um exercício para dar a largada, que pode ser feito de manhã ou depois de uma fase de tensão contínua, o que permite que os participantes liberem a agressividade e relaxem. Caso um dos participantes tenha dificuldade para entrar no círculo, o mediador deve estimulá-lo e nunca permitir seu fracasso.

C. Exercícios de apresentação em duplas

15. Apresentação pelo outro

Objetivos: Para o grupo: tomar consciência de percepções intuitivas; assumir riscos ao manifestar sua percepção do outro; treinar a imaginação.

Para o participante: ter consciência da própria imagem.

Descrição: O grupo apresenta cada um de seus membros. A pessoa descrita não deve reagir de maneira alguma ao que é dito a seu respeito. Os membros do grupo são apresentados um a um pelos outros. Eles devem imaginar quem é X, baseando-se no que veem: físico, jeito de se vestir, de se comportar etc. O exercício deve ser apresentado como um exercício de imaginação. O mediador pode ter um papel ativo e, se necessário, fazer perguntas do tipo: "Onde ele compra as roupas dele? O que faz nas horas vagas? Gosta de música? Como é a casa dele? Como ele era na escola?". É um exercício para o início de uma reunião, quando as pessoas ainda não se conhecem. Pode acompanhar um exercício de apresentação clássica.

16. Apresentação pelo olhar

Objetivos: Forçar o conhecimento emocional; conscientizar-se da dificuldade de estabelecer relações verdadeiras; favorecer a percepção intuitiva do outro.

Descrição: Os participantes andam pela sala em silêncio. Observam uns aos outros e tentam obter o máximo de informações de acordo com a aparência, o andar, as roupas etc. Quando dois participantes se cruzam, devem se olhar nos olhos durante bastante tempo e tentar se conhecer pelo olhar, sem falar. Ao terminar, separam-se e passam para outro participante. Cada membro do grupo deve repetir o exercício com os demais.

Esse exercício deve ser feito no início da reunião. O encontro entre dois participantes deve durar alguns minutos, por isso o exercício é bastante longo. Se houver resistência, risadas ou conversas, ou se os participantes não forem naturais e agirem de maneira caricatural, o exercício perde o sentido. Mas eles não devem ser repreendidos. A regulação que resulta do exercício é muito importante, e o mediador deve insistir para que cada um manifeste o que sentiu.

17. Encontro às cegas

Objetivos: Estabelecer comunicação pelo tato; sentir as inibições que surgem desse tipo de comunicação (superar o tabu do contato).

Descrição: Os participantes andam pela sala em silêncio, com os olhos vendados (por máscaras de dormir ou lenços). Tentam se encontrar para estabelecer contato pelo toque. Cada participante deve encontrar o máximo de membros do grupo pelo toque e, no fim do exercício, fazem uma análise. Esse exercício não verbal pode ser feito no início da reunião, para facilitar o contato entre os participantes, e no fim, para aprofundar as relações estabelecidas entre eles. O exercício pode ser bastante longo, caso eles consigam encontrar todos os outros membros do grupo. É um exercício bastante produtivo e, em geral, envolvente.

18. Amor e ódio

Objetivos: Exprimir a agressividade; sentir o medo de ser rejeitado e o prazer de ser aceito; forçar a expressão emocional.

Descrição: O grupo fica de pé, em círculo. Um dos participantes vai para o centro do círculo, e o grupo começa a manifestar seu ódio e seu amor por ele de maneira não verbal. Ódio e amor são expressos por gestos, mímicas, gritos etc. O exercício é repetido com todos os membros do grupo. A primeira parte do exercício (a manifestação de ódio) é bastante difícil, mas deve vir sempre antes da manifestação de amor. Evidentemente a maneira como cada um exprime esses sentimentos varia de acordo com o participante a quem se dirige ou os participantes que se manifestam.

D. Exercícios de relaxamento, expressão corporal leve

19. Descontração
Objetivos: Consciência corporal.
Descrição: "Neste mesmo instante, permaneçam na posição em que estão. Fechem os olhos, não tentem mudar de posição. É como se tivessem sido fotografados, congelados. Tentem perceber como sentem a nuca, os ombros, as costas, o contato do corpo com a almofada, as coxas, os joelhos, os pés dentro dos sapatos, as mãos... Elas estão frias, quentes, com o que estão em contato? Vocês estão respirando ou não? Por onde o ar entra em vocês? Seus maxilares estão contraídos ou não? E as pálpebras? Esse é seu corpo. Tentem agora mudar de posição aos poucos, até se sentirem confortáveis, sem pontos de tensão. Vocês podem se esticar e alongar, se quiserem. Procurem um lugar, um espaço, uma posição em que se sintam bem." Exercícios desse tipo podem conduzir ao relaxamento total ou simplesmente visar a consciência corporal. Conforme o caso, podem ser um fim em si ou, ao contrário, preparar para outro exercício (o sonho acordado, por exemplo); podem ou não ser acompanhados de música ou de induções por parte do mediador.

20. Toque de dedos
Objetivos: Relaxamento muscular; representar uma situação de carinho e respeito do grupo em relação a um participante; facilitar o contato físico.
Descrição: Um dos participantes deita de bruços num colchonete, com os braços esticados ao longo do corpo. Os outros se posicionam ao lado dele, de joelhos, sentados nos calcanhares. Delicadamente vão cutucá-lo com os dedos, sem

exercer pressão. Todos devem cutucar no mesmo ritmo. O exercício é repetido com cada participante.

Esse exercício de relaxamento é não verbal e bastante rápido. Antes de começar o exercício, o mediador deve verificar se o participante deitado no colchonete está bem descontraído. É muito importante não terminar o exercício de maneira brusca.

21. Ninando

Objetivos: Para o participante: entregar-se; sentir o apoio e o carinho do grupo; colocar-se numa situação capaz de favorecer a emoção.

Para o grupo: demonstrar apoio e carinho, desenvolver a coesão.

Descrição: O grupo fica de pé, em círculo, com os participantes bem próximos uns dos outros. Um deles, de olhos fechados, fica no centro do círculo. O grupo o segura pelos ombros e costas e o nina suave e carinhosamente. Podem cantar também. O participante no centro do círculo se entrega o máximo possível, abandonando-se às mãos que o embalam. Esse é um exercício de relaxamento que exige um clima amistoso no grupo. Não pode virar piada. Deve ser estabelecida certa harmonia entre os participantes.

22. Levitação

Objetivos: Sentir fisicamente o apoio do grupo; demonstrar confiança.

Descrição: Um dos participantes deita num colchonete, de costas, com os olhos fechados e os braços esticados ao longo do corpo. Relaxa o máximo possível. Os outros participantes se posicionam ao lado dele, em duas fileiras. Apoiam um joelho no chão, passam as mãos por baixo da pessoa deitada – de modo que todo o corpo, inclusive a cabeça, tenha um apoio – e a levantam muito lentamente, até ficarem com os braços esticados acima da cabeça. Permanecem assim durante certo tempo. O mediador propõe o relaxamento: "Você está repousando em nossos braços, você se sente pesado, você se entrega". Os participantes descem a pessoa bem devagar e a colocam com delicadeza no colchonete. Pouco a pouco o grupo a traz de volta para a realidade, falando suavemente com ela, chamando-a pelo nome e deixando que volte a si em seu próprio tempo. Cada participante é levantado pelo grupo. Os participantes não devem ver esse exercício como um treino de musculação. Ao levantar o participante, eles devem não apenas realizar um esforço físico, mas concentrar a mente. O mediador deve apresentar o exercício de maneira que o grupo perceba seu valor simbólico. Esse exercício deve ser feito num momento favorável, isto é, com o grupo coeso, capaz de fazê-lo sem transformá-lo em piada. Só é útil se o "levantado" estiver bem descontraído e entregue.

23. Flor de lótus
Objetivos: Sentir a coesão do grupo; aprender a escutar; relaxar. Boa preparação para o sonho acordado.

Descrição: O grupo deita de costas, em estrela (com os pés no centro do círculo), como uma flor, cujas pétalas são os participantes. Eles dão as mãos, deixando os braços ligeiramente dobrados e afastados do corpo. "Somos uma flor aberta e, através de nossas mãos, tentamos sentir e acompanhar os mínimos movimentos dos colegas ao nosso lado. Daqui a pouco, sem que ninguém decida quando, a flor vai se fechar devagar e se abrir de novo, bem devagar." Lentamente, a flor fecha e abre várias vezes seguidas. Se a coesão do grupo for boa, a flor repetirá o movimento várias vezes sem interferência do mediador. Esse exercício melhora a coesão do grupo e os participantes percebem essa coesão.

E. Exercícios corporais de treinamento do mecanismo associativo

24. Bastões
Objetivos: Desenvolver um diálogo não verbal; treinar a associação.

Descrição: Os participantes são divididos em duplas. Ficam de pé, frente a frente. Seguram dois bastões de aproximadamente um metro, apenas fazendo pressão com a ponta do dedo indicador. Cada participante segura um lado dos bastões (os bastões são seguros pela ponta do indicador esquerdo de um participante e pela ponta do indicador direito do outro participante e vice-versa). Em silêncio, olhando-se nos olhos, os participantes tentam evitar que os bastões caiam e, ao mesmo tempo, tentam movê-los, deslocá-los no ar. Esse exercício exige muita atenção, os participantes precisam coordenar os movimentos para que os bastões não caiam. Devem perceber até os movimentos involuntários do outro. Não devem se preocupar com a estética ou arriscar proezas técnicas com seus movimentos, apenas ficar atentos para que os bastões não caiam e respeitar a iniciativa do outro para mover o bastão, sempre prestando atenção às fases de escuta e de associação. Esse exercício é não verbal.

25. Espelho

Objetivos: Para quem é imitado: treinar a expressão.

Para quem imita: escutar o outro por seus gestos e atitudes.

Descrição: Os participantes se dividem em duplas e ficam frente a frente, em pé. Em cada grupo, um participante é o reflexo do outro. A olha para B. A age como se estivesse na frente de um espelho e B reproduz de maneira fiel e sistemática todos os movimentos de A. Depois de alguns minutos, os participantes invertem os papéis. O exercício evolui conforme o clima do grupo: como exercício de expressão corporal ou de mímica. É um excelente treino de escuta e pode ser utilizado quando os participantes têm dificuldade de escutar o outro. De preferência, é feito no início da reunião. É um exercício não verbal.

26. Passagem de gestos

Objetivos: Desenvolver a escuta e perceber especialmente seus aspectos não verbais; preparação didática para a associação de ideias em grupo.

Descrição: O grupo fica de pé, em círculo. Um participante pensa em um gesto simples e repetitivo, não significativo (não é mímica, mas expressão). Quando tiver encontrado o gesto adequado (o que pode demorar), ele se vira para o participante seguinte, fazendo o gesto que escolheu. Esse participante reproduz o mais fielmente possível o gesto do outro (como um reflexo). O primeiro para quando se sentir satisfeito com a maneira como o gesto é reproduzido. O segundo prossegue sozinho, e pode mudar o gesto. Ele passa para o seguinte e assim por diante.

Variante: o participante que inicia o gesto vai para o centro do círculo e os outros se apresentam espontaneamente para revezar com ele.

27. Desequilíbrio

Objetivos: Exercício indispensável e obrigatório antes de qualquer busca de ideias. Experimentar fisicamente o risco criativo, isto é, o momento delicado e essencial em que uma pessoa propõe uma ideia ainda vaga. Nesse instante, ela "se joga", sem saber se os colegas vão acompanhá-la ou se, ao contrário, a ideia vai "cair no vazio".

Descrição: O grupo fica de pé, em círculo. Um dos participantes vai para o centro do círculo e tenta ficar em posição de desequilíbrio, a ponto de cair. Porém, antes que caia, outro participante corre para segurá-lo, e os dois tentam ficar numa posição de desequilíbrio. Quando ambos estiverem a ponto de cair, um terceiro participante corre para segurá-los e assim por diante, até que todo o grupo forme uma estrutura em equilíbrio, em que cada um esteja em desequilíbrio. Esse exercício é difícil e é muito raro que o grupo consiga fazê-lo de primeira. Em geral um dos participantes avança cedo demais ("corta a palavra"), antes que a posição de desequilíbrio tenha sido encontrada (como se não desse tempo para a ideia se manifestar), ou tarde demais, depois que os participantes já caíram no chão. É difícil saber o momento certo de apoiar o outro. Esse exercício é preferencialmente não verbal.

28. Movimento contínuo

Objetivos: Detectar os pontos de ruído na comunicação (desenvolver a escuta, avaliar o grau de tensão do grupo).

Descrição: Os participantes ficam de pé, em círculo, afastados e na mesma posição. Cada participante escolhe um modelo no grupo (ele deve escolher apenas um modelo e ser modelo de apenas um participante). Ele vai reproduzir os movimentos involuntários do outro (morder os lábios, mexer as mãos, pigarrear...). Esses movimentos vão se amplificar e somar, repercutindo-se. O grupo se agita cada vez mais.

F. Técnicas de expressão criativa

29. Poema em grupo

Objetivos: Favorecer a expressão poética; desenvolver a associação.

Descrição: Os participantes dispõem de um grande quadro negro em que, em silêncio, escrevem coletivamente um poema, associando-se. Escrevem quando têm vontade, sem qualquer ordem.

Esse exercício é não verbal. Ele é interessante porque as ideias escritas no quadro não são concluídas. Assim os participantes podem completar e desenvolver o que foi escrito. O fim do exercício é decidido pelos participantes ou pelo mediador. Esse exercício exige boa escuta e comunicação entre os participantes. O poema evolui conforme o grupo. Pode se apresentar na forma de caligramas, versos, desenhos. O grupo pode escrever um poema sobre um tema qualquer ou sobre a situação do momento. Os principais obstáculos a ser evitados são as referências culturais, os lugares-comuns e os clichês. Os participantes devem deixar a imaginação voar, não adequá-la às regras poéticas. O poema em grupo é diferente do "jornal mural", porque é orientado para a criação estética, e não para as regulações técnicas ou para uma lista de questões.

30. Jornal mural

Objetivos: Exprimir conflitos e dificuldades que não podem ser verbalizados oralmente; favorecer uma expressão mais centrada e direta do que a expressão verbal (princípio dos *dazibaos* chineses); fazer perguntas técnicas, anotar observações que serão retomadas no fim do exercício ou da reunião. É o "quadro de avisos" do grupo.

Descrição: Cubra as paredes com papel branco. Os participantes, quando quiserem, em silêncio, escrevem o que desejam, eventualmente associando com o que foi escrito antes, de modo que se crie um diálogo por escrito. É mais um exercício de expressão do que de criação. O jornal mural pode ser permanente. Durante a reunião, os participantes escrevem o que quiserem, quando quiserem. O exercício se transforma numa regulação contínua.

31. Ritmos

Objetivos: Treinar a expressão sonora; desenvolver a escuta dos outros. Exercício coletivo.

Descrição: Depois de um treino em série, o grupo organiza um ritmo coletivo, batendo palmas ou utilizando o resto do corpo. Em seguida, é proposto o uso de qualquer objeto da sala para produzir ritmos: mesas, janelas, quadros. Também pode haver dança. Nesse caso, o exercício se transforma numa dança coletiva, cantada, ritmada, muito estimulante e libertadora. É um exercício excelente para desenvolver a escuta: bons resultados supõem que se preste atenção ao outro. É relaxante e favorece a coesão. Provoca um clima lúdico.

32. Som de grupo

Objetivos: Aumentar a coesão; criar em grupo; desenvolver a expressão.

Descrição: Depois de um rápido ensaio, o grupo produz um som coletivo muito breve (um grito), uma melodia improvisada a partir de associações ou um som descritivo de uma situação. Em qualquer exercício sonoro, é expressamente proibido reproduzir músicas conhecidas ou sons significativos: são permitidos apenas sons improvisados e barulhos não figurativos. Esses exercícios podem ser a princípio individuais. Podem ser acompanhados de danças, ilustrados por desenhos, ou servir de fundo sonoro para um sonho acordado, realizado antes e em sincronia com eles.

33. Expressão gráfica

Objetivos: Descobrir sistemas de linguagem que superem os limites verbais; favorecer a expressão imaginária, a criatividade, a marca própria; criar material projetivo.

Descrição: Os participantes têm à disposição um suporte (*flip charts*, blocos de papel canson, quadro negro) e material gráfico (em especial tinta a dedo). Em geral eles dizem que não sabem desenhar, então é melhor começar com um exercício coletivo, que lhes dê segurança, e instruí-los a fazer um desenho não figurativo. O desenho pode ter um tema, que pode ser puramente expressivo (por exemplo, representar graficamente o sonho acordado feito antes), referir-se à relação afetiva do grupo (por exemplo: "Vamos representar graficamente nosso grupo" ou "Vamos representar graficamente o ambiente de nosso grupo") ou a uma projeção pessoal (representar a si mesmos de uma maneira não figurativa). Os desenhos podem ser comentados coletivamente, mas durante os treinamentos "nós não analisamos".

G. Exercícios de treinamento do mecanismo projetivo

34. Inventar uma personagem

Objetivos: Favorecer a expressão do imaginário; conhecer o outro não pela posição social, mais pela expressão simbólica.

Descrição: Os participantes devem se apresentar ao grupo de maneira imaginária: cada um inventa um personagem para si. O grupo pode ter um papel estimulante e fazer perguntas, desde que captem o imaginário. Para que o exercício seja produtivo, devem ser evitados clichês e referências culturais. Desaconselho qualquer tentativa de interpretação. Quanto mais amplas forem as instruções, mais difícil será o exercício. Deve ser feito no início da reunião.

35. Analogias pessoais

Objetivos: Treinar o procedimento analógico e o pensamento por imagens; forçar a expressão de percepções intuitivas; exprimir a percepção que se tem do outro sem rodeios; desenvolver o comprometimento pessoal; permitir que cada um conheça a imagem que transmite aos outros.

Descrição: O grupo senta em círculo. Um participante se dirige a outro para expressar uma analogia inspirada em seus gestos, atitudes ou feições. Deve se dirigir diretamente a ele: "Você me lembra um..." e não "Ele me lembra um..." O segundo participante se dirige a um terceiro e assim por diante. Os participantes não precisam explicar as analogias e não devem esboçar reações. Ao expressá-las, devem ser breves e considerar o outro visualmente, e não intelectual ou apreciativamente. A percepção deve ser intuitiva.

36. Playback

Objetivos: Tomar consciência de como é visto pelos outros; aprender a traduzir uma percepção em linguagem simbólica; forçar o grupo a se concentrar cada hora em um participante.

Descrição: Um participante sai do grupo e senta numa almofada, de frente ou de costas para os demais. Deve ficar calado. O grupo fala por ele, como se estivesse se apresentando em playback: "Eu me chamo..." O grupo é convidado a utilizar uma linguagem metafórica: sou uma árvore de raízes profundas, sou uma música de jazz, sou uma paisagem litorânea, sou um planeta inabitado... Quem ouve normalmente se surpreende com a intuição do grupo, que "adivinha" aspectos de sua personalidade. Em geral é um exercício gratificante para quem ouve, mas há exceções. Para o grupo é uma maneira de aprender a traduzir percepções em imagens ou metáforas. É também um exercício que treina a escuta. De preferência, deve ser feito no fim da reunião.

H. Exercícios envolventes

37. Gosto mais, gosto menos

Objetivos: Favorecer a expressão de sentimentos habitualmente guardados; tomar consciência de como os outros o veem e do que mais lhe agrada ou desagrada.

Descrição: Os participantes são divididos em duplas; sentados ou de joelhos, ficam um de frente para o outro. A senta na frente de B e diz: "O que menos gosto em você é... O que mais gosto em você é..." B apenas escuta A, sem responder. Em seguida B toma a palavra e faz o mesmo com A: "O que gosto menos em você é... O que gosto mais em você é..." As duplas vão se alternando, até que todos tenham feito duplas entre si. O exercício é feito com frases rápidas, e não com discursos longos. As duplas devem se distribuir na sala de modo que não incomodem ou escutem os outros. Pode ser interessante ter um fundo musical. É um exercício difícil. Os participantes têm dificuldade de dizer o que gostam menos no outro. É indispensável fazer uma regulação depois do exercício, para que os participantes falem sobre suas sensações. Esse exercício é envolvente e muito produtivo: quando bem-sucedido, cria no grupo um clima de afeto muito mais intenso.

38. Quem é você?

Objetivos: Para quem pergunta: aprender a ouvir sem tentar adivinhar ou fazer o outro dizer o que quer ouvir, sem comentar.

Para quem responde: favorecer a expressão verdadeira, exprimir-se fora dos esquemas convencionais.

Descrição: Os participantes formam duplas, sentam frente a frente e se olham nos olhos. A pergunta a B: "Quem é você?", e B responde. Quando termina, A repete a pergunta: "Quem é você?" Isso acontece várias vezes seguidas, durante o tempo que for preciso. A não pode fazer outras perguntas além de "quem é você?" e não pode dizer nada além disso. Deve ser neutro: A não avalia as respostas de B e não interfere, nem mesmo de forma não verbal. Em seguida os papéis se invertem. Em geral os participantes se sentem perdidos com uma pergunta tão ampla e perguntam ao mediador o que devem responder. O mediador não deve especificar as instruções, deixando a resposta livre. Esse é um exercício envolvente; deve ser acompanhado de uma regulação. É essencial que quem ouve não interfira e se mantenha neutro.

39. Expressão emocional

Objetivos: Libertação da rigidez convencional; exprimir emoções; sentir as dificuldades de exprimir emoções.

Descrição: O grupo fica de pé, em círculo. O mediador anuncia um sentimento ou sensação. Por exemplo: "Estamos como medo". O grupo deve exprimir esse sentimento, deve senti-lo e demonstrá-lo fisicamente. Pode emitir sons, mas não pode falar. Depois que o grupo experimentou esse sentimento, o mediador anuncia outro: "Estamos maravilhados", "Estamos orgulhosos", "Nós desejamos" etc. Ele pode pedir ao grupo que exprima medo, alegria, angústia, raiva, desespero, tristeza, felicidade, serenidade, dor, frio, calor, cansaço, assim por diante. Como treinamento, pode pedir ao grupo que sinta uma sensação física. Por exemplo: ele diz aos participantes que estão sentindo frio, que devem sentir o frio invadi-los pouco a pouco e pede reações de acordo com a evolução da sensação de frio.

40. Presentes

Objetivos: Permitir a expressão de sentimentos positivos; recompensar o grupo.

Descrição: Um dos participantes sai da sala em que o grupo está reunido. Os outros discutem entre si que presente dariam a ele. Quando chegarem a um acordo, o participante volta à sala e o grupo lhe dá o presente. Os participantes saem um a um e, na volta, recebem o presente do grupo. Esse exercício é feito quase sempre no fim das reuniões e pode servir como conclusão.

Para fazer esse exercício, os participantes devem conhecer as técnicas de criatividade, pois o objetivo não é oferecer presentes tradicionais. É preciso usar a imaginação e oferecer presentes criativos. Por exemplo: o grupo pode oferecer um poema, um desenho coletivo, um som, uma dança, representar um esquete etc.

41. Salto do anjo

Objetivos: Para quem pula: assumir riscos; demonstrar confiança no grupo. Para o grupo: desenvolver atitudes de apoio.

Descrição: Um dos participantes sobe em uma mesa e se joga nos braços no grupo, de barriga, com os braços esticados ao longo do corpo. Os outros participantes, alinhados em duas fileiras, formando uma ala de honra, seguram-no. Devem manter os braços abaixados e erguê-los apenas no último instante para segurar quem se jogou e evitar que se machuque. O mediador fica ao lado da mesa e dá o sinal de largada. Todos os participantes devem pular. É um exercício difícil, que mostra o risco que corre aquele que se joga. Em nenhuma hipótese o grupo deve esticar os braços antes da hora: o participante deve ter a impressão de saltar no vazio.

I. Técnica transversal: regulação

A regulação é o que determina o efeito de um exercício no plano da mobilização afetiva. Essa é a maior arma do mediador, e o grupo se constitui de regulação em regulação. Assim, é preciso dizer algumas palavras a seu respeito.

Na prática, a regulação é uma espécie de marco na vida do grupo: ela mostra sua evolução. É um exercício em que todos exprimem livremente "como se sentem no grupo", tanto no plano físico (calor, frio) quanto no afetivo (incomodado, à vontade, feliz, relaxado, impaciente etc.). Cada um exprime o que sente sem racionalização, e ninguém responde.

As regras são as seguintes:

- A regulação é institucionalizada. Em dado momento o mediador diz: "Quero propor uma regulação". Isso pode acontecer depois de um exercício corporal ou de uma sessão de busca de ideias, a cada meia hora ou meio dia. O mediador é o juiz da partida. A regulação tem um começo e um fim: não é um desabafo. Deixe os desabafos para a próxima regulação.

- Os participantes se exprimem na primeira pessoa: "Eu me sinto..." – o que, no início, precisa de treinamento. Em geral os participantes caem em generalizações: "Todo mundo tem dificuldade para dizer coisas absurdas", em vez de: "No começo eu tive dificuldade para dizer coisas absurdas". Ou: "Você não tem a manha, dá para ver que não está acostumado", em vez de: "Eu não tenho a manha, ainda não me acostumei".

- Os participantes não respondem, não há diálogo. O objetivo da regulação é *harmonizar* as vozes, do mesmo jeito que se afina um piano. Cada um toca sua nota emocional e ponto. Os participantes afinam os *feedbacks*. Não é hora de começar um debate teórico, avaliar a qualidade da busca, discutir métodos ou entrar em debate com determinada pessoa. A intenção é uma escuta incondicional; o que um participante expressa é aceito e recebido como tal. Não se tenta saber mais, julgar ou criticar. Não se deve responder, não se comenta.

- O mediador também participa da regulação. Em geral os grupos esperam uma avaliação do mediador: "Nós formamos um bom grupo?" – ou uma resposta ao que foi dito anteriormente. Evidentemente isso vai contra a atitude do mediador. Ele não está lá para avaliar ou interpretar o que foi dito. Durante as regulações, ele não fornece informações nem sobre as técnicas nem sobre o assunto em pauta (há momentos reservados só para isso). Ele não está lá para julgar objetivamente o grupo, mas para manifestar o que sente *subjetivamente, aqui e agora,* no grupo. É claro que deve dosar sua expressão em função do grau de envolvimento a que deseja chegar. Alguns mediadores costumam fazer regulações por escrito. Em certos casos, por que não? Pessoalmente, acho que a expressão oral é muito mais espontânea, emotiva e sincera.

A organização dos grupos

O mediador

No grupo de criatividade há uma pessoa com um *status* especial: o mediador. Quem é ele? Qual seu papel, sua função? Como ele se coloca no grupo? Como é visto? Deve ser diretivo, arbitrário, democrático, tolerante?

Em primeiro lugar devemos notar que os grupos, em nossa sociedade, têm uma característica marcante: todos esperam um chefe. Estamos habituados a pais, professores e líderes, que sabem, ensinam, organizam, recompensam e punem. Há também a expectativa contrária: o desejo de questionar o líder, de contestá-lo por princípio, de "matar o pai". A pessoa que cumpre o papel de mediador confronta-se com essa expectativa, depara com ela e deve tomar posição. Um exemplo: no primeiro dia de reunião, todos ficam em volta da mesa e pegam blocos de papel em branco. Depois arrumam os lápis e canetas, como alunos que esvaziam os estojos num grande cerimonial de espera estudiosa, porque em geral os professores dizem coisas que devem ser anotadas.

Ora, não existe nada para anotar. O mediador de criatividade não deve explicar, mas fazer o outro explicar; não deve fazer, mas impelir o outro a fazer; não deve dizer, mas fazer o outro dizer. É claro que deve explicar as técnicas, mas não como um professor, e sim como um instrutor de equitação que coloca o aluno em cima do cavalo, dá conselhos e se afasta para que ele encontre a melhor posição. Não serão 22 conferências sobre natação que farão de você um nadador, mas a resistência da água e as marolas batendo em seu nariz. Não é o instrutor de esqui que ensina você a se equilibrar. Talvez a descida seja íngreme e você tenha medo de cair. Ele dirá como calçar os esquis, mas não pode explicar como vencer esse medo.

O que interessa é fazer o grupo de criatividade perceber que o mediador não é um mágico que tira ideias da cartola (não é seu papel ter ideias, apesar de sua função de treinamento); ele não tem poder de sugestão, hipnose ou revelação; não é um psicoterapeuta que cuida do relacionamento entre as pessoas ou interpreta fantasias para resolver uma tarefa; não é um juiz, que apita de vez em quando. Ele é, sobretudo, um treinador, que provoca e ao mesmo tempo passa segurança. Porque é preciso ter confiança e segurança para questionar as estruturas mentais que nos atrapalham, mas, no fundo, são até bastante confortáveis. Isso quer dizer que o mediador não orienta, que deixa o grupo à vontade? Na minha opinião, devo esclarecer certa noção de tempo e eficácia. Esperamos resultados para daqui três meses ou um ano? Podemos nos permitir um treinamento de três dias ou de três meses? O grupo deve durar uma semana ou três anos?

Psicólogos fizeram experiências para avaliar o rendimento dos grupos com mediação diretiva, democrática e não diretiva. Os resultados são interessantes.

Os grupos com mediação diretiva, isto é, com um líder autoritário, obtiveram com mais rapidez os melhores resultados. Os grupos com mediação não diretiva (tolerante) obtiveram resultados fracos durante algum tempo, mas, passado esse período, ultrapassaram os grupos autoritários.

Esse estudo confirma as experiências realizadas, influenciando a evolução da nossa postura em função da contradição encontrada às vezes entre a exigência de resultados rápidos (resolver um problema urgente) e nosso desejo de que os grupos alcancem um estágio de autogestão. Em nossa opinião, a solução não é unívoca e pode ser formulada da seguinte maneira: *num primeiro período de formação e treinamento, o mediador deve ser diretivo. Somente no que diz respeito à condição das técnicas.*

Ele deve ser um líder competente e impor uma autoridade baseada apenas no conhecimento e na experiência. Porém, não há por que ser diretivo em relação aos outros aspectos da vida do grupo. Por exemplo: o grupo treinado aprende rápido a escolher a técnica mais adequada para determinado momento. Depois que o grupo escolher a técnica, o mediador deve agir com autoridade para que as regras da técnica em questão sejam respeitadas.

O mediador deve se preparar para sair de cena e organizar a passagem gradual do grupo para um nível "adulto", em que o mediador externo é dispensável, isto é, em que cada membro do grupo pode fazer esse papel. Ele pode voltar a intervir a pedido do grupo, seja para realizar um treinamento técnico ou para fazê-los expressar um problema de comunicação. Em um de nossos grupos, um participante apelidou o mediador dessa fase como "bombeiro de plantão". Essa imagem é bastante correta: o mediador não intervém, mas o grupo pode recorrer a ele.

Se houver reuniões regularmente, é interessante fazer um treinamento específico com um dos participantes para a função de mediador; ele funcionará como um mediador interno da estrutura.

O grupo

A composição do grupo de criatividade deve levar em conta as diferentes tipologias dos criativos (ver quadro a seguir).

Tipologia dos produtores de ideias

O postulado básico "todo mundo é criativo" não impede que nos interessemos pelas diferenças no estilo de criatividade, muito pelo contrário. Se todo mundo é criativo, nem todo mundo é criativo da mesma maneira. Se quisermos reunir um grupo de pessoas para trabalhar juntas durante certo tempo, é muito interessante procurar estilos diferentes e complementares de criatividade.

Foram estudados diferentes métodos de classificação. Luc de Brabandère (Brabandère e Mikolajczak, 1994), por exemplo, distingue quatro tipos de criativos: o explorador ("exige liberdade total, apoia-se na intuição ou no simples desejo de explorar"); o bricolador ("esgota o problema de tanto remoê-lo; mastiga, revira, faz e desfaz, estica, monta, desmonta e, no fim, domina"); o experimentador ("não se deixa dominar por um problema, pensa sempre em outra coisa, faz analogias espantosas, sínteses mágicas entre dois mundos"); o visionário ("só pensa no ponto a atingir, na linha de chegada, no sonho que deve se transformar em realidade").

Uma tipologia famosa é a que foi elaborada pelo psicólogo inglês Michael Kirton: a "KAI"[29]. Isabelle Jacob (2011) tem o aval de Michael Kirton para administrar o rol de estilos de criatividade KAI

A teoria sugere que as diferentes reações diante da mudança são resultado de preferências na forma de tomar decisões, resolver problemas e usar a criatividade. Observamos dois estilos diferentes: o dos adaptadores, que efetuam mudanças dentro dos paradigmas existentes, e o dos inovadores, que efetuam frequentemente mudanças fora dos paradigmas existentes. O estilo preferido de cada um não está ligado a inteligência, idade, sexo etc. É uma diferença individual. Os atributos associados ao criativo *adaptador* são principalmente precisão, confiança, eficácia e disciplina. Ele é estável, sério, confiável, sólido; assegura-se dos objetivos, dos meios, da preservação da coesão do grupo e da adesão das pessoas à mudança. Sobre o criativo *inovador*, diz-se que pensa diferente e persegue objetivos mas dá pouca atenção aos meios; desafia as regras com frequência, não gosta de rotina, não se preocupa muito com a adesão do grupo e, em geral, tem dificuldade para comunicar ideias aos outros, está mais voltado para o exterior do que para o interior do quadro institucional. Em relação à mudança, o adaptador tem dificuldade de trocar conceitos, sente-se mais à vontade com o aperfeiçoamento das estruturas existentes, prefere a mudança pela evolução e sabe prever os perigos provenientes do interior do quadro.

>

---

29. Método KAI: Disponível em: <http://www.kaicentre.com>. Acesso em: 10 jan. 2011.

O inovador adora trocar conceitos, subverter o sistema; prefere a mudança pelo rompimento; sente necessidade de romper com o estabelecido para inovar; prevê bem os perigos possíveis. Numa busca de ideias, o adaptador prefere adaptá-las ao contexto, propõe mudanças pela evolução e dá muita importância ao "como fazer". O inovador prefere produzir apenas ideias novas e incomuns, é capaz de produzir ideias visionárias, propõe mudanças em grande escala. Porém, em geral, suas ideias são despropositadas, inexploráveis. Interessa-se mais pelo "que" do que pelo "como fazer". Há vantagens em misturar esses dois tipos de personalidade num grupo e fazê-los trabalhar juntos, em sinergia, dentro das instituições, dependendo do tipo de mudança desejada!

Outra tipologia muito eficaz, chamada *Foursight*, foi desenvolvida pelo americano Gérard Puccio (2011)[30]. Consiste em um teste de 37 perguntas, muito simples, "que permite transmitir aos indivíduos uma visão clara das habilidades em que se destacam e daquelas em que são mais fracos dentro de um processo integrado de criatividade".

O Foursight parte de quatro tipologias: o "esclarecedor" (em inglês, *clarifier*), que gosta de problemas bem colocados, bem analisados, prende-se aos detalhes, intensifica a pesquisa de informações antes de começar (negativamente, às vezes demoradas demais!); o "gerador de ideias" (*ideator*), que adora produzir ideias em abundância, propor conceitos gerais e visões globais, tem um pensamento flexível, ágil (no sentido negativo, pula com frequência de uma ideia para outra); o "desenvolvedor" (*developer*), que gosta de analisar as ideias úteis, avaliar seus pontos fortes e fracos e dar acabamento a ideias vagas (o lado negativo: às vezes é muito crítico, perfeccionista); o "realizador" (*implementer*), que gosta principalmente de agir, de transformar as ideias em projetos operacionais (no sentido negativo, passa para a implementação logo na primeira ideia).

Gérard Puccio estudou as combinações desses quatro perfis básicos (por exemplo: pessoas que são extremamente esclarecedoras e desenvolvedoras, ou muito geradoras de ideias e muito realizadoras etc.) e, então, esboçou 11 tipologias complexas: o iniciador, o analista, o acelerador, o teórico, o condutor, o arrematador, a lebre, o lançador de ideias, o realista, o otimista e o camaleão. Segundo nosso colega, o mediador americano Tim Svitalsky, o sistema *Foursight* é prático, fácil de usar, e permite melhores resultados, pois ajuda a compor os grupos de maneira mais eficaz.

---

30. Ver <http://www.foursightonline.com>. Acesso em 20 fev. 2011.

É apenas uma possibilidade, sobretudo em grupos de longa duração, como no caso de uma célula de criatividade permanente (ver p. 218). Porém, na maioria dos casos, o que interessa na hora de fazer um grupo de criatividade funcionar bem é selecionar pessoas motivadas.

Um indivíduo teoricamente muito criativo não produz nada em um contexto que o deixa pouco à vontade ou pouco motivado. Em compensação, um indivíduo *a priori* menos capacitado para uma busca de ideias, mas muito motivado, inserido numa situação em que sua energia pode crescer, tem grande produção. O objetivo da seleção é encontrar os indivíduos mais motivados a criar. Na prática, para selecionar os participantes, comece organizando uma reunião de exposição do projeto. Os objetivos da operação de criatividade devem ser claramente especificados; o funcionamento do grupo, os princípios, as reuniões e o estilo devem ser descritos com precisão. De preferência, transforme a reunião numa "sessão de desmotivação". O objetivo é encontrar pessoas motivadas, entusiasmadas, apaixonadas pela ideia de ter ideias, o que leva à eliminação das que são atraídas apenas por experiências novas. Parta da amostra mais ampla possível. É bom estender o campo de seleção. Se você deseja criar um grupo de criatividade num hospital, informe não apenas os médicos, mas os enfermeiros, as recepcionistas, os estagiários... Se for a uma universidade, informe os professores e os alunos, mas não se esqueça do pessoal de apoio. Se for a uma empresa, informe os diferentes setores: fábrica, escritório, pesquisa, laboratório, representantes e colaboradores de agências de propaganda. O resultado dessa reunião é que várias pessoas se candidatarão. Faça entrevistas com cada uma delas para conhecê-las melhor e avaliar sua motivação.

Uma vez que os candidatos se apresentaram, você deve compor o grupo, e é pensando na coerência global que você fará a seleção (como em qualquer time de futebol, há o centroavante, o goleiro etc.). Você deve saber qual será o formato e sentir se determinada pessoa se encaixa, sem julgá-la pessoalmente. A não seleção nunca deve ser vista como um julgamento desfavorável a respeito do potencial criativo de uma pessoa, porque ela pode muito bem ser adequada a outro grupo.

Condições materiais

Seminário de treinamento

Tamanho do grupo. Um bom grupo em treinamento tem oito pessoas, no máximo dez. Na verdade, as pessoas não estão ali para se inteirar de um conteúdo, como numa aula com trinta pessoas ou mais, mas para participar de um processo de mudança e poder se envolver pessoalmente com a situação. Não são curiosos ou ouvintes que assistem a um treinamento de criatividade: eles estão ali para viver uma experiência. Estão no meio de um processo em grupo, vão estabelecer relações positivas ou negativas com cada participante, tentar se comunicar de maneira profunda com linguagens particulares e terão de aprender essas linguagens. A experiência mostra que às vezes as dificuldades estão ligadas ao tamanho do grupo: acima de dez pessoas, é melhor pisar no acelerador e fazer a mediação em dupla (por exemplo, para dezoito ou vinte pessoas, dois mediadores, com sequências comuns e sequências em grupos menores).

Duração. Pelos mesmos motivos, o treinamento precisa de uma duração mínima: dois dias, se possível três, o que é ideal. Em um seminário de três dias, o segundo dia é sempre o mais produtivo. No primeiro, os participantes estão com a cabeça lá fora, conversam sobre as viagens que fizeram e ainda estão vestidos com as roupas "da cidade", como se quisessem conservar a casca. No terceiro dia, todo mundo já está meio de partida: os quartos precisam ser liberados ao meio dia, alguém pergunta o horário dos ônibus etc. Em compensação, o segundo dia, espremido entre duas noites, é quando todos estão realmente presentes. A propósito da noção de tempo devemos observar que, durante o treinamento, é aconselhável abstrair o máximo possível suas delimitações. Em geral pedimos aos participantes que guardem os relógios e tentamos "romper" com o tempo: por que não almoçamos às 11h, se estamos com fome, ou às 16h, se ainda não terminamos? Por que não aproveitamos o sol durante o dia e trabalhamos até meia-noite? Tentamos descobrir os ritmos biológicos, os ritmos naturais percebidos em grupo e respeitados segundo o humor do momento. Livramo-nos desse esquema consciente do tempo, dessa divisão do dia em faixas que habitua as pessoas a olhar o relógio mecanicamente, como um tique nervoso.

Local. É bom que o grupo de criatividade em fase de treinamento se isole, se proteja e se refugie num lugar sossegado, se possível distante do ambiente habitual. Entramos numa zona de entendimento, num ponto de encontro. Hotéis para seminários nos arredores das grandes cidades oferecem um canto confortável, mas ainda não é o local ideal. Na verdade, o que procuramos não é o máximo de conforto ou uma louça impecável. É o isolamento e a liberdade. Isolamento da sala de reuniões, que permite expressões sonoras até tarde da noite, se quisermos, e isolamento do restaurante, que permite fazer as refeições com mais intimidade. Se você não puder organizar um seminário num hotel, recomendamos que faça o treinamento num local afastado do ambiente usual, num canto tranquilo, numa sala suficientemente ampla para permitir a expressão corporal e gráfica.

Grupo de produção de ideias

Local. Vamos supor que sua empresa montou uma equipe para uma busca de ideias. É interessante que a reunião de criatividade seja fora da empresa ou em um local isolado, em que os participantes possam se afastar do universo habitual e não sejam interrompidos por chamadas telefônicas. Informe-se sobre hotéis nas redondezas da empresa que alugam salas de reunião ou, na pior das hipóteses, procure um local diferente, incomum (refeitório, depósito vazio etc.[31]).

Imagine que no dia do jogo de futebol o time adversário apareça ao lado dos jogadores do seu clube com uniforme de tênis: short branco (ou saia branca) e raquete debaixo do braço! Você vai dizer: "Queridos amigos, vocês praticam esportes muito legais, mas terão de praticá-los em momentos e campos diferentes". Acontece mais ou menos a mesma coisa com a criatividade. Quando estiver mediando um seminário de criatividade, peça sempre dois campos, isto é, duas salas. De um lado, a sala da razão, com mesa, cadeira, papel, caneta, água e lugar reservado para o cliente expor o problema. Ali os participantes, já acostumados com as regras, tomam notas e fazem perguntas inteligentes com o intuito de reformular a demanda. De outro, a sala da criatividade, onde é óbvio que o cliente (o solicitante, o especialista, o cara da decisão) nunca vai pôr os pés e a decoração será muito diferente – não por acaso, mas porque é fundamental marcar simbolicamente a mudança de regras.

Se lhe derem uma sala clássica de reuniões, com mesa e cadeiras, tire a mesa. Não consigo imaginar uma reunião de criatividade em volta de uma mesa. A mesa é uma grande inimiga, pois sugere imediatamente uma atitude de escuta (aluno), reflexão (anotação) e ordem (cada um em seu lugar etc.). Instale os participantes em poltronas e espalhe almofadas pela sala para que, pouco a pouco, muito naturalmente, eles se sentem em roda no chão, com as pernas cruzadas, como crianças criativas.

---

31. A Chantiers de l'Atlantique, um dos maiores estaleiros do mundo, faz reuniões de criatividade num prédio vazio, no próprio estaleiro.

Qual técnica para qual clima?	
Clima do grupo	**Técnica**
Em grupo, em volta de uma mesa (recorremos à inteligência, ao raciocínio).	Pensamento lateral, método Triz.
Em grupo, sentados em poltronas confortáveis (criamos um clima descontraído, quebramos o gelo).	• *brainstorming*; • sinéctica; • certas técnicas de desvio (alteração, encontros forçados).
Em grupo, sentados no chão, deitados em redes (dinâmica da emoção, clima de coesão).	Certas técnicas de desvio: • técnicas gráficas; • técnicas projetivas; • técnicas oníricas.
Sozinho (em casa, no escritório, na bancada); organizamos a coleta das ideias individuais; entramos no clima e nos deixamos levar.	Coleta de ideias (produção individual).

Capítulo 2

Os métodos racionais

Na estratégia 1, apresentamos os procedimentos que fazem um desvio claro pelo irracional. Na estratégia 2, que começa aqui, apresentamos passo a passo os métodos que permitem se afastar da lógica, mas com mais cautela. Não diferem muito dos anteriores: de um jeito ou de outro, ambos promovem "um desvio". Mas, neste caso, eles vão por outro caminho. Não passam sistematicamente pelo imaginário, pelo irracional. Por isso não precisam recorrer à dinâmica do grupo treinado. Entre esses métodos, citamos:

- o procedimento do pensamento lateral, que exclui a lógica e inclui o acaso;
- o método Triz, um procedimento de desvio analógico, amplificado pelo computador, que em etapas decisivas precisa ser complementado com uma dose de criatividade.

Qualquer que seja o caminho a seguir, todos esses métodos são excelentes. Basta fazê-los conviver, sem bairrismos, adaptando-os à diversidade dos problemas e das personalidades.

1. O pensamento lateral – família técnica 4

É essencialmente o método de Edward De Bono (2004) – *ver gráfico na página seguinte*.

Em resumo, divergência focada: apela para a "provocação" do acaso.

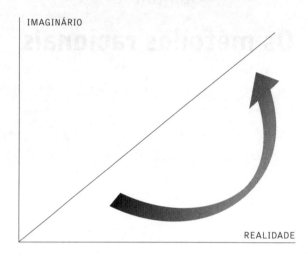

Pensamento lateral: desvio controlado

Apresentação

O "pensamento lateral" de Edward De Bono é um método de produção de ideias que emprega processos conscientes. No entanto, por pensamento "lateral", ele entende uma forma de pensamento "não sequencial, linear, lógica".

Ao contrário do *brainstorming* (que abre um espaço limitado para a loucura por meio da produção aleatória) e dos métodos de desvio (que apelam temporariamente para as estruturas inconscientes), esse método utiliza processos de deslocamento conscientes que se obtêm simplesmente por meio de provocações aleatórias. Não implicam envolvimento, são utilizados em situações restritas e controlados por códigos.

De Bono (2004) é especialista em ciências do conhecimento e do funcionamento do cérebro e trabalhou durante muito tempo com a Fundação para as Ciências Cognitivas[32]. Seu objetivo é ensinar as pessoas a "pensar": "É tomar consciência do que acontece dentro de nós quando pensamos. As ferramentas são as bússolas de nosso percurso".

O pensamento criativo, para De Bono (2004), sinônimo de pensamento lateral, "é uma forma particular de tratamento da informação [...] Nesse sentido, merecia o mesmo espaço que damos para os outros modos de tratamento da

---

32. "Temos treze anos de experiência com o método Cort (*Cognitive Research Center*)" (De Bono, 1991).

IDEIAS

informação, tal como a matemática, a análise lógica, as simulações em computador". Em princípio, todos concordam com isso, mas, para o lógico, a referência à análise lógica tem um significado diferente. Segundo ele, os métodos de pensamento criativo devem ser utilizados com "rigor e método". São "verdadeiras ferramentas de reflexão cujo uso exige disciplina e concentração" (*ibidem*).

Por isso, ele se opõe veementemente aos métodos que apelam para a inspiração, o subconsciente, a livre associação, o clima do grupo e a intuição.

> Se tudo acontece no nível da intuição, toda ação é inútil e não temos como avaliar o andamento das coisas. É desnecessário dizer que não concordo com essa abdicação [...] Muitos especialistas comparam a criatividade à inspiração. Livre-se de suas inibições e você se tornará criativo! Use seu cérebro direito e você será criativo! Confie em sua intuição e sua criatividade crescerá! Mergulhe num estado alterado, caia num estado de euforia criativa que o jogo está no papo! Com isso o discurso vira mera apologia aos estados mentais alterados! Obtemos o mesmo resultado com um procedimento confiável e rigoroso, baseado em técnicas pensadas. (De Bono, 2004)

Esse tipo de crítica, frequente nos livros de De Bono, mostra que ele desconhece (ou finge desconhecer) a alternância das fases de convergência e cruzamento que utilizamos nos mecanismos de desvio pelo irracional, mas também indicam um apego feroz aos procedimentos controlados pela razão.

Em certos aspectos, porém, nossa análise é idêntica. Como mencionei anteriormente (ver p. 38), ele considera que o processo criativo é transitar de uma *gestalt* a outra, isto é, de um arranjo de informações impresso nos neurônios, gerando uma forma estável, para outro, que mal se formou, frágil como um passarinho recém-saído do ovo, chamado ideia. Como passamos de um para o outro? Esse é o principal objetivo dos métodos de criatividade. Mas se, de nossa parte, aceitamos passear provisoriamente pelo irracional, De Bono se recusa, fugindo do que chama de "estados mentais alterados".

O único meio preconizado por ele para romper com as formas antigas é o uso metódico do acaso, numa técnica que ele chama de "provocação". Esse acaso consiste, por exemplo, em sortear uma palavra de um dicionário e, em seguida, confrontá-la com um dos termos do problema (ver p. 69). A provocação é um recurso ao absurdo, uma permissão para dizer coisas inverossímeis. Mas esse recurso é tão chocante para De Bono que só é permitido se precedido da palavra *po*. Por exemplo, se alguém quiser dizer: "Os carros deveriam ter rodas quadradas", ele deve dizer: "*Po!* Os carros deveriam ter rodas quadradas". Enquanto nos procedimentos criativos já apresentados as pessoas são convidadas a manifestar o imaginário livremente, descrevendo coisas inverossímeis durante a fase de distanciamento, De Bono (2004) alerta para a escapada da lógica com uma advertência oral. Graças a ela, "temos permissão para nos deixar levar brevemente por uma loucura controlada, ainda que seja por 30 segundos".

O método dos seis chapéus

Do mesmo modo, o método dos seis chapéus (De Bono, 2005), que fez sua fama (ver quadro a seguir), é uma codificação sistemática das diferentes atitudes de um grupo de criatividade. Enquanto na fase de distanciamento convidamos os membros do grupo a produzir ideias utilizando a dinâmica da emoção, De Bono antecede a manifestação de uma ideia emocional pela advertência oral "chapéu vermelho" ("Vou manifestar uma emoção"). Enquanto estimulamos a emissão espontânea de ideias, ele diz, nessas mesmas circunstâncias, "chapéu verde" ("Atenção, vou propor uma ideia") ou "chapéu amarelo" ("Vou transformar sua crítica em uma constatação positiva").

Os seis chapéus

O método dos chapéus fez a fama de Edward De Bono. Aliás, foi assunto de um seus livros, traduzido em várias línguas. Podemos dizer que se tornou uma marca registrada e uma ferramenta de marketing muito eficiente. É de fácil memorização, simples de compreender e muito didático. Consiste em codificar com cores as diferentes atitudes e expressões que podem ser observadas durante uma sessão de criatividade: verde para distanciamento; vermelho para emoção; branco para solicitação de informação; amarelo para atitude positiva etc.

Ele pode ser utilizado como base em uma conferência ou curso para explicar o procedimento criativo, mas também tem valor didático no que diz respeito ao comportamento em grupo ou no dia a dia. Numa reunião de grupo, por exemplo, cada participante pode ser convidado a usar um dos seis chapéus (virtuais, é claro) ou recorrer aos chapéus durante o processo: "Se me dão licença, vou pegar um minutinho o chapéu preto", "Prefiro pegar o chapéu amarelo" etc.

Segundo De Bono (2005), "depois de ser estimulado a utilizar sucessivamente os diferentes chapéus, o participante tem uma sensação de liberdade, porque não se limita mais a uma posição e pode livremente representar outro papel". Todos têm o direito de ser negativos quando pegam o chapéu preto, mas podem exprimir livremente uma ideia divergente quando pegam o verde. "E se

>

passássemos para o chapéu amarelo?", "Posso pegar meu chapéu vermelho?" O mediador pode utilizar os chapéus para orientar os debates em diferentes direções. "Quando um grupo quer explorar rapidamente um assunto, pode passar por todos os chapéus sistematicamente, detendo-se cerca de quatro minutos em cada um."

"Quanto mais praticamos o método dos chapéus, mais diluídas ficam as relações sociais. Com o tempo, o método dos chapéus se torna parte integrante da cultura da empresa e as pessoas recorrem a ele automaticamente."

A descrição dos chapéus é a seguinte:

1. Chapéu branco: informação.

Quando o mediador convida os participantes a usar o chapéu branco, está pedindo que deixem de lado as ideias e se concentrem na informação: esclarecer as informações disponíveis, reunir as necessárias, buscar meios de obtê-las.

2. Chapéu vermelho: intuição e sentimentos.

O chapéu vermelho permite a manifestação de emoções, sentimentos e intuições. "Tenho certeza de que... Não gosto... Minha intuição me diz... Isso me dá vontade de pular de alegria!"

3. Chapéu preto: cautela e crítica construtiva.

Corresponde ao julgamento crítico, evita possíveis erros, revela o que é proibido, ilegal. "Objetivamente, não temos capacidade para..." Cuidado para não usá-lo demais.

4. Chapéu amarelo: pensamento positivo, lógica.

Otimismo, visão positiva, construtiva. Entender o lado bom das coisas, transformar positivamente as críticas e procurar os benefícios de uma ideia.

5. Chapéu verde: esforço criativo, pensamento criativo.

Novidade, soluções alternativas que favorecem a provocação, o movimento e a sugestão: "que tal procurar mais ideias?"

6. Chapéu azul: controle do processo criativo.

Organiza e controla o processo de busca de ideias, estabelece a pauta, o planejamento, garante o cumprimento dos prazos e exige um resumo, uma síntese. "Acho que deveríamos voltar à formulação inicial."

Para escapar com cautela dos caminhos da lógica, De Bono emprega uma série de técnicas criativas às quais dá nomes específicos, mas que, no fundo, não são muito diferentes das que já vimos. Por exemplo, o que ele chama de "escapada, pedra de vau, inversão", corresponde a nossos ângulos de ataque;

"estratal" é nosso mapa mental; "filamento" é a árvore de ideias; "desafio" é o método do porquê; "movimento" é o cruzamento etc.

Qual é a diferença então? É que cada um segue um itinerário diferente para chegar ao mesmo destino. Enquanto nas técnicas de desvio pelo imaginário nós rompemos temporariamente com a lógica – nós nos afastamos e retomamos –, De Bono não se distancia, mas avança passo a passo. Ele não abandona o controle consciente, permanece em volta da mesa da razão. Suas escapadas parecem jogos lógicos restringidos por regras de jogo. Essa é, ao mesmo tempo, a força e o defeito de seu método.

Talvez esse lado "comedido" do método explique seu sucesso. De um lado, ele pode ser utilizado individualmente, fora do contexto do grupo; ao mesmo tempo que insiste nesse ponto, De Bono critica com veemência o princípio da criatividade em grupo (ver quadro abaixo). De outro, ele pode ser utilizado em um contexto profissional clássico, num escritório, numa reunião, num comitê diretor, sem necessidade de encenar o ritual da criatividade, sem precisar "tirar a gravata". Pode ser ensinado a um público amplo, em escolas ou universidades, enquanto as outras técnicas são mais apropriadas para grupos menores.

O fato de não mobilizar a emoção, de não apelar para as reservas do "cérebro límbico" ou do subconsciente, é simultaneamente uma desvantagem para a produtividade criativa e uma vantagem considerável para a utilização em empresas, pois garante uma ampla difusão da criatividade.

Em resumo, apesar de ser uma técnica de interesse inegável e de grande sucesso (De Bono publicou dezenas de livros em várias línguas), ela é prejudicada pelo estilo da apresentação, que às vezes parece meio arrogante, como se fosse o único método válido.

A superioridade da criatividade individual sobre os grupos, segundo De Bono

De Bono declara-se firmemente a favor da criatividade individual – à qual seu método é o mais adequado, ao que tudo indica – e critica energicamente a criatividade em grupo, em particular os grupos de *brainstorming*. O caráter caricato de seus julgamentos nos leva a acreditar que De Bono nunca viu um grupo de criatividade organizado fora de sua escola. O treinamento para mediador que oferecemos na Europa resolve logo na primeira aula os defeitos que ele aponta.

>

Pontos fortes da criatividade individual:

Afirmo que os indivíduos que trabalham sozinhos produzem um corpus de ideias mais amplo e mais rico do que quando são integrados num grupo [...] O indivíduo que trabalha na solidão tem a oportunidade de explorar diferentes caminhos. Não precisa escutar nem falar. Nada impede que aprofunde uma ideia extravagante à primeira vista. Esse processo é impossível no contexto de um grupo[33] [...] A experiência me ensinou que o indivíduo é mais capaz de inovar, literalmente falando, e de abrir perspectivas radicalmente novas do que o grupo.

Crítica à criatividade em grupo:

Num grupo, um fala e os outros escutam. Aquele que se manifesta se sente obrigado a repetir ou explicitar sua ideia, porque tem a impressão de que o grupo não captou a essência. Os participantes tendem com frequência a dizer as palavras certas para provocar riso nos outros. O grupo segue apenas uma direção por vez [...] A reunião de grupo, quando utilizada sozinha, apresenta o inconveniente de induzir passividade: alguns participantes nunca emitem a menor sugestão. Contentam-se em criticar ou denegrir abertamente as ideias dos outros. Enquanto o trabalho individual exige um esforço de criatividade e uma obrigação de resultados em termos de produção de ideias, numa reunião de grupo os indivíduos tendem a achar que têm talento natural para a criatividade e acreditam que basta esperar a manifestação da inspiração.

Crítica às sessões de *brainstorming*:

Chegamos agora aos enormes estragos causados pela moda das sessões de *brainstorming*. Elas são uma tentativa louvável de criar um ambiente amistoso que permita aos participantes fazer sugestões sem medo de que sejam rejeitadas. A intenção era admirável, e os princípios subjacentes, salutares. Infelizmente essa vontade deliberada obstruiu o desenvolvimento da aptidão para o pensamento criativo estruturado. Os defensores dessa técnica que pretende suscitar a criatividade por um procedimento voluntário estimam que os processos (pouco convincentes) do *brainstorming* são suficientes. A concepção de que a fermentação de propostas múltiplas gera forçosamente

>

---

33. Em oposição a essa afirmação, ver o método individual com apoio.

uma inspiração genial é válida no mundo da publicidade (onde o *brainstorming* nasceu), mas torna-se absurda assim que a novidade deixa de constituir em si um valor suficiente. [...] Às vezes o processo de *brainstorming* dá a impressão de que a criatividade intencional se resume a disparar rajadas de ideias malucas na esperança de que uma delas atinja o alvo [...] Essa abordagem da criatividade, que conta apenas com a sorte, não tem mais sentido que sentar milhares de macacos diante de uma máquina de escrever e esperar que um deles crie uma peça de Shakespeare. [...] É difícil condenar o *brainstorming* porque ele tem utilidade e às vezes produz resultados; porém, por experiência própria, afirmo que é ultrapassado e pouco eficaz. Podemos conseguir muito mais aplicando métodos sistemáticos e dirigidos [...] Por que não substituir o conceito de *brainstorming* pelo de *brainsailing*, que lembra um processo de navegação controlado, pelo qual, como um velejador, podemos mudar de rumo em vez de entrar numa tempestade?

O procedimento utilizado na busca de "pensamento lateral"

a) A reunião começa com um debate. Alguém sugere recorrer a uma técnica de pensamento lateral (as técnicas podem ser individuais).

b) Cada participante aplica individualmente a técnica escolhida. A duração varia em geral de dois a quatro minutos.

c) Caso seja necessário, a elaboração pode ser feita com outros membros do grupo. O grupo determina diversas alternativas ao redor de um ponto fixo.

d) Cada participante, individualmente, fica encarregado de procurar alternativas. Depois da reflexão individual, cada participante expõe o resultado de seu trabalho em três minutos.

e) Os procedimentos coletivos são retomados para desenvolver as ideias.

O método sanduíche:

a) A primeira fase é a apresentação do objetivo.

b) Cada participante trabalha sozinho durante uma semana.

c) Depois desse período, o grupo se reúne para ouvir as propostas; cada participante tem dez minutos. Inicia-se um debate.

>

d) Os participantes retomam a reflexão individual para aprofundar as propostas.

e) Eles têm uma semana para apresentar os relatórios.

f) É proposta uma reunião final para selecionar as ideias.

2. A teoria Triz – família técnica 5[34]

Triz: inspiração em inventores para resolver contradições

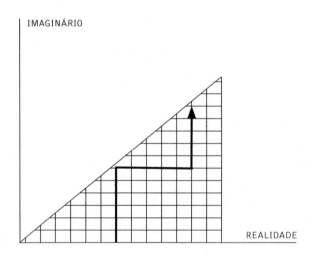

Em resumo, resolver as contradições técnicas graças aos princípios de invenção.

O princípio

A teoria Triz apoia-se na análise dos mecanismos mentais da invenção e o resultado é uma metodologia original, particularmente bem adaptada à invenção tecnológica. É utilizada por um grande número de empresas dentre as maiores

---

34. Esta parte do capítulo foi escrita com a colaboração de Ghislain Grévy e Philippe Gavriloff, respectivamente presidente e tesoureiro da Associação Triz France (http://www.trizfrance.com).

do mundo[35], que muitas vezes resolveram problemas técnicos e requereram patentes graças a esse método. Isso comprova sua eficácia operacional.

Esse método foi elaborado por Genrich Altshuller, jovem segundo-tenente da marinha soviética que, em 1948, escreveu a Stalin comunicando-lhe um pensamento completamente louco para aquele contexto: "a invenção poderia ser estimulada e qualquer engenheiro poderia facilmente resolver problemas de maneira criativa com um procedimento sistemático"[36].

Depois de alguns anos de *gulag*, muito bem aproveitados para aperfeiçoar a teoria, Altshuller batizou-a de *Teoria Rechénia Izobretatelskih Zadátchi* (Triz), que significa "teoria de solução inventiva de problemas". Ele a apresentou em 1956, numa revista científica. Em 1971, depois de muita burocracia, conseguiu criar um Instituto Triz, em Baku, no Azerbaijão. Em 1989, criou a Associação Triz, representada atualmente por uma associação mundial, na maioria dos países do mundo. Na França, o método Triz é divulgado pela Triz France, criada em 1999, e na Europa pela rede Etria[37].

O ponto de partida de Altshuller é original: em vez de estudar os mecanismos do cérebro inventivo e a psicologia da criatividade, como fizeram Poincaré, Koestler, Guildford e outros, ele postula que é preferível examinar os resultados concretos dessa criatividade, ou seja, as patentes de invenção, que supõem uma ideia original e aplicável. Em vez de se dedicar à parte interna da cabeça e explorar os mecanismos psicológicos, vasculhe a produção inventiva, cujo rastro palpável é a patente, e veja que "segredos de fabricação" ela revela!

Foi assim que, depois de examinar 200 mil patentes de invenção e se concentrar em 40 mil a fim de tentar detectar os mecanismos utilizados pelo inventor, Altshuller observou que 95% das invenções registradas em patentes tinham pontos em comum, características comuns. O exame dessas características, complementado por uma análise profunda da literatura científica, conduziu o autor à sua grande descoberta e aos teoremas fundamentais da Triz:

1. Assim como há leis de evolução biológica das espécies que determinam a evolução dos seres vivos, existem leis de evolução dos sistemas técnicos, que tendem a evoluir para um "sistema ideal", de acordo com um processo de evolução descrito em oito leis principais.

---

35. Por exemplo, Boeing, Ford, Kodak, Nasa, Procter & Gamble, Honda, HP etc.

36. Essas informações foram emprestadas do livro de Avraam Seredinski. Engenheiro de origem russa, residente na França, Seredinski é um dos especialistas mundiais em Triz. Professor e consultor, publicou um livro muito didático sobre o Triz, que recomendo: *Principes d'innovation Triz*, editado por ele mesmo. Endereço eletrônico: avraam.seredinski@tiscali.fr.

37. Ver: <http://www.etria.com>.

IDEIAS

2. Os inventores de patentes têm uma maneira similar de raciocinar. Apesar da aparente diversidade das invenções, os caminhos que conduzem à descoberta são poucos: há apenas 40 "princípios de invenção". A função da Triz é guiar quem busca ideias novas para um desses caminhos, utilizando um dos princípios.

3. Encontrar uma solução nova para um problema técnico é consequência de um processo lógico, independentemente do campo em que está inserido. Na verdade, os "princípios de invenção" não são específicos, mas transversais e, portanto, podem ser transferidos de uma área técnica para outra.

A ideia básica é:
- há um "mecanismo inventivo (um "truque") por trás da invenção;
- o número de mecanismos é limitado;
- já que podem ser transferidos de um campo (por exemplo, a mecânica) para outro (por exemplo, a eletricidade), basta descobrir o mecanismo certo e aplicá-lo ao problema.

Daí o procedimento inventivo da Triz: no caso de um problema técnico, revisamos os mecanismos que já provaram seu valor em outros casos, selecionamos o mecanismo apropriado e vemos a que solução ele nos leva.

Para isso, o método Triz utiliza uma atitude mental totalmente diferente dos outros procedimentos de produção de ideias: não o "imaginário", a "loucura", a "suspensão de julgamento", o "pensamento lateral" ou a "dinâmica emocional", mas a análise intelectual "mecânica" com base nos "princípios de invenção". Eventualmente esse procedimento pode ser aperfeiçoado e acelerado com um tratamento computacional.

Sob certos aspectos, porém, Triz não é um método que difere muito das iniciativas descritas aqui. Na verdade, é um método analógico. Com ele, ao aplicar um procedimento específico, deslocamos o problema do mesmo modo que fazemos num procedimento analógico clássico; porém, em vez de explorar outro campo analógico em sua realidade descritiva, buscamos em geral princípios de resolução com base em um conjunto preestabelecido.

Triz é também um mecanismo de desvio, com divergência e convergência, muito parecido estruturalmente com aquele que evocamos anteriormente. A principal diferença é que, neste caso, a divergência é hiper-racional e não ocorre no campo do imaginário, mas no dos conceitos. Assim como no procedimento criativo, acontece a) um "distanciamento" da realidade do problema; b) um "scanning" criativo; c) e um "cruzamento" do conceito no campo das realidades pragmáticas.

Implementação

A implementação do método Triz é relativamente complexa: exige treinamento e auxílio de consultores especializados. Faremos aqui apenas um breve resumo de sua aplicação.

A Triz supõe um roteiro preciso, com regras diferentes para cada etapa.

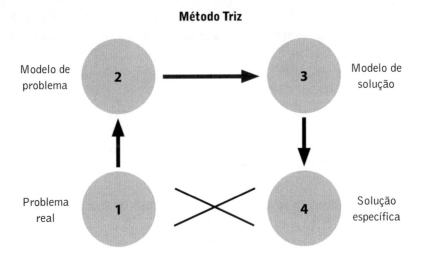

Partimos da análise do problema. Suponhamos que devemos inventar um produto que elimine o tártaro sem afetar o esmalte dos dentes. É pouco provável que encontremos soluções realmente inovadoras no mesmo campo do problema, que é de domínio do especialista. Assim, vamos tentar nos "extrair" do campo técnico em que o problema está inserido.

Para isso, vamos transformar o problema específico em problema geral, simplificando-o, abstraindo-o, tirando tudo que for específico e particular para transformá-lo em algo o mais comum possível. Por exemplo, no caso do tártaro, mudamos a formulação para: "Como retirar a camada superficial de uma superfície sem danificar a superfície que dá suporte a ela?"

Entramos no ponto central da Triz: nós nos inspiramos em invenções com o objetivo de resolver um problema similar. Aí está a genialidade do método: em vez de fazer analogias como num grupo de criatividade clássico ("E se a gente pesquisasse como se reforma uma fachada de prédio... ou como os marinheiros não deixam a craca se incrustar... ou como funcionam esses produtos que impedem o depósito de calcário nas máquinas de lavar roupa" etc.) ou consultar toneladas de registros de patentes, temos acesso direto a modelos de

IDEIAS

soluções repertoriados e catalogados. Descobrimos que, para o problema "retirar a camada superficial sem danificar a superfície que dá suporte a ela", existem n protótipos de soluções, como: "utilizar um onda (por exemplo, ultrassom)", "dissolver com um produto químico" etc.

Atenção: quando passamos de um problema específico para um problema global, a resposta obtida também é global, um "modelo de solução", e não uma solução realista. O trabalho mais difícil é o que vem pela frente: reavaliar os conceitos gerais de solução e trabalhar para transformá-los em solução técnica realista, adaptada ao problema específico, com todos os seus limites específicos, evitando os efeitos colaterais, considerando os custos, a facilidade de realização etc.

Modo de usar a matriz de resolução das contradições técnicas

Parâmetro que se complica Parâmetro que deve ser melhorado	Peso de um objeto móvel	Peso de um objeto imóvel	Comprimento de um objeto móvel	Comprimento de um objeto imóvel	Superfície de um objeto móvel	Etc.
Peso de um objeto móvel			15, 8, 29, 34		29, 17, 38, 34	
Peso de um objeto imóvel				10, 1, 29, 35		
Comprimento de um objeto móvel	8, 15, 29, 34					
Comprimento de um objeto imóvel		38, 28, 40, 29				
Etc.						
Estabilidade mecânica		40, 26, 27, 1				

Anotamos nas abscissas e nas ordenadas os 39 parâmetros[38]. Buscamos, se possível, uma contradição entre o parâmetro que se complica e o que deve ser melhorado. Na interseção dos dois eixos, encontramos um dos 40 princípios de solução. Utilizamos esses princípios para buscar um conceito de solução.

---

38. Uma lista de 39 parâmetros, como peso, comprimento, volume, velocidade, temperatura etc., que permite descrever os problemas. Para informações, consultar o livro de Avraam Seredinsky (ver nota 36 na p. 161) ou o site da Triz France (http://www.trizfrance.com).

Essa busca é simplificada, amplificada e acelerada por mecanismos de busca que, graças a milhares de soluções já implementadas em numerosos campos, nos permitem interpretar as soluções genéricas.

A viagem começa, em geral, com uma contradição objetiva que constatamos e definimos como "o problema". Por exemplo: "Preciso inventar uma viga que suporte mais peso, mas, por razões de resistência da estrutura, ela não pode ser mais pesada". Elevamos a contradição a um nível conceitual: "Como melhorar a resistência sem aumentar o peso?" Anotamos nas abscissas e nas ordenadas da matriz das contradições um dos 39 parâmetros repertoriados pela Triz para nos ajudar a colocar o problema. De um lado, o parâmetro que deve ser melhorado: *resistência*; de outro, o que se complica: *massa*. Como podemos observar na matriz a seguir, a Triz sugere protótipos de soluções na interseção da linha com a coluna. Nesse caso, os protótipos de solução 40, 26, 27, 1 (esses são, na realidade, os princípios de invenção apresentados no item 2, p. 161). Avaliamos cada um dos protótipos (por exemplo: "utilizar materiais compósitos", "segmentar") e, de acordo com esse "modelo" de solução, procuramos uma proposta concreta.

No caso da viga, o parâmetro que devemos diminuir é o peso; e o que desejamos manter ou melhorar é a estabilidade mecânica. Na interseção dos dois, encontramos princípios de solução (40, 26, 27, 1).

Utilização do computador

Graças ao computador, que permite consultas intensivas a bancos de dados de patentes e de documentos científicos, o método Triz teve novos desdobramentos. Da associação da Triz com a informática nasceram diferentes "produtos", como a Invention Machine[39], a Creax[40] e a Ideation[41].

A Invention Machine propõe uma série de ferramentas que facilita a aplicação de certos princípios do método Triz. Com a ajuda de uma interface de solicitação, um engenheiro de uma área específica pode verificar todas as patentes de todas as áreas técnicas que respondem aos critérios da física. Ele pode refinar a pesquisa com o auxílio de filtros semânticos aplicados a certos termos. O *software* da Invention Machine procura facilitar todas as etapas do

---

39. Ver: <http://inventionmachine.com>. Acesso em: 10 fev. 2011.

40. Ver: <http://www.creax.com>. Acesso em: 10 fev. 2011.

41. Ver: <http://www.ideationtriz.com>. Acesso em: 10 fev. 2011.

procedimento Triz: ajuda a transformar a formulação específica em expressão conceitual abstrata; acelera a consulta de milhares de patentes registradas nos últimos 30 anos e de 30 mil sites selecionados, adequados à pesquisa; permite guardar informações e arquivos da empresa em questão. Os bancos de dados da Invention Machine são reunidos numa série de ofertas específicas:

- Modelização funcional, com toda uma gama de soluções funcionais (inclusive soluções não convencionais), apresentadas na forma de contradição.
- Um repertório de princípios inventivos, com a relação dos princípios criativos elaborados com base na análise de milhares de patentes e sugestões para resolver a contradição elaborada anteriormente.
- Um repertório de princípios evolutivos da invenção. A observação das patentes mostra que a evolução das tecnologias não é resultado do acaso, mas obedece a esquemas de evolução semelhantes às leis biológicas. Os esquemas detectados na literatura científica propõem trajetórias de invenção que podem ser interessantes.
- Um banco de dados dos efeitos científicos. A análise das invenções mostra que muitas vezes estas derivam, analogicamente, de uma solução encontrada em outra área. O *software* oferece um banco de 8.500 fenômenos técnicos em todas as áreas, classificados para facilitar a consulta. Informamos a contradição funcional e o *software* propõe modelos de soluções de outras áreas. "Consegui consultar 128 soluções em uma hora", afirma Julian Blosiu, da Nasa.
- Um *software* de análise semântica, que permite analisar a estrutura da linguagem natural e relacioná-la com as chaves semânticas da base de dados.

Qual é a relação do método de invenção Triz com os métodos de criatividade? Existem dois pontos de transição no percurso da Triz em que essa metodologia racional de invenção pode ser associada de maneira vantajosa às técnicas de criatividade, em especial às que fazem um desvio pelo irracional.

1. Entre as etapas 1 e 2 do percurso, isto é, no momento em que passamos de um problema imerso num ambiente factual, preso a um contexto, para um nível mais abstrato e geral.
   Encontramos aqui um procedimento que utilizamos às vezes nos grupos de busca de ideias, batizado pelos anglo-saxões de *ladder of abstraction*, e que consiste em subir do mais concreto para o mais abstrato, como os degraus de uma escada. Dito assim, mais parece uma esperança que uma técnica. De fato, para conceituar um problema, para chegar a sua essência, temos de nos desbloquear psicologicamente

para reformulá-lo de maneira mais livre, principalmente quando o conhecemos bem, e mais ainda quando somos especialistas. É aí que o treinamento prévio da equipe Triz nas técnicas de criatividade, na divergência e nas técnicas de distanciamento parece ser bastante útil.

2. Mas é principalmente entre as etapas 3 e 4 que os procedimentos de criatividade citados neste livro cumprem sua função. Podemos dizer até que esse aporte é indispensável. Na verdade, passamos de um "princípio de solução" – cuja formulação é frequentemente abstrata – para uma gama de soluções concretas, aplicáveis a uma realidade específica. Entramos em cheio no território da criatividade, tal como praticada nos grupos. Aliás, a maioria dos praticantes do método Triz diz que, nessa etapa, eles "brainstormam". O objetivo aqui não é apenas "brainstormar" (é conhecida nossa prevenção contra o emprego abusivo desse termo). Se a intenção é acelerar a resolução pelo Triz, temos de mobilizar a energia de um grupo de criatividade com um bom domínio das técnicas de criatividade.

Os procedimentos do método Triz e dos grupos de criatividade não são rivais cujos praticantes se medem com os olhos, como acontece normalmente. São dois procedimentos que devem ser estreitamente combinados para "criar" um processo global de invenção.

A dialética da contradição no centro da teoria Triz

A teoria Triz foi idealizada para resolver uma contradição precisa e identificada que, de certo modo, constitui um problema aparentemente insolúvel. Rigorosamente falando, esse problema é um paradoxo: "como erguer uma massa pesada no ar sem que ela caia", "como ver à noite sem visibilidade". Depois da formulação da contradição, surge uma espécie de energia dialética.

Observamos quatro tipos de contradição.

1. **Contradições organizacionais:** essa classe reúne os casos em que a origem do problema é indeterminada. Ferramentas de resolução: uma maneira correta de reformular o problema permite subir para a abstração e buscar a quintessência da contradição.

2. **Contradições técnicas:** o aperfeiçoamento de uma função piora outra igualmente necessária (por exemplo, um contêiner mais seguro se torna

>

mais pesado). Ferramenta de resolução: os 39 parâmetros permitem descrever essas contradições numa matriz de duas entradas. Em seguida, os princípios todos indicam ao usuário os caminhos da solução.

3. **Contradições físicas:** um componente do sistema deve ter propriedades antagônicas (por exemplo, ser quente e frio ao mesmo tempo). Ferramentas de resolução: os 11 efeitos Triz (por exemplo, princípios de separação no tempo ou no espaço, mudança de escala ou de condição etc.).

4. **Interações entre as diferentes contradições.** Ferramenta de resolução: as vepoles[42]. Quando há várias contradições, é difícil saber qual resolver primeiro. Representando-as graficamente pela chamada "vepole", podemos ver melhor as interações entre as contradições, o que nos permite escolher um canal de solução entre os 76 padrões de solução.

As regras básicas da Triz

O procedimento Triz se apoia em quatro regras básicas.

1. **Sem acordo.** O caráter aparentemente insolúvel de numerosos problemas resulta de uma contradição interna: quando melhoramos um dos parâmetros do sistema, pioramos outro. Na maioria das vezes, as propostas são um ajuste entre esses dois termos. A Triz afirma, ao contrário: "Não há acordo". Seja radical, melhore os dois parâmetros ao mesmo tempo!

2. **Visar o ideal.** A Triz nos impele a definir qual seria o sistema ideal (um sistema que não tivesse peso, nem volume, nem custo, por exemplo) e estabelecer esse ideal como objetivo. Esse tipo de raciocínio nos poupa do procedimento que consiste em apenas melhorar as soluções existentes.

3. **Partir das funções.** A Triz procura evidenciar as funções essenciais que tentamos satisfazer. O objetivo final é fazer o sistema cumprir corretamente sua função principal, eliminando as funções nocivas (isso permite trazer à tona as contradições internas). Analisar as funções básicas também é uma forma de abstrair da área técnica em que o problema se

>

---

42. Neologismo criado por Genrich Altshuller baseado nas palavras "substância" e "campo". É traduzido algumas vezes por análise substância-campo. [N. T.]

> coloca e descobrir conceitos de soluções provenientes de outras áreas. O fato de a análise funcional ser familiar aos engenheiros e muito difundida nas empresas tecnológicas explica o sucesso do método Triz entre elas.
>
> 4. Economizar os recursos. Ao procurar um sistema ideal, a Triz nos impele a ser o mais econômicos possível e simplificar o sistema existente, ou pelo menos não complicá-lo. Portanto, na medida do possível, as soluções devem ser obtidas com ajuda dos recursos estabelecidos, "com os meios à mão" (talvez um resquício das origens russas do método).

Lista dos quarenta princípios[43]

1. Segmentação (dividir em partes independentes; tornar o objeto desmontável; aumentar o grau de segmentação do objeto)	11. Prevenção
2. Extração (separar do objeto uma parte perturbadora ou extrair uma parte necessária)	12. Equipotencialidade
3. Qualidade local (transformar a estrutura homogênea do objeto em heterogênea; cumprir funções diferentes com partes diferentes do objeto; pôr cada uma das partes sob condições que correspondam ao papel que ele deve desempenhar)	13. Ação ao inverso
4. Assimetria (substituir a forma do objeto por uma forma assimétrica; se o objeto for assimétrico, aumentar o grau de assimetria)	14. Esfericidade
5. Agrupamento (agrupar objetos homogêneos destinados a operações contíguas; juntar no tempo as operações homogêneas ou contíguas)	15. Dinamismo
6. Universalidade	16. Ação parcial ou excessiva
7. Boneca russa	17. Transição para outra dimensão
8. Contrapeso	18. Vibrações mecânicas
9. Contra-ação prévia	19. Ação periódica
10. Antecipação da ação	20. Continuidade da ação útil

---

43. Indicamos aqui os quarenta princípios que servem para resolver as contradições técnicas. A título de informação, detalhamos apenas os cinco primeiros. Para mais informações, consulte a associação Triz France (http://www.trizfrance.com).

IDEIAS

21. Ação *flash*	31. Materiais porosos
22. Transformar um problema em oportunidade	32. Mudança de cor
23. Retroação	33. Homogeneidade
24. Intermediário	34. Descarte e regeneração das partes
25. *Self-service*	35. Mudança dos parâmetros físicos e químicos do objeto
26. Cópia	36. Transição de fase
27. O barato e efêmero em vez da durabilidade cara	37. Dilatação térmica
28. Substituição do sistema mecânico	38. Oxidantes fortes
29. Tecnologias pneumáticas e hidráulicas	39. Meio inerte
30. Membranas flexíveis e às vezes delgadas	40. Materiais que servem a diversas utilidades

3. A coleta das ideias[44]

Coleta de ideias: compilação organizada de todas as sugestões espontâneas

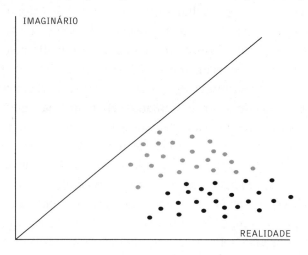

Em resumo, estimular a expressão das ideias individuais e organizar sua gestão.

---

44. Esta parte do capítulo foi redigida com base em um estudo escrito por Rémi Saint-Péron, um dos maiores especialistas franceses no campo da inovação participativa. Com seu consentimento, extraí de seu estudo as informações essenciais que constituem a trama desta seção. Convido os leitores que queiram saber mais sobre o assunto a entrar em contato com ele: rsaintperon@partema.com.

O princípio

O sistema criativo de coleta de estímulo e de ideias individuais – que batizei de "coleta de ideias" por me parecer mais descritivo – é chamado com frequência na França de "inovação participativa". A meu ver, essa designação se presta à confusão: todas as técnicas de criatividade em grupo e todos os procedimentos coletivos de inovação são "inovação participativa".

A coleta de ideias é um conjunto de procedimentos que uma empresa organiza para coletar as ideias individuais, de modo espontâneo ou em resposta a uma "campanha de ideias", para estimular essa produção de maneira metódica. Historicamente, é um sistema que remonta tanto ao *kaizen* japonês e aos círculos de qualidade quanto à velha caixinha de sugestões instalada na entrada das fábricas[45]. Hoje, ele se apoia na intranet. Um grande número de empresas dispõe de sistemas desse tipo. Acreditamos que nos próximos anos eles estarão em todas as empresas, grandes ou pequenas, visto que o processo é óbvio (por que desperdiçar as ideias espontâneas, que surgem da prática diária da profissão?), democrático (todo mundo pode participar, do presidente executivo ao operário) e particularmente econômico (é só batucar no teclado do computador para lançar uma ideia capaz de resultar numa patente). Na maioria dos casos, as empresas não se contentam em coletar as ideias: elas se preocupam em implantar um dispositivo global de gestão das ideias, possibilitado pelo recurso à intranet, que permite o gerenciamento rápido das propostas. Algumas empresas transformam esse sistema numa ferramenta de gestão participativa e subordinam a rede à gerência de recursos humanos. Há também as que criam um departamento especial, encarregado de coordenar e dinamizar a produção de ideias. Às vezes são simples sugestões de melhoria. Outras, são verdadeiras inovações que rompem com as antigas ideias. Os sistemas de coleta de ideias muitas vezes levam a patentes de invenção. Em geral as empresas criam um sistema de avaliação permanente: número de ideias por pessoa ao ano, número de ideias copiadas, número de participantes entre os funcionários, porcentagem de ideias aplicadas, total da economia obtida, número de produtos criados, diminuição dos casos de mau funcionamento em razão das sugestões etc. As ideias propostas são um excelente indicador da participação nos objetivos da empresa. As ideias dos funcionários são uma dimensão fundamental da empresa e refletem a qualidade de sua administração. Esses procedimentos nascem de empresas que têm a inovação como valor essencial. A "inovação

---

45. Ver "Breve história das técnicas de criatividade", no fim deste livro.

participativa" surge como o canal pelo qual cada colaborador, seja qual for sua função, é convidado a manifestar sua adesão. É a efetivação dos dois princípios-chave da criatividade: "todos somos criativos" e "é na quantidade de ideias que encontramos a qualidade". É por isso que a participação dentro da empresa é a mais ampla possível. Um dos desafios é facilitar o acesso de todos (inclusive do diretor) ao sistema.

Implementação

1. **Organização do sistema.** Distinguimos duas grandes categorias de dispositivos de gestão de ideias:

- Os sistemas *centralizados*, em que cada ideia é tratada por um departamento especializado, que as registra e encaminha aos especialistas para avaliação e informa o autor do prosseguimento dado à proposta;
- Os *descentralizados*, em que o gerente local (por exemplo, os gerentes de hotel da Accor) tem um papel fundamental. É para ele que as ideias são encaminhadas. Ele organiza a avaliação, ou avalia sozinho as ideias, e ainda facilita a aplicação local das ideias por seus autores. A maioria dos sistemas atuais faz parte dessa categoria.
- Os participantes podem fazer sugestões apenas sobre sua área de competência ou sobre qualquer setor da empresa. Uma abertura ampla a todas as áreas permite que a empresa traga à tona ideias originais, fora do quadro habitual de reflexão dos especialistas.
- A produção de ideias pode ser espontânea e permanente ou derivada de ações de estímulo, como competições, desafios, concursos e "campanhas" lançados por um diretor.
- Os critérios de avaliação e seleção das ideias são cruciais para o funcionamento do sistema: devem ser claros e precisos. Para os participantes, são a garantia da confiança no procedimento. Para a empresa, determinam a qualidade das ideias a ser aplicadas; para o sistema, condicionam a quantidade das ideias e a fluidez do processo de tratamento.
- Um parâmetro importante é a recompensa. A recompensa tangível (pontos, presentes, quantia em dinheiro etc.) pelas ideias aplicadas pode ser sistemática ou não. Essa recompensa, obrigatoriamente contingente, é incorporada ao próprio processo de tratamento da ideia. O inovador sabe antecipadamente que a receberá assim que a ideia for aceita. A implantação de recompensas sistemáticas pelas ideias aceitas varia segundo a cultura e os valores da empresa.

2. **Coordenação do sistema.** Os processos de coleta de ideias são mediados por uma célula de coordenação. A subordinação dessa estrutura é determinante. Se for subordinada à gerência de recursos humanos, a lógica natural dos objetivos será a criação de um clima participativo. Se for subordinada ao controle de qualidade, ela se preocupará mais com a resolução de problemas. A maneira de apresentar os objetivos determina a eficácia do procedimento. Um objetivo do tipo "dez ideias por pessoa ao ano" indica claramente o que cada um deve fazer. Muitas empresas se limitam a quantificar os benefícios de algumas boas ideias para mostrar o interesse econômico do procedimento.

3. **Circuito das ideias.**
- Produção da ideia. Nessa etapa o objetivo é facilitar a produção de ideias, soltar o freio e encorajar as contribuições espontâneas. É importante informar as regras de funcionamento de maneira clara para estabelecer um clima de confiança. Quando tem uma ideia, a pessoa precisa saber que pode expô-la sem riscos, tanto em relação a seus superiores quanto ao ambiente profissional. E a produção de ideias deve valorizar e ser valorizada dentro da empresa. Quando as regras do jogo não são claras, observamos em certas empresas uma autocensura ou, ao contrário, sistemas entupidos de iniciativas sem qualquer dimensão criativa.
- Formalização da ideia. Aqui, disponibiliza-se uma ferramenta (ficha ou pasta, papel ou meio eletrônico) que facilite a formulação das ideias. Essa ferramenta sempre apresenta pelo menos dois elementos: um título (nome da ideia) e uma descrição baseada na lógica problema/solução. As modalidades e as limitações da aplicação da ideia já podem ser solicitadas nessa etapa. Em geral, há uma lista de benefícios que a empresa espera obter com as ideias, às vezes colocam até quantificação dos ganhos previstos.
- Registro da ideia. É nessa etapa que um responsável valida a ideia. Funciona como um filtro de aceitabilidade para conhecer a proposta em termos de integridade da informação e do que a ideia traz de novidade (ainda não é aqui que a empresa se pronuncia sobre a pertinência da ideia; isso depende da avaliação). A ideia, então, recebe um número de registro. Alguns sistemas garantem anonimato aos autores. Em todo caso, o autor recebe um tipo de protocolo. A ideia é então indexada por: tema, profissão/função, problema ou palavra-chave. Essa classificação é um fator crucial para o sucesso da comunicação das ideias e para garantir que estejam acessíveis às pessoas que tenham interesse em retomá-las.

IDEIAS

- A avaliação da ideia. A avaliação é realizada pelo gerente ou especialista a quem a ideia foi encaminhada. Leva-se em conta sua utilidade e exequibilidade. Pode-se solicitar ao autor informações complementares. Em certos casos, podem ser investidos recursos para o estudo aprofundado da ideia. Após a análise, o autor é informado se foi aprovada (com as modalidades de aplicação apontadas pelo especialista) ou não (com uma explicação clara das razões).
- Aplicação da ideia. Na maioria dos sistemas, o autor é chamado para aplicar a ideia. Quando a aplicação necessita de competências diferentes das dele, é importante garantir que ele participe estreitamente da execução. Em todo caso, a decisão de aplicar uma ideia pressupõe conceder um tempo ao autor e até lhe fornecer meios materiais (computadores, oficinas, laboratórios etc.). A maioria dos sistemas tem orçamento destinado a financiar a implantação das ideias. A aplicação das ideias é a primeira demonstração de reconhecimento: é a garantia da credibilidade do sistema.
- Valorização da ideia. Para valorizar a ideia, a empresa faz um balanço dos benefícios qualitativos e quantitativos trazidos por sua aplicação. Esse balanço é feito pelo próprio autor, sob o controle de seus superiores, pelo mediador ou por especialistas. A análise dos balanços, executada em geral por um júri, leva à seleção das ideias mais interessantes, que ganham destaque nos canais de comunicação da empresa. Assim, essas ideias podem ser retomadas por outras pessoas ou mesmo propagadas como *prática correta*. A valorização da ideia é parte da valorização do autor; é a segunda demonstração de reconhecimento.
- Difusão da ideia. Essa última etapa consiste em difundir a aplicação da ideia o mais amplamente possível na empresa. Muitas das ideias acessíveis em bases de dados tendem a ser retomadas. A difusão tem dois aspectos: a imitação (forma de difusão espontânea) e a generalização (forma estimulada ou imposta). É bastante frequente que a retomada espontânea de uma ideia resulte numa adaptação de maior ou menor extensão da ideia original, o que nos remete à prática dos grupos de criatividade de gerar ideias com base em ideias alheias. Embora a aglutinação de ideias seja o recurso mais vantajoso da inovação participativa no que diz respeito a retorno, é o menos explorado até hoje.

4. **A mediação do sistema.** Enquanto as velhas caixinhas de sugestões se contentam com a simples administração das ideias, a inovação participativa exige um verdadeiro gerenciamento. Os sistemas sem mediação estão fadados ao fracasso. A mediação deve estar presente em cada etapa

do processo. Podemos distinguir três grandes estratégias de mediação, não excludentes entre si (a otimização passa pela articulação desses três tipos de abordagem):

- Mediação de correspondentes em rede. Essa rede atua simultaneamente entre os inovadores, implantando ferramentas e técnicas de criatividade para estimular a produção de ideias entre os gerentes locais, acompanhando a mediação criativa das equipes, e entre os especialistas e os avaliadores, para otimizar os processos de gestão. Ela organiza a promoção e a difusão das ideias mais interessantes.

- Mediação por gerenciamento local. O gerente estimula a equipe a propor ideias e ajuda a aplicá-las, valoriza o autor da ideia e incita a busca e a imitação de ideias que tenham relação com os problemas encontrados. Esse tipo de mediação exige que o gerente adote uma atitude de escuta ativa da equipe: deve aceitar o fato de que ele não tem todas as respostas. Esse último ponto é a principal dificuldade para o uso generalizado desse tipo de mediação.

- Mediação por evento. Os "fóruns de inovação", os "desafios", as "plataformas de intercâmbio" e os "troféus" são eventos que permitem mediar a geração e a difusão das ideias. Quando articulados, possibilitam a inclusão da gestão de ideias num círculo estruturado cujas principais balizas são eles próprios.

5. **Comunicação do sistema.**
Estrutura-se em torno de quatro grandes funções:

- Dar identidade ao procedimento. A comunicação institucionaliza a inovação participativa dentro da empresa. A escolha do nome, do logotipo e do visual permite uma identificação tangível do recurso. A comunicação explica com clareza e transparência o funcionamento do sistema, informa as contribuições da inovação participativa para o bom desempenho da empresa e permite a construção e a fixação de uma imagem forte do processo.

- Manter o procedimento sempre presente. A comunicação deve incorporar o processo ao dia a dia das equipes. Por meio de ações de promoção pontuais e regulares e de anúncio permanente dos resultados e das contribuições, a comunicação cria um contexto propício à criatividade e incentiva as pessoas a participar. Brindes promocionais (canetas, bloco de notas, apoio para mouse, proteção de tela etc.) lembram a missão principal do procedimento e inserem-se naturalmente no ambiente de trabalho.

- Facilitar a participação. A difusão de ferramentas e suportes, individuais ou coletivos, que apresentem as técnicas e os truques da criatividade oferece a cada um ajuda concreta e imediata para produzir ideias.
- Valorizar os indivíduos e as ideias. A promoção efetiva das ideias e a difusão ampla do depoimento de seus autores e dos gerentes que favoreceram a criatividade, por seu valor como exemplo, são um estímulo à participação.

As intranets de ideias

A intranet criou uma nova dinâmica de inovação participativa nas empresas. É o núcleo do procedimento, desde as simples bases de ideias até os portais de mediação, passando pelas ferramentas de gestão. Elas facilitam o acesso às ideias, automatizam a circulação das propostas e a gestão dos prazos, põem autores e imitadores em contato, animam a rede de correspondentes, espalham as mensagens mais importantes, favorecem a participação de todos, encarnam o sistema e dão a ele uma imagem moderna.

Estoque de ideias: um banco de dados criativos

Como função principal de qualquer intranet, ela satisfaz as necessidades de registro e armazenamento de ideias. Permite gerir a propriedade e a precedência das ideias apresentadas, mas, acima de tudo, oferece acesso fácil a elas em tempo real.

As ideias devem estar disponíveis para ser exploradas da maneira mais ampla e fácil possível: por tema, profissão, ramo estratégico, processo, produto etc. O desafio está na qualidade da redação das propostas e no modo como são indexadas. Não é raro que a necessidade da busca seja ditada mais pela semelhança do problema do que pela adequação das soluções encontradas anteriormente. Assim, as bases de ideias não são apenas um instrumento de difusão, mas verdadeiras alavancas de desenvolvimento criativo dentro da empresa. A recepção automática de propostas que correspondem a focos de interesses pessoais previamente declarados (por *push mail*) permite a exploração permanente desse estoque de criatividade que são as bases de ideias.

Sistema de gestão das ideias

É o instrumento de produtividade usado para o tratamento das ideias. Nesse caso, são sistemas do tipo *workflow*, que permitem automatizar a circulação das ideias por meio da geração de estatutos, direitos e, principalmente, prazos. Pelos dispositivos inteligentes de avisos e alertas, esses sistemas otimizam não apenas os prazos, mas também a qualidade do tratamento das ideias. Por sua capacidade de atualizar regularmente as avaliações dos resultados, sem dúvida constituem um instrumento privilegiado de coordenação do sistema. Do ponto de vista do inovador, esses sistemas respondem a uma forte expectativa, pois oferecem uma perfeita rastreabilidade de suas ideias, com acesso em tempo real. Em certos casos, também podem disponibilizar ferramentas de ajuda tanto para o inovador formular suas ideias como para o especialista tomar decisões, pois facilitam a avaliação.

Portal de inovação

Uma das principais vantagens dos portais é o riquíssimo arsenal de ferramentas interativas que eles podem oferecer aos usuários do sistema: fóruns de discussão, ferramentas de treinamento *on-line*, exercícios de criatividade etc.

Certos sistemas também cumprem uma função de *incentivo*, apresentando aos inovadores os prêmios de acordo com o número de pontos obtidos ao registrar suas ideias. É também o local em que se estabelecem mais facilmente relações com outras fontes de inovação dentro da empresa, e uma ferramenta de comunicação poderosa num contexto de desafio de ideias.

O mercado de *softwares* de gerenciamento de ideias ainda está engatinhando. Em geral, as empresas preferem desenvolver as próprias soluções para manter esse controle. No entanto, alguns editores já propõem soluções "chave na mão". A Ideavalue (www.ideavalue.com) e a HumanPerf (www.humanperf.com), na França, a JPB (www.jpb.com/jenni) e a Imaginatik (www.imaginatik.com), nos Estados Unidos, desenvolveram ferramentas específicas que se integram às intranets e permitem o gerenciamento do circuito completo das ideias.

Como implantar um sistema de "inovação participativa" na empresa?

O princípio de coleta de ideias parece simples: "Vamos colher as ideias dos funcionários". Mas a experiência mostra que, se quisermos que o sistema funcione, ele deve ser bem organizado. A velha experiência da caixa de sugestões, em que poucas ideias eram abandonadas num canto, nada tem que ver com as redes atuais. Implantar simplesmente uma ferramenta intranet é insuficiente. Se não quisermos uma "intranet adormecida", temos de imprimir vida nela. É por isso que todas as empresas que adotaram o sistema funcional criaram uma estrutura que garante o revezamento, a mediação, a comunicação, o lançamento de desafios etc.

No início, elas normalmente recorrem a consultores especializados, como Rémi Saint-Péron, cuja experiência eu aproveito aqui. Ele elaborou certo número de fichas que funcionam como manual prático de implementação do sistema de gerenciamento criativo. Reproduzo aqui apenas o título e o resumo das fichas. Elas podem ser obtidas por encomenda[46].

Ficha 1. Treinamento de mediadores de inovação participativa

Domínio do processo, componentes da mediação, utilização das ferramentas (ações de estímulo à produção e à imitação das ideias), valorização dos diferentes atores (autores de ideias, especialistas, gerentes) e ações de comunicação. Coordenação da atividade: definição dos indicadores e avaliação dos resultados. Apresentação dos objetivos que o responsável pelo procedimento deve atingir.

Ficha 2. Mediação de inovação participativa *in loco*

Incentivo ao procedimento: reuniões informativas, pontos de informação e campanhas. Valorização do procedimento: informar as ideias registradas.

Ficha 3. Desafios de inovação

Um gerente toma a iniciativa de lançar um desafio: informação, mobilização, prazo, prêmio. Organização de uma fase de criatividade.

Ficha 4. Desafios de ideias

Definição do tema. Elaboração do regulamento, quem pode participar, duração, critérios de seleção, dispositivo de recompensa. Comunicação, tratamento de ideias. Dispositivo de seleção das melhores ideias. Cerimônia de premiação, valorização do balanço.

Ficha 5. Troféu de inovação

Formação de um júri para seleção das ideias, mobilização da rede, critérios de avaliação.

>

---

46. Inovação participativa e gerenciamento de ideias: rsaintperon@partema.com.

> Organização da cerimônia, entrega dos prêmios. Participação de um dirigente da empresa, ou mesmo do presidente, e comunicação sobre prêmios.
>
> **Ficha 6. Fórum de inovação participativa**
> Esse tipo de manifestação repete o modelo e o ambiente dos salões: variedade de estandes, profusão e diversidade de ideias, oficinas criativas acerca de determinada problemática. O tipo de público-alvo deve ser o mais amplo possível, compreendendo um número expressivo de visitantes. O objetivo da visita ao fórum é transmitir a sensação de efervescência criativa.

Exemplos

ACCOR

O objetivo do procedimento, batizado de Innov@ccor, é duplo: promover a iniciativa de todos os colaboradores e facilitar a difusão das boas práticas, isto é, ideias aplicáveis em várias unidades. Pelo dispositivo Innov@ccor, qualquer colaborador pode propor uma ideia, em papel ou diretamente na intranet reservada ao sistema. A proposta é avaliada pelo responsável, que recompensa o autor no caso de a ideia ser aceita. Do contrário, o responsável explica o motivo da recusa e certifica-se de que o colaborador compreendeu corretamente as razões.

Em paralelo ao registro espontâneo de ideias, o sistema de inovação participativa recorre amplamente às ideias estimuladas por "desafios", que permitem a cada gerente orientar a imaginação dos colaboradores para suas prioridades estratégicas.

Um portal de inovação participativa associado à intranet do grupo inclui uma base acessível de dados de acordo com palavras-chave, um sistema de gestão de ideias com avisos e alertas automáticos dos diferentes atores, bem como funções de mediação e comunicação.

Até o momento, mais de 30 mil colaboradores podem utilizar o Innov@ccor em 5 continentes; 16 mil ideias foram registradas e 5,5 mil foram aplicadas. Com mais de 35% de aceitação, a taxa de ideias aplicadas é satisfatória. Entre elas, 165 boas práticas foram identificadas e difundidas.

SNCF

Há vários anos a SNCF se beneficia de um sistema batizado de Inovação-Progresso Contínuo (IPC), que coleta ideias dos cerca de 180 mil funcionários da empresa. Esse procedimento tem quatro objetivos principais: melhoria permanente (para reduzir custos, produzir mais rápido, avançar em qualidade), inovação para romper com ideias antigas (partindo de desafios que apelam para ideias de funcionários), desenvolvimento do capital humano e impacto sobre o ambiente social.

Com um processo fortemente estruturado e dirigido, o procedimento envolve uma série de atores: os gerentes, que devem estimular a produção de ideias em suas equipes, valorizar e recompensar os funcionários inovadores; os mediadores IPC das sucursais, que sustentam a mediação; os comitês IPC, que reúnem os representantes das diferentes sucursais e encontram-se regularmente para discutir as ideias importantes; uma rede nacional de mediadores, que intervém nas diretorias nacionais e regionais para auxiliar a implementação do procedimento; uma rede de especialistas, que pode ser solicitada nas sucursais, nas direções regionais e nacionais para opinar sobre as propostas e orientar as decisões.

Enfim, uma intranet nacional de ideias, acessível a todos, liga o sistema. Integra duas funções principais: uma base que permite buscar ideias registradas, aplicadas ou em estudo, e um sistema de gestão para todos que intervêm no tratamento dessas ideias. Resultados recentes: 8.478 ideias criadas em 2004; 41% de aceitações e uma economia de mais de 7 milhões de euros em 2004.

Société Générale Asset Management

A empresa tem quase 2 mil colaboradores, espalhados entre Europa, Estados Unidos e Ásia. O procedimento, batizado de "Inovação em todos os estágios", é centralizado, comandado por um comitê de direção. Uma rede de 12 "inovadores", com treinamento em técnicas de criatividade, é encarregada de mediar o procedimento em cada região. Na prática, seu papel é estimular as ideias e ajudar os funcionários a formalizar suas propostas. Para isso foi criada uma ficha de ideias no Innovanet, um *site* intranet. A ideia, depois de validada pelo responsável do sistema, é apresentada ao comitê de direção, que decide sua aplicação. Uma recompensa simbólica é dada ao autor e a informação é divulgada. Por fim, se a inovação for importante, pode ser selecionada para participar do troféu de inovação do grupo.

British Telecom (BT)

Ideas BT tornou-se um mecanismo central, cuja função é aplicar na empresa as ideias de que ela necessita. O procedimento nasceu em 1995. Uma das primeiras decisões importantes foi integrar indicadores financeiros ao procedimento, como o rendimento ou o custo do tratamento das ideias. Cada um que tem sua ideia aceita recebe uma recompensa equivalente a 10% da economia obtida ou da renda suplementar proporcionada, com um teto de 30 mil libras esterlinas. A implantação de uma intranet dedicada ao gerenciamento das ideias propiciou a melhora significativa dos prazos de tratamento das ideias. A intranet garante a circulação rápida das propostas até os avaliadores.

A análise das palavras-chave das ideias permite divulgar automaticamente (*push mail*) a todos os funcionários que tenham algo que ver com a ideia. Para evitar repetições e saturação do sistema com falsas boas ideias, os autores são estimulados a consultar a base de dados (mais de 10 mil ideias estudadas), em que podem selecionar por palavra-chave ideias relacionadas à sua proposta. A rapidez da circulação dos dados na intranet também permite lançar de maneira bastante reativa desafios de ideias pontuais em prazos muito curtos.

Os resultados desse novo sistema implantado na BT são muito animadores, já que quase cem milhões de libras esterlinas são ganhos a cada ano, graças às ideias dos funcionários.

Hutchinson

A intranet de ideias serve de ligação entre os 24 mil funcionários das 98 fábricas instaladas em 18 países. É redigida em 7 línguas e facilita a transferência de inovações entre as localidades. Foram definidos dois tipos de bônus: um para os inovadores (os que propõem uma ideia) e outro para os "duplicadores" (ou imitadores), isto é, os que utilizam uma ideia já experimentada em outro lugar e descoberta graças à intranet de ideias.

RATP

Existe um dispositivo bastante avançado de assistência à geração de ideias, com uma "ajuda à formalização das ideias". Dos 10 mil funcionários da manutenção, mil propuseram uma ideia; cerca de 100 foram implementadas ou levaram a um registro de patente.

Muitas empresas francesas, pequenas, médias ou grandes, adotaram procedimentos de coleta de ideias: Aéroports de Paris, Air France, Air Liquide, Alstom Marine, Anpe, April, BNP Paribas, Bouygues Telecom, Citroën, Clément, Dexia, Sofaxis, Eads, EDF, Essilor, France Telecom, Hennessy, La Poste, Michelin, Noos, Norsys, Peugeot, Ratp, Renault, Sodhexo, Solvay, Thomson, Toyota, Urgo etc.[47]

---

47. Para conhecer outros casos e ter mais detalhes sobre essas experiências, consultar rsaintperon@partema.com.

História dos sistemas de coleta de ideias

O princípio que consiste em colher as ideias das pessoas é tão antigo quanto o mundo. Em 1721, o japonês Tokugawa mandou instalar uma caixinha na entrada de seu castelo com os seguintes dizeres: "Compartilhe suas ideias; as que forem aceitas receberão uma recompensa". Em 1750, o duque de Veneza mandou abrir uma fenda no palácio por onde os cidadãos pudessem expor suas ideias. Em 1872, Alfred Krupp escreveu o regulamento do primeiro sistema de sugestões, detalhando todas as fases do processo, e em 1890 a Kodak implantou um sistema de recompensa para ideias interessantes. Uma associação nacional de sistemas de sugestão foi criada em 1942, em Chicago. As aplicações desse princípio se desenvolveram progressivamente em todos os países, mas não provocaram uma revolução efetiva no gerenciamento.

Foi em 1973, durante a primeira crise do petróleo, que o procedimento teve um impulso decisivo: os japoneses, com a faca no pescoço, buscavam formas de economizar energia, material e custos. Envolveram toda a hierarquia das empresas, do presidente ao operário, em uma revolução total de sugestões e ideias. Esse impulso superou todas as expectativas: 220 ideias por pessoa ao ano na Nissan!

Nesses processos de mobilização, distinguimos diversos conceitos afins.

Os círculos de qualidade, que surgiram na França em 1970, visam fazer os funcionários participar da resolução dos problemas. Baseiam-se na mediação de grupos de trabalho e envolvem problemas de certa importância. É um gerenciamento participativo.

Os sistemas de sugestão são herança do *kaizen* japonês. A palavra *kaizen* significa "progresso contínuo". É um procedimento "de pequenos progressos no dia a dia". Tende a promover a manifestação espontânea do pessoal operacional, baseada na observação em campo.

Se o *kaizen* é semelhante à inovação por pequenas melhorias, a inovação participativa pode romper com o passado. Nesse caso, é enfatizada a capacidade de inovar realmente, isto é, manifestar uma criatividade capaz de encontrar soluções inesperadas. Ela lembra que ideias extremamente inovadoras podem vir de funcionários de todos os níveis. Essa criatividade complementar deve ser incentivada: é o que fazem certas empresas japonesas, como a Toyota e a Honda, que têm orçamento próprio para construir protótipos de acordo com as ideias produzidas em campo.

Atualmente, na maioria dos países, existem associações que coordenam os esforços na coleta de sugestões. Na França, onde se usa a expressão "inovação participativa", o tema é defendido pela associação Innov'acteurs (www.innovacteurs. asso.fr).

Parte 2

GERENCIAR IDEIAS

Capítulo 3

Avaliação das ideias

O procedimento criativo tem como regra suspender o julgamento e adiar a avaliação para permitir um distanciamento imaginário mais acentuado, a fim de não matar no ovo a ideia frágil nascida na fase de cruzamento. Porém, em algum momento temos de avaliar, pôr os pés no chão e, por fim, escolher a solução que vai se tornar operacional.

Quem já fez um pouco de pintura conhece bem esse momento particular em que decidimos que "acabou, parei aqui". Há momentos em que andamos em círculos, em volta de formas e cores, e poderíamos continuar assim durante horas, e no entanto tomamos a decisão de parar. Esse ato de julgamento que encerra a criatividade é, em si, um ato de criação.

O caminho que vai do imaginário à solução eleita é como um lento trabalho de lapidação, em que o mineral bruto, de sua ganga de terra, sofre uma série de transformações, triturações e deformações, descritas a seguir.

O cruzamento, que apresentamos anteriormente (ver p. 51), é uma fase de criação e não deve ser confundida com a fase de avaliação. É a fase de criação por excelência, em que organizamos um encontro dialético entre um ponto de partida imaginário (sonho, analogia, desenho abstrato, ideia informal etc.) e a formulação do problema, que foi pendurada na parede e gravada no cérebro. Desse encontro nascem ideias novas e realizáveis ou, pelo menos, essa é a ambição do grupo.

Partimos, portanto, deste nível: um estoque de ideias (conceitos, esquemas, propostas) que se amontoam no chão e cobrem as paredes. A partir daí, devemos proceder à avaliação, que envolve as seguintes etapas:

- seleção das ideias apresentáveis, feita pelo grupo de criatividade;
- avaliação das soluções adequadas, procedida pelos representantes do grupo e um "cliente mediador";

- julgamento e escolha final da solução operacional, realizados pelo cliente, para partir para a ação.

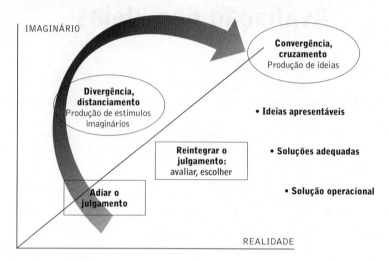

1. A seleção pelo grupo

Objetivo

Responder à demanda do cliente apresentando o resultado do trabalho do grupo; valorizar a produção do grupo sem desperdiçar ideias e indicações férteis e nem apresentar ideias que não condizem com o assunto ou que não tenham cruzamento suficiente. Responder ao contrato apresentando ideias: a) novas e b) aparentemente realizáveis (em função do nível de informação do grupo).

Participantes e contexto

No fim da sessão de criatividade, que dura o tempo necessário, e previsto desde o início, o grupo seleciona as ideias que deseja apresentar ao cliente.

O clima no grupo às vezes se torna triste, resignado, ou até angustiado, quando chega o momento de selecionar certas ideias e desprezar outras igualmente apreciadas. A seleção também é uma fase criativa. O objetivo é menos classificar as ideias em função de uma escolha binária do que cogitá-las para uma série de casos em que serão valorizadas de maneira específica, em um momento ou outro. Além do mais, a seleção é altamente pedagógica para o grupo.

Método

Em geral distinguimos fases de escolhas subjetivas e objetivas. Os procedimentos subjetivos consistem em pedir que cada participante destaque "as ideias de que mais gosta", as que julga "esteticamente" bonitas, aquelas em que investiria seu dinheiro tamanha fé que deposita nelas, aquelas pelas quais caiu de amores (um *hit*, como dizem os americanos) etc.

Alguns mediadores organizam uma "votação ponderada": distribuem aos participantes um capital de pontos que deve ser repartido entre as ideias que forem consideradas mais importantes ou para que efetuem uma classificação em função da prioridade do tratamento (Ramecourt e Pons, 2001).

Podemos classificar as ideias por seu grau de "acabamento", distinguindo:

- ideias "apresentáveis do jeito que estão" (são compreensíveis e correspondem ao objetivo);
- ideias que devem ser enviadas ao "maquiador" (para reescrevê-las ou torná-las mais apresentáveis);
- ideias que devem ser enviadas ao "alfaiate" (precisam de estofo, reforço e rigor);
- ideias que devem ser enviadas ao "cirurgião plástico" (precisam ser reconsideradas, retrabalhadas, transformadas);
- ideias que devem voltar ao "geneticista" (há genes de ideias na proposta, mas ela precisa ser repensada);
- por fim, ideias que guardamos na "geladeira" (não são adequadas àquela busca, mas podem servir em outra).

Com exceção das ideias apresentáveis do jeito que estão, as outras voltam para uma busca complementar. Procuramos seus pontos positivos e também os negativos, para que possam ser transformados em aspecto positivo. É como se tivéssemos de completar o postulado: "Para funcionar, temos de..."

Os procedimentos objetivos consistem em classificar as ideias de acordo com uma série de critérios definidos no momento da formulação. Assim podemos estabelecer uma grade de avaliação para cada ideia.

Na verdade, o que buscamos agora é estabelecer uma forma de apresentação das ideias. A verdadeira avaliação objetiva é feita nas fases 2 e 3. Como notou Osborn (1988), "a triagem definitiva não deve ser entregue à equipe criativa, mas a um grupo composto de pessoas com mais competência para avaliar, que tenham um espírito crítico seguro e mais objetivo".

Vantagens e riscos

Efetuar essa avaliação com o grupo de criatividade permite conservar até o fim a energia criativa investida na busca, e transferir o impulso e o entusiasmo associados a certas ideias. Mas há o risco de selecionarmos ideias demais, inclusive aquelas que não foram suficientemente cruzadas, ainda muito distantes da formulação, ou, ao contrário, de nos reprimirmos demais e perdermos ideias.

2. A avaliação com um cliente mediador

Objetivo

Uma vez selecionadas as ideias, promover uma nova seleção, reformulação e reclassificação, a fim de facilitar a apropriação pela empresa. Então, selecionar soluções plausíveis para que sejam apresentadas à diretoria-geral ou ao setor operacional.

Participantes e contexto

Não estamos mais no contexto do grupo de criatividade. Agora é o momento de apresentar os resultados à empresa. Se o grupo trabalhou fora da empresa, agora ele volta. Mesmo que a reunião de busca de ideias tenha ocorrido na empresa, é preciso manter o código de cada etapa e, se possível, trocar de sala: não estamos mais no ambiente de criatividade, jogados nas poltronas; trocamos de caneta e sentamos em volta de uma mesa.

Quem participa dessa fase? De um lado, uma delegação indicada pelo grupo (dois ou três membros, eventualmente apenas um ou, em último caso, apenas o mediador), de outro, o que chamamos de "cliente mediador" (sozinho ou em um grupo pequeno), isto é, alguém da empresa, que conhece a cultura daquele que colocou o problema, ou então alguém de sua equipe (técnica, marketing, pessoal operacional etc.), que pode não ter participado da busca de ideias, mas conhece bem as regras da criatividade para adotar uma atitude positiva. O melhor seria alguém que já participou de um seminário de criatividade.

O que acontece entre o representante do grupo que expõe as ideias e o cliente mediador não é um duelo, uma cena de venda ou um debate entre o advogado e o procurador, mas um diálogo entre dois sócios, dentro de um pequeno grupo de seleção, que tentam tirar o melhor de cada ideia para transformá-la em protótipo de solução. (Descrevi aqui a configuração ideal, que nem sempre é a que encontramos.)

Esse trabalho de identificação das soluções adequadas (isto é, que convém *a priori* à empresa) pode ser dividido em várias semanas, à razão de uma reunião de trabalho cada. Não é aconselhável concluir (ou matar) muito depressa esse trabalho de avaliação. É bom dar tempo para as ideias amadurecerem.

Método

Trata-se de considerar as ideias com base em critérios objetivos que permitam sua implementação na empresa. Cada problema possui sua gama de critérios, mas cinco são recorrentes: 1) contribuição da ideia para o objetivo (a ideia não deve ser apenas uma *bela* ideia, mas deve corresponder – pelo menos em certa medida – ao desejo inicial; 2) exequibilidade (dificuldade de implantar a ideia); 3) existência de efeitos colaterais prejudiciais; 4) prazo para a implementação; 5) orçamento (relação entre o custo e os resultados que esperamos dessa ideia em comparação com as outras).

Utilizamos com frequência dois níveis de avaliação: o que diz respeito aos critérios principais, que podem sozinhos acarretar a reprovação da ideia, e o que se refere aos critérios secundários, que são uma vantagem suplementar da ideia. Também podemos atribuir notas a cada critério, o que permite obter uma classificação do tipo "muito bom", "bom", "regular", "insatisfatório". Em geral esses critérios são aplicados a matrizes para facilitar a leitura e permitir um exame sistemático.

Nesse estágio, alguns profissionais recomendam o que chamam de "fichas de análise", em que anotam para cada ideia "pontos fortes, pontos fracos, ameaças, oportunidades, minhas ideias", ou então: "hoje: recursos, obstáculos; primeira etapa a atingir: aliados, adversários; segunda etapa: situação ideal a atingir".

Vantagens e riscos

É a fase crucial, que permite construir uma ponte, uma intermediação entre a criação e a aceitação da empresa. É aqui que as ideias podem ser adaptadas à cultura, à linguagem da empresa, e os preconceitos afastados. Contudo, é aqui que as ideias morrem antes de nascer. Se o mediador levar a censura muito a sério, se tiver medo de ser considerado original além da conta por seus superiores, se adotar cedo demais uma postura de especialista, muitas ideias serão reprovadas.

3. A seleção para partir para a ação

Objetivo

Escolha, pela diretoria-geral ou responsáveis operacionais, da solução que será implementada. Consequentemente, empenho de recursos, meios técnicos e humanos. Em alguns casos, mudança na relação com a clientela, no ambiente interno ou na imagem da empresa. É uma decisão importante, que exige envolvimento.

Participantes e contexto

Estamos em um contexto de apresentação do cliente mediador, responsável pelo projeto, acompanhado ou não do mediador do grupo, diante de uma diretoria (diretoria técnica, diretoria de marketing, diretoria de recursos humanos, equipe municipal, administrador público etc.).

Método

Sempre recomendamos a quem vai apresentar as ideias que capriche na apresentação, isto é, que leve elementos visuais, croquis, maquetes, entrevistas ou até resultados de testes feitos com o público visado. Muitas vezes é útil apresentar as ideias com a grade de avaliação que levou à seleção.

Devemos evitar que a pessoa que vai decidir fique diante de uma escolha do tipo sim ou não. Ela deve ter a oportunidade de escolher dentre várias ideias: as que serão estudadas para implementação imediata e as que serão vistas mais adiante, o que nos deixa com uma reserva de ideias e torna a escolha menos dramática.

Vantagens e riscos

É o momento emocionante de partir para a ação, em que vemos ideias frágeis, nascidas da imaginação, se transformar em realidade concreta. É a recompensa do procedimento criativo e a prova de sua eficácia. Os riscos são: ver a empresa escolher apenas as ideias mais fáceis, portanto, as menos originais; ter reprovadas as ideias em que mais acreditamos, pois sentimos seu potencial; perceber tarde demais que compreendemos mal os verdadeiros objetivos. Em toda empreitada humana, há sempre o risco do fracasso.

Lembramos que a produção de ideias é apenas uma fase em um processo de inovação. Como escreve Osborn (1988), "o processo criativo não termina com uma ideia, ele apenas começa com uma ideia".

As ideias coloridas de Mark Raison[48]

Meu colega Mark Raison criou um sistema de classificação de ideias extremamente pertinente e eficaz, estruturado em quatro famílias simbolizadas por cores: azul, vermelho, verde e amarelo.

Ideias azuis

São simples, de fácil implementação e aprovadas com facilidade; apresentam baixo risco e a experimentação é rápida. Podemos passar imediatamente para o "vamos em frente!"

Têm como inconveniente os defeitos opostos: são óbvias demais; podem ser ultrapassadas e são pouco motivadoras. Ficamos tentados a dizer: "Já fizeram isso antes".

Ideias verdes

Melhoram o que já existe; entram na continuidade; são aprovadas com facilidade e são de fácil implementação. Podemos dizer: "Isso vai ser simples".

Às vezes são vistas como conservadoras; incrementam o que já existe, sem inovar realmente; às vezes não mudam nada. Podemos dizer: "Para que mudar? As coisas estão indo bem".

Ideias vermelhas

São ideias que determinam uma ruptura, uma mudança radical, mas são ainda realizáveis. Elas excitam, despertam desejo. Ficamos com vontade de dizer: "Que belo desafio!"

No entanto, esbarram na ordem estabelecida; causam descontentamento e exigem coragem, principalmente porque não existem experiências anteriores. Ficamos tentados a dizer: "É muito arriscado!".

>

---

48. Ver: <http://www.yellowideas.com>.

Ideias amarelas

São surpreendentes, incríveis. Marcam uma ruptura radical; exprimem uma visão, um sonho; despertam desejo. Temos vontade de dizer: "Em princípio é impossível, mas vamos tentar!"

Podem ser consideradas impraticáveis, opõem-se fortemente a tudo que existe, às certezas; é preciso convencer muita gente para implementá-las; há risco de não haver recursos suficientes. Ficamos tentados a dizer: "Não viaje!"

Mark Raison tem um interesse muito particular pelas ideias amarelas – tanto que batizou sua empresa de Yellow Idea – e afirma com veemência: "Deixe suas ideias amarelas amadurecerem", completando com as seguintes recomendações: "Toda ideia deve percorrer seu caminho, as amarelas mais que as outras; dedique cinco minutos todos os dias a suas ideias amarelas; partilhe suas ideias amarelas; crie uma rede de fanáticos em cima de suas ideias amarelas: vocês nunca mais sonharão sozinhos com a mesma coisa".

Para mais informações, acesse: www.yellowideas.com.

Os sistemas de avaliação do Creative Problem Solving Institute

O Creative Problem Solving Institute, cujo processo será descrito mais adiante (ver p. 197), desenvolveu há muito tempo ferramentas de avaliação integradas ao processo geral de resolução de problemas. Em especial:

• **Aluo** (*advantages, limitations, unique qualities and overcome limitations*): avaliar as principais vantagens, as limitações, os pontos fortes e fracos, a vantagem única de uma ideia em relação com as outras. Qual seu principal ponto fraco e como superá-lo?

• **PPCO** (*pluses, potentials, concerns, overcome concerns*): identificar o que uma ideia tem a mais, seus pontos positivos. Depois, identificar os defeitos, as preocupações, as críticas. Tratar essas críticas com enfoque positivo: o que podemos fazer para superar a crítica e reverter os pontos fracos? Identificar o potencial de cada ideia: em que ela desemboca, que novos horizontes abre?

• **LCO** (*likes, concerns, opportunities*): especificar o que nos agrada na ideia, seus pontos fortes e aspectos positivos. Em seguida, especificar os pontos fracos, os aspectos negativos; identificar seu potencial, em que pode desembocar. Tornar as críticas positivas; explorar as potencialidades do *brainstorming*.

>

• **PCA** (*paired comparison analysis*): para avaliar as ideias, comparar aos pares as vantagens e os defeitos de cada uma delas.

• *Assisters & resisters*: buscar todas as causas de resistência e auxílio às ideias, utilizando uma tabela de perguntas: quem, o que, onde, por que, quando, como.

• *Hits* **(ou "paixonite"):** processo de avaliação subjetivo de ideias, baseado na intuição pessoal. Pergunta: quais são as duas ou três ideias que você colocaria à frente das outras, seguindo seu *feeling*?

• **Grades e matrizes:** é claro que todos os sistemas de matrizes de avaliação multicritérios são bem-vindos.

Para mais informações sobre esse assunto, consultar a Creative Education Foundation[49] e o Creative Problem Solving Institute[50]; mas o melhor seria participar de um dos encontros anuais nos Estados Unidos ou na Europa[51].

---

49. Ver: <http://www.creativeeducationfoundation.org>.
50. Ver: <http://www.cpsiconference.com>.
51. Na Europa: <http://www.creaconference.com>.

Capítulo 4

Como integrar as ideias

1. Criatividade: uma etapa no processo global

A produção de ideias descrita ao longo deste livro é apenas uma fase dentro de um procedimento de solução de problemas que compreende três fases:
- formulação do problema e coleta de dados;
- produção de ideias propriamente ditas;
- avaliação, classificação, seleção e preparação de ideias para ser implementadas.

Essa decomposição do processo criativo foi analisada pela maioria dos autores que estudaram o assunto e, às vezes, subdividida em subconjuntos, com quatro, cinco, seis ou dez etapas, conforme o caso. Descreveremos em detalhes o processo da Creative Education Foundation, que compreende seis etapas.

Etapas de uma resolução de problema

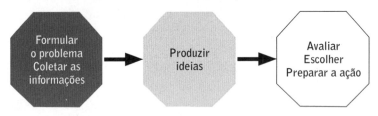

Como lembra Todd Lubart (2003), as etapas do processo criativo já eram descritas no século XIX, mas foi em 1926 que o americano Wallas as analisou com mais rigor, distinguindo quatro níveis:

IDEIAS

- Preparação, "baseada num trabalho consciente, analítico, que permite um bom conhecimento do problema". Corresponde ao que chamamos de formulação objetiva do problema (ver p. 46).
- Incubação, "em que não há trabalho consciente sobre o problema [...] o cérebro trabalha com associações de ideias". Corresponde ao que chamamos de impregnação subjetiva e distanciamento (ver p. 46 e 51).
- Iluminação, que permite identificar a ideia interessante "após uma seleção inconsciente das combinações úteis, efetuadas segundo critérios estéticos". Corresponde ao que chamamos de *scanning* criativo ou cruzamento (ver p. 51).
- Verificação, "que necessita avaliar a ideia, redefini-la, desenvolvê-la". Corresponde ao que chamamos de avaliação das ideias, descrita no capítulo anterior.

Esse processo está em diferentes campos da criação: com artistas (C. Patrick, em 1935), com matemáticos (Jacques Hadamard, em 1945), com inventores técnicos (J. Rossman, em 1931) e, genericamente, com todos os grupos de busca de ideias.

Mas essa descrição um tanto simplista, se não foi questionada, foi ao menos aprofundada por pesquisas mais experimentais e pela prática da mediação dos grupos de criatividade. Mais que um procedimento linear entre as diferentes fases, observamos em geral processos mais complexos, que lembram sobretudo espirais e turbilhões, com múltiplas idas e vindas. Em termos mais modernos, podemos dizer que o procedimento global do processo criativo é sistêmico: todos os elementos se entrecruzam, se sobrepõem e se imbricam, e a única regra "sagrada" é separar rigorosamente a criação do julgamento. Além disso, o procedimento varia muito segundo o objetivo e as técnicas: buscamos uma ideia que resolva uma contradição técnica ou cem ideias para estimular a reflexão? Às vezes acontece de o processo terminar numa reunião de três horas ou se prolongar por seis meses – daí a importância relativa de cada fase.

Uma das contribuições essenciais do processo da Creative Education Foundation, desenvolvido por Osborn e Parnes, do qual falaremos mais adiante, foi precisamente ter mostrado que a "divergência" não é apenas uma etapa, mas um fator que intervém em todos os estágios: para formular o problema, divergimos e convergimos. O mesmo acontece para buscar informações e para avaliar, de modo que a atitude criativa irriga todo o processo.

Também podemos dizer que existem diferenças culturais na abordagem do processo. A escola francesa, como constatamos com a colega Isabelle Jacob, é mais sistêmica, menos rígida, e dá mais importância à geração de ideias, o que lhe dá mais potência. A escola americana, em homenagem a Buffalo, é mais metódica e organizada. Isso lhe dá tanto uma força e uma eficácia admiráveis como certa rigidez.

Numerosos autores descreveram trajetos semelhantes nesse processo. Antes de apresentar com mais profundidade o famoso *process* da Creative Education Foundation, referência incontornável nesse campo, citaremos a seguir os trajetos recomendados por Michel Fustier e François-Marie Pons.

Outros processos

A maioria dos especialistas em criatividade elaborou seu próprio trajeto para ir do problema à solução. Citamos alguns para exemplificar.

• Michel Fustier (1988). O autor distingue sete etapas: 1) percepção do mal-estar: toda busca começa com uma insatisfação, o que leva à "defeitologia", a arte de buscar lacunas e defeitos; 2) exploração do ambiente: busca das causas, da contradição; 3) definição das funções: reformulação do problema em termos funcionais; 4) busca de soluções; 5) escolha da solução adequada com ajuda de matrizes; 6) implementação da solução com matriz morfológica; 7) difusão da solução: difundir a solução e fazer que seja aceita.

• Isabelle Jacob. Ela utiliza um modelo estabelecido pela sigla Roissi: *representação* do problema (buscar o máximo de detalhes utilizando todos os sentidos, formalizar com uma visão sistêmica); busca do *objetivo* (analisar os desafios, as oportunidades; definir a essência do problema); busca das *ideias* (gerar o máximo de soluções alternativas, de perspectivas novas); *seleção* das soluções; *síntese* (pesar, classificar, identificar os pontos fortes e fracos, avaliar, comparar, incrementar); *implementar* (identificar aliados, objeções, recursos, necessidades; desenvolver a argumentação; descrever as etapas de implementação).

• François-Marie Pons. Ele utiliza um modelo designado pela sigla Edito: *explorar* (observar de todos os ângulos, com olhos de criança, sem preconceitos ou estereótipos); *dissecar* (desestruturar para reestruturar, compreender, hierarquizar, reformular, estabelecer um contrato de sucesso); *imaginar* (imaginar um grande número de soluções, buscar ideias mágicas, permitir-se todas as possibilidades); *triar* (hierarquizar as ideias com critérios racionais, decidir, projetar o futuro); *organizar* (desenvolver a ideia no plano da ação, resolver as dificuldades, agregar atores associados).

O *process* da Creative Education Foundation

A metodologia de resolução de problemas CPSI (*Creative Problem Solving Institute*) foi elaborada por Alex Osborn e Sydney J. Parnes 50 anos atrás. Em junho de 2004, em Buffalo, foi comemorado o aniversário de fundação desse extraordinário laboratório de pesquisas sobre a criatividade, que proporcionou a esse campo uma sólida base acadêmica (a Universidade de Buffalo oferece um aprendizado profundo da criatividade) e fama mundial (todos os anos, mais de 500 pessoas de todo o mundo se reúnem para "praticar criatividade" e expandir o *know-how* sobre suas técnicas).

Como dissemos, a força desse processo metodológico se deve à prática da "divergência" em todas as etapas do procedimento. Deve-se também a seu rigor, que lhe garante eficiência.

Pessoalmente, conheci o processo CPSI bastante tarde, depois de 30 anos de prática europeia, mas devo dizer que, na época de minhas primeiras experiências, fiquei impressionado com a eficácia – e espantado com a sensação de que o problema, depois de inserido numa ponta do aparelho cerebral, é mastigado, triturado e despedaçado por uma implacável máquina de inventar, que permite chegar a uma solução viável, com o famoso *next step* americano, que consiste em dizer: "E agora, concretamente, amanhã de manhã, o que fazemos para implementar essa ideia?"

O processo compreende seis etapas-chave.

Etapa 1. Definir o objetivo

Objetivo

Exprimir o *wish* (desejo). Definir o objetivo ou desafio para o qual se deseja aplicar o processo criativo de descoberta de soluções. Exprimir o desejo do cliente, formular a demanda.

Divergência

Listar os objetivos, desejos e desafios de forma criativa, diferente. Fazer uma longa lista de intenções, mesmo que o centro de interesse já seja conhecido: "Quero que...", "Seria ótimo se..."

Questionar indefinidamente o cliente: "Quais são seus sonhos? Quais são seus desejos? Quais são as oportunidades? O que você fez ultimamente e o que gostaria de fazer melhor? Que tipos de desafios você tem em mente? O que deveria funcionar melhor? Em que você andou pensando nos últimos tempos? Que objetivos você gostaria de alcançar? Imagine-se daqui a um ano: que objetivos, so-

>

nhos e visões você gostaria de concretizar ou iniciar? Você ganhou uma varinha mágica para realizar um sonho, um desejo ou um objetivo de vida, o que você faria?"

Convergência

Quem colocou o problema deve escolher o objetivo, desejo ou desafio que *considera mais adequado. Verifique o objetivo dele, sua motivação e sua imaginação.*

Etapa 2. Repertório de informações

Objetivo

Listar todos os dados, fatos e perguntas que darão uma imagem clara da situação.

Divergência

Fazer uma longa lista de fatos relacionados com a situação; responder às cinco perguntas-chave.

1. Quem? Quem está envolvido? Quem decide? Quem ganha com a situação resolvida?
2. O quê? O que aconteceu até o momento? Em que você já pensou? O que você já tentou? O que funcionou? O que não funcionou? Do fundo do coração, o que você acha? Que efeito suas sensações têm sobre seu comportamento? O que seria ideal? O que você conseguiu fazer até agora em relação à situação? O que ajudou você? Que obstáculos encontrou?
3. Quando? A partir de quando a situação se tornou um problema, um desejo ou um objetivo? A situação surgiu num momento preciso do dia, da semana, do mês, do ano? Quando você gostaria de agir em relação a ela?
4. Onde? Onde você encontrou ajuda? Onde você encontrou obstáculos? Por que isso é um problema?
5. Por quê? Por que isso seria uma oportunidade para você? Em que essa situação é de sua responsabilidade? Por que isso é um problema?

Convergência

Quem colocou o problema deve apresentar todos os fatos que parecerem importantes ou interessantes.

Etapa 3. Reformular, esclarecer a demanda
Objetivo

Redefinir o problema de todas as formas possíveis e, em seguida, escolher a formulação específica que identifica o problema claramente. Não tenha pressa: um problema bem definido é um problema meio resolvido.

Divergência

Reformular o problema de todas as formas possíveis, buscar várias maneiras diferentes de colocar a questão. Perguntar, variando a resposta: "Afinal, o que estamos procurando é...? De que maneira poderíamos...? Como fazer para...? Que ideia poderia...?"

Para que essa reformulação seja bem-sucedida, utilize os pontos-chave partindo do "repertório de informações" ou as respostas da etapa "definir os objetivos", que ajudam a encompridar a lista.

Convergência

Entre todas as reformulações, quem colocou o problema seleciona o que idealmente corresponde melhor ao objetivo, desejo ou desafio definido a princípio. Ele pode combinar ou reescrever várias reformulações.

Verificar se o enunciado final do problema é específico, pertinente e se tem potencial.

Etapa 4. Buscar ideias
Objetivo

Gerar o maior número de soluções possível, respondendo ao enunciado do problema.

Divergência

Fazer uma lista das ideias que correspondem ao enunciado do problema, utilizando uma das técnicas de criatividade dominadas pelo grupo ou adaptadas ao tipo de problema.

Convergência

Agrupar as ideias por famílias. Quem apresentou o problema pode limitar a lista.

Etapa 5. Avaliar. Encontrar soluções
Objetivo

Identificar os pontos fortes e fracos das ideias mais promissoras e decidir quais utilizar.

>

Divergência

Definir, na forma de busca de ideias, os critérios de julgamento.

Que fatores determinam a pertinência de cada ideia? Criar um sistema de avaliação adaptado ao problema, definir critérios de avaliação. Para definir os critérios, completar o postulado: "A solução funcionaria se..."

Convergência

Quem colocou o problema deve focar novamente a busca, definindo os critérios mais importantes. As ideias devem ser analisadas de acordo com eles. Também podem ser analisadas com base em uma grade, em que cada uma é avaliada segundo seu potencial, seus pontos positivos e negativos.

As soluções que funcionam, segundo os critérios estabelecidos e a opinião de quem colocou o problema, são tratadas na etapa seguinte. São empregados os diferentes sistemas de avaliação descritos.

Etapa 6. Preparar a ação

Objetivo

Conceber um plano de ação para a solução escolhida, relacionando as coisas e as pessoas que prestarão auxílio e que criarão obstáculo para a implementação da ideia.

Divergência

Listar tudo o que será necessário para a implementar a ideia. (Fazer uma busca de ideias sobre a implementação.)

Determinar as condições da implementação. Quem estará envolvido? Que tipo de permissão será necessária? O que deve acontecer se tudo correr bem? Qual é o planejamento? Como colocá-lo em prática?

Convergência

Quem colocou o problema orienta a lista das etapas mais importantes da implementação, as mais urgentes etc. Ele se compromete com o planejamento e se responsabiliza pelos meios necessários para efetivar as etapas escolhidas. Finalmente é o momento de passar para o *next step*: ação!

Para cada ideia, o que é preciso fazer em curto, médio e longo prazos? Quem deve fazer o quê? Quando? Quem vai verificar o que foi feito? Cada um deve selecionar pelo menos uma coisa para fazer nas 48 horas seguintes, para manter a energia.

2. Criatividade: uma fase do procedimento de inovação

Como acabamos de ver, a produção de ideias deve estar integrada num processo de resolução de problemas, desembocando em uma solução. Essa mesma solução deve estar integrada a um procedimento de inovação que responde a um fim estratégico.

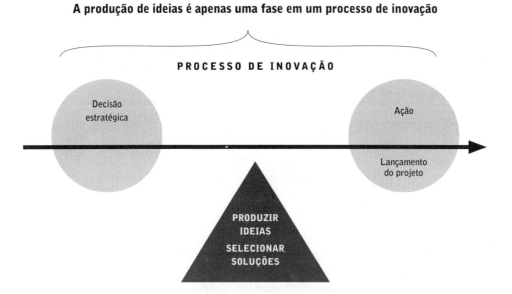

A produção de ideias é apenas uma fase em um processo de inovação

Durante a experiência Synapse[52], tivemos diversas vezes a oportunidade de prolongar a produção de ideias com o auxílio de um processo de desenvolvimento da inovação. Criamos então um procedimento ágil e eficaz, que chamamos de "célula de inovação criativa".

Essa célula é formada por uma pequena equipe, de cinco a seis participantes, no máximo, todos envolvidos no projeto (por exemplo, marketing, fabricação, representante da agência de propaganda e mediador externo). Ela se reúne regularmente, durante meio dia a cada 15 dias, por exemplo. A célula de inovação criativa não é um órgão de decisão, mas um *think tank*, uma ferramenta criativa que alimenta a decisão. Nessas reuniões, ela interroga os especialistas de cada setor (laboratório, jurídico, design etc.), lança mão de ferramentas e se conecta com a gerência da empresa. De maneira geral, é o ponto de cruzamento das informações.

---

[52]. Ver "Breve história das técnicas de criatividade", nos Anexos (p. 246).

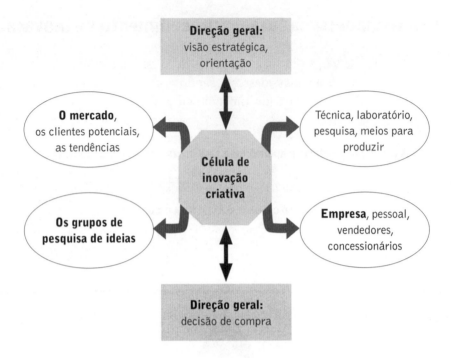

- Alimenta-se continuamente de *ideias*. Para isso, recorre a uma das ferramentas que descrevemos na parte sobre organização (de grupos internos ou externos, de células permanentes...) (ver p. 217). Esclarece as ideias em todas as fases do projeto: em relação ao conceito, ao produto, à embalagem, ao nome etc.
- Está sempre atenta às demandas dos consumidores e se alimenta dos resultados de estudos (quantitativos e qualitativos), de informações sociológicas (tendências, evolução demográfica e econômica etc.). Na prática, utiliza muito os estudos qualitativos criativos, como materiais de estímulo, tanto para alimentar a reflexão como para testar todas as hipóteses levantadas. Com isso, faz um contínuo vaivém entre ideias e consumidores. É muito interessante associar a rede (vendedores, concessionárias) a essa reflexão para considerar o relacionamento diário com a clientela.
- Mantém-se a par das *evoluções tecnológicas*. Pede a especialistas que façam apresentações sobre as evoluções relacionadas à busca: o que vai aparecer nas revistas ou no mercado? Em que direção se pode prever evoluções? Em troca, quando a célula cria conceitos novos, a proposta é imediatamente submetida à pesquisa para verificar se é uma pista que merece ser aprofundada.

- Deve *conhecer a empresa*. Pede a um gerente que fale sobre o potencial da empresa: quais são os pontos fortes, e os fracos? Qual é seu *know-how*? Como sua capacidade de produção vem evoluindo? Ela tem especificidades que permitem pensar em desenvolvimentos originais?
- Estabelece *o diálogo com a gerência*. O percurso de inovação começa sempre com uma decisão estratégica: por que a empresa quer inovar? Para conquistar um novo mercado, enfrentar a concorrência, tornar um equipamento rentável, diversificar...? Quer inovar em curto, médio ou longo prazo? No início é a gerência que orienta os trabalhos da célula de inovação criativa. Aliás, a célula se encontra regularmente com a gerência, em reuniões de tom criativo, para apresentar a evolução da busca. Depois que a ideia central é escolhida, sua concretização será implementada com a criação de um projeto. Começa então outra fase.

Para concluir, a produção de ideias é apenas uma fase dentro do complexo processo de inovação. Lembramos a imagem dos pontos luminosos citada no início do livro, cujo conjunto compõe uma linha que conduz a algum lugar. Sozinha, a ideia "luminosa" não seria nada sem a linha que corre por baixo dela. E a linha, por sua vez, seria bem escura sem as ideias!

Capítulo 5

Organizar a criatividade

As empresas têm encontrado geralmente duas soluções para se adaptar à criatividade:

- tornam a estrutura toda mais flexível, maleável, mantendo a identidade (como as construções flexíveis, que são concebidas para resistir a terremotos ou podem oscilar, como a Torre Eiffel);
- ou, sem mexer na estrutura, criam um espaço especializado, delimitado e mais ou menos isolado, administrado "à parte".

A primeira alternativa consiste em criar um clima criativo dentro da empresa para torná-la aberta e receptiva a mudanças e inovações, espontaneamente geradora de ideias. A segunda consiste em organizar células de produção de ideias, internas ou externas, temporárias ou permanentes, que satisfaçam às demandas particulares de criatividade, como um construtor satisfaz a um contrato.

Essas duas alternativas não são contraditórias, muito pelo contrário. Veremos que as ideias produzidas por um grupo de criatividade não têm nenhuma chance de sobreviver se não forem recebidas num ambiente sensível à criatividade. Além disso, um treinamento prolongado permite manter um "corpo de reserva", que pode ser aproveitado à vontade para compor equipes temporárias.

Mas é importante distinguir bem os dois tipos de treinamento ligados a essas duas estratégias, para não criar falsas expectativas na empresa e nos participantes: de um lado, os treinamentos que pretendem desenvolver a aptidão pessoal para a imaginação (mudar atitudes e comportamentos, desenvolver uma escuta positiva em relação às ideias dos outros, aprender a adiar o julgamento e as críticas); de outro, aqueles que preparam para a resolução de problemas precisos e empregam técnicas de produção de soluções e principalmente de cruzamento.

No primeiro caso, o grupo é treinado com problemas que não têm relação com a empresa. No segundo, ele trabalha com um problema real. No primeiro caso, a satisfação é sentir que uma porta se abriu em nosso cérebro, que aprendemos a mudar o funcionamento cerebral; no segundo caso, é dominar um processo que leva ao registro de patentes.

A seguir, propostas de implementação dessas duas estratégias.

1. Criar um clima criativo: dez propostas

Organizar seminários

O objetivo é juntar um grande número de colaboradores da empresa para participar de seminários de "criatividade, comunicação e mudança" (internos ou com outras empresas).

Os primeiros procedimentos de criatividade eram orientados especificamente para chegar a soluções operacionais: eram demandas funcionais que emanavam dos responsáveis técnicos ou do pessoal de marketing. Lá pelo meio do caminho, percebemos que as técnicas de criatividade não faziam efeito se não houvesse antes um treinamento psicológico que promovesse o envolvimento dos participantes, o acesso ao estoque de imagens inconscientes, a mobilização da energia do grupo – o que pressupõe uma perfeita comunicação entre os membros – e uma mudança de atitude em relação à mudança. A eficácia desse treinamento sobre o comportamento do grupo foi tão grande que um dia ocorreu uma reviravolta: pediram que utilizássemos esses métodos não mais com um objetivo funcional (resolver um problema), mas com a intenção de mudar o clima da empresa. Foi assim que surgiram os programas de treinamento que batizamos de "C3": *Créativité, Communication, Changement* [criatividade, comunicação, mudança].

• **Criatividade.** O objetivo é facilitar a expressão, jogando com diferentes registros (racional, irracional, simbólico, imaginário, gestual, gráfico, sonoro etc.); tomar consciência das censuras e dos freios habituais da expressão; ampliar e enriquecer o pensamento utilizando métodos de distanciamento da realidade. O treinamento em criatividade traz um benefício individual imediato, quase palpável: nos sentimos melhor, descobrimos que somos mais criativos que imaginávamos.

• **Comunicação.** A melhoria da comunicação é um ponto de passagem obrigatório para garantir o funcionamento de um grupo de criatividade. Na verdade, trata-se de uma comunicação no nível imaginário, livre, sem freio ou censura. Aprendemos a ouvir, a desenvolver a expressão e a associar ideias, perdemos o hábito da posse das ideias (ao contrário, nós nos habituamos a "roubar as ideias dos outros"), sem levar em conta os fenômenos hierárquicos, sem nos intimidar com o *status* de "especialista". O resultado é claro, os grupos de criatividade são verdadeiros laboratórios de desenvolvimento de comunicação interpessoal. O fato de os participantes desses grupos de criatividade trabalharem em diferentes setores da empresa (mistura horizontal) e terem diferentes níveis hierárquicos (mistura vertical) enriquece o fenômeno. Durante dois ou três dias, eles se comunicam perfeitamente. Seria realmente paradoxal se o clima em toda a empresa não fosse mudado.

• **Mudança.** É um fenômeno típico de nossa época, com o qual estamos sempre esbarrando: mudança de tecnologia, de dimensão (Europa, globalização), de mentalidade, valores e, por último, mudança na sociedade. Sabemos que a tendência natural, compreensível e até saudável diante da mudança é resistir. Mas quando ela exige muito envolvimento ou é vista como perigosa, a resistência se torna bloqueio, inércia, paralisia. E quanto maior a estrutura, maior a tendência a se esclerosar e se tornar rígida, lenta, praticamente incapaz de se adaptar. Não se trata de aceitar cegamente qualquer mudança apresentada como incontestável nem recusar tudo que mexa com nossos hábitos, mas, como o judoca, incorporar o impulso externo para transformá-lo em força, converter de maneira criativa o impulso de mudança para agregá-lo positivamente. Começamos dizendo "por que não?", e depois buscamos ideias. Nós nos tornamos fator de mudança. A criatividade é, por definição, a própria experiência da mudança, porque consiste em, experimentalmente e em ambiente protegido, distanciar-se do real de hoje para imaginar "como seria se fosse diferente". Com uma experiência de mudança pessoal, um treino sistemático do questionamento, a criatividade tira o lado dramático da mudança e transforma os aflitos em "agentes de mudança" (ver quadro a seguir).

Exemplos de resultados obtidos com um programa de treinamento C3

Uma grande indústria de automóveis organizou um abrangente plano de treinamento em criatividade, com vistas à transformação de atitudes, que envolvia a maioria do pessoal do setor de pesquisa.

>

Foram realizados 20 seminários de criatividade de dois dias de duração, com a participação de 10 pessoas em cada um deles. Meses atrás, fui convidado para avaliar o programa – conduzido por um colega – com base em longas entrevistas, feitas seis meses depois do treinamento. Cito alguns trechos representativos delas.

"Aprendemos a nos escutar e isso foi bom, porque não é muito comum."

"Percebemos que temos excesso de preconceitos. Aprendemos a não fazer críticas sobre o que falamos, e isso faz muita diferença." "Aprendi principalmente a desenvolver uma atitude positiva, a não dizer não automaticamente, mas, ao contrário, partir de um princípio positivo." "Aprendi a diferenciar os momentos em que é preciso divergir e sonhar um pouco daqueles em que é preciso pôr os pés no chão."

"Ele mostrou uma nova maneira de trabalhar em grupo, de mobilizar energias para resolver um problema." "Em geral, a gente não partilha ideias. Nesse caso, o mais eficaz é o efeito de grupo, o fato de trabalhar com grupos multidisciplinares."

"Encontrei todas as pessoas com quem convivo normalmente. Foi muito legal, o pessoal se soltou. Em geral ninguém se atreve a dizer o que pensa."

"Gostei muito do fato de estar com pessoas de níveis hierárquicos diferentes, num clima diferente. Foi uma boa experiência. Espero que todo mundo na empresa faça esse treinamento."

Treinar mediadores de criatividade internos

Apesar de a contribuição de um consultor externo, especializado em criatividade, ser necessária no início, é aconselhável que o programa de treinamento em criatividade se torne autônomo. De um lado, para fazer que esse tipo de treinamento seja mais natural, mais simples, menos dispendioso, e assim permitir reciclagens contínuas e treinamentos sistemáticos de todos os novos contratados. Mas principalmente para poder estruturar "comandos criativos" ou "células de criatividade permanentes" (ver quadro a seguir) com certo número de pessoas treinadas, formando um celeiro de criatividade. Nesse caso, o mediador do treinamento se transforma em mediador de produção de ideias.

Os mediadores de criatividade internos são recrutados normalmente em função de um critério de motivação: eles devem ser fanáticos por criatividade. Em geral, o recrutamento ocorre naturalmente entre as pessoas que participaram de programas de formação C3 ou de células de produção de ideias.

O treinamento tem dois aspectos: a implementação das técnicas e, sobretudo, o domínio da dinâmica de grupo. De fato, como já observamos, o mediador de criatividade não deve *fazer*, mas deve *fazer o outro fazer*, não deve *dizer*, mas *fazer o outro dizer*, não deve *explicar*, mas fazer *o outro sentir*. Ele não é um professor que explica, mas um instrutor que coloca o aluno em cima do cavalo, dá alguns conselhos e se afasta, para que ele encontre sozinho a melhor posição; não é um psicoterapeuta que interpreta fantasias, mas um treinador. Normalmente, o grupo treinado logo aprende a escolher a técnica mais adequada para determinado momento. Depois que a técnica foi escolhida, o mediador deve simplesmente fazer que as regras referentes a ela sejam respeitadas. E em caso de falta grave, ele pode mostrar o cartão amarelo.

Na prática, os futuros mediadores participam do maior número possível de treinamentos internos, para que possam se familiarizar com contextos de grupos diferentes. Aliás, propomos que participem de seminários ou sessões de produção em contextos variados, fora da empresa (contextos não concorrentes ou entre empresas). Por exemplo, convidamos os futuros mediadores para colóquios de criatividade organizados fora do país e em escolas de criatividade diferentes. Enfim, confiamos progressivamente a eles um papel de comediador e, em seguida, de mediador.

Durante toda nossa experiência, treinamos mediadores internos para cada operação importante de desenvolvimento de criatividade, em geral dois por empresa, para permitir maior flexibilidade. De fato, o trabalho de mediação não é a atividade principal dos mediadores: eles são, por exemplo, engenheiros do setor de estudos que aceitaram dedicar dois ou três dias por mês a essa função.

Criei, pessoalmente, um curso de formação de mediadores de criatividade.

Estimular a criatividade individual

Embora a maioria das metodologias aqui apresentadas esteja associada a um funcionamento coletivo, é claro que a criatividade individual é fortemente incentivada. O grupo nunca é mais que um estimulador, um facilitador da criatividade individual. A experiência mostra que as pessoas que participaram de um programa de treinamento em criatividade, quando voltam para seu ambiente profissional, são geralmente muito mais produtivas em ideias. A atitude muda: evitam julgar de imediato e perguntam primeiro: "Por que não?" Não criticam sem apresentar outra proposta. Se o clima é favorável, sentem-se mais inclinadas a sugerir ideias, porque sabem que não serão criticadas de imediato, mas ouvidas e levadas em consideração.

O desenvolvimento da criatividade individual necessita de um treino especial nos grupos, com uma técnica que chamamos de "método individual com apoio" (ver p. 84). Além disso, damos aos participantes alguns conselhos para que produzam ideias sozinhos (ver quadro a seguir). No entanto, o maior incentivo à criatividade individual é a implantação de um sistema de coleta do tipo da Innov'acteurs.

Conselhos para encontrar ideias sozinho

Regras de ouro

1) Regra de ouro número 1: cinco minutos sem autocrítica

Prometa não se criticar durante cinco minutos. Feche os olhos e anote todas as ideias malucas que lhe passarem pela cabeça (se você é do tipo moderno, utilize um gravador portátil). Você verá mais tarde...

2) Regra de ouro número 2: transformar positivamente, por princípio

Ainda que suas ideias pessoais não sejam consistentes ou que as ideias dos outros lhe pareçam estúpidas, dê uma chance a elas, por princípio. Por exemplo: anote sua crítica espontânea e, como se estivesse num programa de televisão, para ganhar, você diz: "E agora, para transformar essa crítica em solução, o que proponho é...", ou então: "Apesar de ser ruim, essa ideia tem uma coisa positiva, que é..."

3) Regra de ouro número 3 (variante da número 2): "Por que não?"

Faça do "por que não?" uma resposta automática, quase uma mania, motivo de zombaria para seus amigos. Se alguém diz: "Um dia, vamos à Lua", responda: "Por que não?" Se alguém diz: "Um dia, vamos transformar chumbo em ouro", responda: "Por que não?" Se alguém diz: "Um dia, todos teremos carros movidos a energia solar", responda: "Por que não?" Como conhecem seu reflexo para dizer "por que não?", todo mundo lhe entrega alguma ideia para incrementar e, de grão em grão, você faz uma fortuna! Por que não?

Regras de prata

Pratique a ginástica das ideias (recupere uma função natural atrofiada pelas circunstâncias)

- Busque ideias o tempo todo e sobre qualquer coisa para se distrair no metrô ou nos engarrafamentos.

>

- Organize encontros de "busca de ideias" com os amigos. Cada um leva um problema pessoal e todo mundo se concentra nele.
- Observe as manchas de umidade das paredes e tente enxergar personagens, objetos etc. Invente uma história para o cenário (conselho de Leonardo da Vinci). Na falta de manchas, feche os olhos e sonhe, deixe que cresça a onda de associações.
- Faça brincadeiras, brinque com as palavras, com as ideias, divirta-se buscando ideias absurdas sobre problemas fictícios. Leia livros sobre jogos criativos[53].
- Guarde as informações estimulantes, recortadas de jornais ou anotadas às pressas. De vez em quando, consulte-as, como faz Roland Moreno (ver p. 241).

Valorize suas ideias
- Faça como o bricolador descrito por Lévi-Strauss, que às vezes se torna genial: "Guarde em algum lugar, num canto qualquer (caderno, agenda, fundo de gaveta), todas as suas ideias e também aquelas que não foram concluídas, que ficaram vagas, recuperadas pelo princípio de que 'ainda podem servir'. De vez em quando, vá e dê uma olhada nelas".
- Guarde suas ideias. Se todo mundo reprovou, se ninguém acreditou, talvez não fosse o momento. Talvez as ideias tenham sido mal formuladas; retome-as, acredite em você. As pessoas adoram desencorajar novas ideias.
- Aceite o fato de ter se enganado. A próxima ideia será boa.
- Confie em sua intuição. A intuição é subjetiva, misteriosa, e tão passageira que você nem a nota. Siga-a: ela vem do mais íntimo de você, é sua força.
- Seja modesto. As ideias sempre incomodam as pessoas que as recebem. Não banque o gênio, senão elas cairão em cima de você. Faça-as acreditar que poderiam ter tido essa ideia, que sua ideia não vai incomodá-las.

Utilize técnicas que já provaram ter valor
- Não busque ideias "acabadas" e prontas para usar: com certeza não as encontrará. Busque ideias vagas, fluidas, marginais, ainda por completar. Ideias que precisam descansar uma noite, ou um ano, entre o monte de ideias do bricolador.

>

---

53. Por exemplo o livro de Danielle Guillot e Bernard Demory, *Pour des réunions efficaces et dynamiques: exercices et jeux d'animation créative* (Du Puits Fleuri, 1997).

- Decomponha os problemas em fatias, pedaços, migalhas, e faça cada fragmento se mover isoladamente: se fosse maior, menor, de outro material, em outro ritmo etc.
- Quando buscar ideias, exagere – o peso, a forma, a quantidade, as funções, o preço. Exagere o número de personagens do romance, os maus sentimentos ou a virtude dos heróis. Exagere a importância de sua reforma, a oposição de seus detratores, a força de seus argumentos, a importância de seu sucesso. Exagere, exagere, exagere. Com isso você sai do campo do bom senso e da lógica. Você está no caminho certo.
- Considere o problema pelo avesso: busque ideias para aumentar a poluição, para perder dinheiro, para que ninguém assista ao filme, para que a revista seja um fracasso, para ser derrotado nas eleições, para perder um negócio, para produzir objetos de má qualidade. Quando vir o problema novamente pelo direito, você ficará surpreso com o resultado.
- Identifique-se com o problema. Entre nele. "Eu sou uma frigideira", "eu sou uma emenda de pintura", "eu sou um argumento que não cola". As ideias virão sem você perceber. De dentro.
- Mire na quantidade para começar, para entrar nos trilhos. Busque dez ideias, em vez de uma. Depois de anotá-las, repita o processo: busque mais dez. As três últimas são sempre as melhores.
- Busque ideias em dupla, por princípio. Faça uma brincadeira. Por exemplo: cada um anota um começo de ideia num pedaço de papel e passa para o outro, que deve melhorar ou transformar a ideia.
- Você está sozinho? Pegue um lápis e faça desenhos indefinidos, rabiscos, grafites e pichações, pensando no tema da busca. Alguns minutos depois, observe seus desenhos como se fossem enigmas: "A solução está escondida aqui, preciso encontrá-la".

Distancie-se
- Você está com a cabeça cheia, está bloqueado. Dê uma volta, vá ao supermercado, ao clube, visite uma exposição, vá ao cinema, caminhe pela rua ou por qualquer lugar, em ambientes sem relação com a busca de ideias. Deixe sua mente voar, não busque soluções, mas num caderninho (ou com uma câmera digital) registre estímulos que pareçam ter alguma relação com o assunto. Na volta, convença-se de que eles são a chave do mistério. Você verá que é verdade.
- Utilize os sonhos. Antes de adormecer, pense no tema de sua busca de ideias. Tenha um caderninho à mão. Durante a noite (peça desculpas ao

>

cônjuge) ou de manhã, anote logo as rápidas ideias que passarem por sua cabeça. Depois do café, trabalhe nelas. Essas são as melhores.

- Veja seu problema com outros olhos, como se fosse uma criança, uma tribo de índios, um grupo de marcianos, James Bond, Robin Hood ou qualquer herói de sua preferência. Que tipo de ideias eles proporiam?

- Desloque seu problema pelo pensamento. Faça um desvio, como os macacos criativos de Köhler. Se você tem um problema de mecânica, transponha-o para um esporte; se for de biologia, transponha-o para a literatura; se for um problema social, transponha-o para a culinária etc. Você quer copiar a Bíblia? Observe a prensa dos vinhateiros, como fez Gutenberg. Para fazer isso, utilize a frase: "É como..." Tudo é "como" alguma outra coisa. A ideia é como uma faísca, um parto, uma solda. Chamamos isso de analogia, metáfora. Deu origem a um grande número de invenções e é muito divertida. Divirta-se!

Coletar ideias espontâneas

Implante um sistema de coleta de ideias mediado por "inovadores". Mencionamos anteriormente (ver p. 170) a extraordinária eficácia dos sistemas de coleta de sugestões espontâneas. Como observamos, desde que se tenha uma organização eficiente, o sistema é extremamente produtivo: evita a perda de milhares de sugestões simples, poupa o trabalho de inventar aqui uma prática que mostrou seu valor do outro lado do mundo e resulta concretamente em patentes. Mas existe outro benefício no processo de coletar ideias, que chamamos com frequência (e com razão) de inovação *participativa*: todos os funcionários participam da produção de ideias, de uma ponta a outra da hierarquia, de um extremo a outro da rede.

Organizar sessões de criatividade

O método dos chapéus é particularmente bem-vindo aqui. É muito importante incorporar a criatividade à rotina da empresa de maneira natural e mostrar que ela não é reservada a um grupo ou acontecimento particular, mas, ao contrário, tentar associar cada momento importante da rotina da empresa a uma fase de criatividade coletiva, desde a arrumação dos novos escritórios até o lançamento de um novo produto, passando pelas atividades do conselho (ver exemplo no quadro a seguir).

Exemplo de intervenção

Empresa: um grande conglomerado francês de bebidas.

Contexto: uma convenção com 60 "pilotos" (*top management* e *middle management*), com duração de dois dias, fora da empresa e com diferentes palestras e reflexões coletivas.

Intervenção: a tarde do segundo dia é dedicada à busca de ideias. Os participantes são distribuídos em seis grupos, em salas separadas, sob a batuta de um mediador externo. Seis problemas da empresa são abordados (quatro de marketing e dois de organização). As ideias são apresentadas em um relatório.

Conclusão: a participação de todos na busca (inclusive do presidente executivo e do diretor-geral) deu um tom criativo a uma convenção que poderia ter sido mais tradicional.

Convidar para fóruns criativos

De tempos em tempos, convide os colaboradores da empresa para participar de fóruns criativos. Essa forma de intervenção dinamiza a reflexão sobre um tema delicado ou atual.

O princípio do fórum criativo é reunir um grande número de pessoas em torno de uma reflexão criativa, concentrada num único dia. Populações diferentes são reunidas em função de critérios diversos, até chegar a uma mistura interna (técnicos, departamento comercial, pesquisadores, administradores etc.) e, ao mesmo tempo, em certos casos, uma mistura externa (por exemplo, empregados e clientes, concessionárias, associações de consumidores ou, se for um serviço público, eleitos, usuários, funcionários etc.).

Na prática, reunimos cinco a seis grupos de dez a quinze pessoas em salas separadas em um mesmo dia e local. As salas são ligadas entre si e a um espaço central por um circuito interno de vídeo. Todos podem se comunicar entre si, tendo como ponto central o mediador do fórum. Há também um mediador em cada sala. Cada grupo trabalha durante cerca de uma hora com técnicas de criatividade; no momento da síntese, a produção e as propostas de cada um são transmitidas para todas as salas.

O objetivo final é fazer que se manifestem as diferenças de cada grupo até chegar a um consenso criativo. Os grupos devem expressar as críticas para obter ideias e propostas positivas. A produção do dia pode ser resumida num filme (ver quadro a seguir).

Exemplos de fóruns criativos

Exemplo 1: fórum criativo sobre bricolagem

Objetivo: compreender melhor as atitudes dos consumidores diante da bricolagem. Propor novas ferramentas ou serviços nessa área.

Cinco grupos em salas diferentes: um grupo de bricoladores experientes, um de principiantes (grupo de homens, grupo de mulheres), técnicos do fabricante, vendedores.

Programa:

8h30-9h: apresentação, treinamento.

9h-10h: os grupos criticam o que vai mal no setor da bricolagem: materiais, serviços etc. (seleção de dez críticas).

10h-11h: reconstituição; cada grupo apresenta suas críticas (câmera portátil).

11h-12h: para cada crítica, os grupos buscam uma ideia positiva.

12h-13h: reconstituição.

Almoço

14h-15h: três oficinas com cada grupo. Desenho coletivo: o grupo imagina livremente uma cena, uma situação ideal de bricolagem no futuro (material, informação, contexto etc.).

15h-16h: reconstituição; três minutos por desenho (câmera portátil).

16h-17h: cada grupo prepara dois esquetes sobre o tema, serviço ou relação comercial que gostaria de ter na área da bricolagem.

17h-18h: reconstituição; cinco minutos para cada esquete.

Exemplo 2: fórum criativo sobre a implantação das 35 horas semanais de trabalho

(Empresa pública, no momento em que a lei entrou em vigor.)

Objetivo: encontrar as melhores formas de organização para se adequar às 35 horas.

Em salas diferentes: executivos, operários com horários fixos, operários com horários variáveis ou restritos, pessoal do setor comercial (adaptado ao horário comercial) e relações públicas.

>

Programa:

8h30-9h: apresentação, treinamento.

9h-9h30: apresentação de um caso, fora do contexto da empresa, preparado pela equipe de mediação (implantação das 35 horas em outro contexto).

9h30-10h30: busca de ideias e de soluções positivas para o caso apresentado, em cada grupo, de seu ponto de vista particular (todos se imaginam na empresa em questão: esbarram no problema, encontram as soluções).

10h30-11h30: cada grupo apresenta suas ideias.

11h30-12h30: discussão. Tema: "Que reflexões fazer nesse caso?"

Almoço

14h-15h: cada grupo imagina, de seu ponto de vista específico, que problemas ele vai encontrar nessa situação (abordagem criativa).

15h-16h: reconstituição.

16h-17h: busca de ideias para o grupo vizinho (um grupo trata do problema do outro grupo).

17h-18h: reconstituição.

18h-18h30: formação de uma célula de criatividade permanente (com voluntários) para acompanhar a implantação das 35 horas.

Mediar um *open space*

A mediação de um seminário tipo *open space* consiste em reunir um grande número de pessoas (cem, duzentas, trezentas) no mesmo dia, em um local espaçoso, para uma sessão de criatividade. Ao longo do dia, formam-se diferentes subgrupos para a vivência de técnicas variadas de coleta de ideias (jornal mural, caderno circulante etc.). O interessante é o clima de estímulo e competição que rege esse tipo de seminário.

Sair do universo profissional

Convém incentivar os colaboradores da empresa a sair do universo profissional. A criatividade é, por definição, a prática do cruzamento, isto é, o encontro de dois conjuntos diferentes, ou mesmo distantes. É a prática da "bissociação", tão cara a Arthur Koestler, que consiste em favorecer a aproximação ou o conflito entre dois universos de referência. É também uma prática a que chamo "catação", que consiste em se impregnar de um problema e sair para explorar um ambiente estranho, novo, seja qual for, cidade, campo, supermercado, exposição de arte, para deixar o *escâner* cerebral fazer a conexão inesperada entre o problema e o estímulo aleatório.

Isso significa que a empresa criativa deve incentivar seus colaboradores a "ver o que acontece lá fora", sair do universo profissional, mergulhar em contextos técnicos ou sociológicos variados por vontade própria.

Visitar salões que não tenham qualquer relação com a atividade profissional, fábricas ou lugares desconhecidos, mantendo a mente alerta, pronta para estabelecer ligação com uma busca de ideias, é um dos componentes do treinamento em criatividade. Algumas empresas encorajam essa "catação" intelectual e, uma vez por mês, fazem o balanço das conexões em sessões de criatividade. Recentemente, por exemplo, participei da convenção anual de uma grande empresa que reuniu a maioria do pessoal. Entre duas conferências técnicas, os participantes eram convidados a visitar uma fábrica, o centro da cidade, uma feira regional, uma loja de departamentos ou um museu de arte moderna, onde assistiam a uma palestra sobre a criação pictórica no século XX. Excelente exemplo de mistura de informações!

Participar de colóquios de criatividade

A participação em colóquios internacionais é uma experiência estimulante e enriquecedora. Encontramos pessoas de todos os países interessadas em praticar a criatividade; trocamos métodos, técnicas, experiências; participamos de buscas de ideias coletivas sobre assuntos que contrastam com o universo profissional; assistimos a apresentações de casos; comparamos experiências praticadas em campo. Entre esses encontros, destacamos os colóquios anuais organizados pela Crea-France[54], em Paris, com a colaboração da Universidade Paris Descartes[55], e em Sestri, na Itália, por volta do mês de abril, que é sempre um colóquio caloroso e criativo[56]. Destacamos também o colóquio europeu da European Association for Creativity and Innovation (Eaci)[57]: a cada dois anos, cada vez em uma cidade diferente (Lodz, na Polônia, em 2005, em Copenhague, em 2007, e em Paris, em 2009). Destacamos, ainda, o colóquio organizado pelo Institu-

---

54. Ver: <http://www.crea-france.com>. Acesso em: 2 fev. 2011.

55. Ver: <http://www.crea-univ.fr>. Acesso em: 2 fev. 2011.

56. Ver: <http://www.creaconference.com>. Acesso em: 2 fev. 2011.

57. Ver: <http://www.eaci.net>. Acesso em: 2 fev. 2011.

to Kreaturk[58], na Turquia. Outros colóquios ocorrem na Espanha e em Malta (método De Bono). Em Paris, a Associação Innov'acteurs[59] organiza todos os anos um encontro sobre a inovação participativa. Já a Triz France[60] realiza com frequencia seminários de treinamento da teoria Triz.

Fora da Europa, destacamos os famosos colóquios da Creative Education Foundation[61], promovidos todos os anos, no mês de junho, em uma grande cidade universitária americana, e os colóquios de criatividade organizados na África do Sul, no Brasil etc. Perspectiva de muitas viagens criativas. Arrume as malas! Mais informações no site da Crea-France.

Incorporar a criatividade às avaliações profissionais anuais

Todos os anos, na maioria das empresas, ocorrem entrevistas de avaliação por iniciativa do setor de recursos humanos. O balanço é feito de acordo com uma série de critérios relativos a aspectos profissionais. Em geral, a criatividade não é levada em conta. Não se pergunta: "Sua criatividade foi estimulada ou reprimida? Você propôs um grande número de ideias? Elas foram bem recebidas? Alguma foi adotada?" O fato de valorizar a criatividade, de transformá-la em elemento desse balanço profissional e em critério de promoção, mostraria claramente uma vontade de estimular essa dimensão.

2. Organizar a produção de ideias: cinco soluções

Vamos supor que o treinamento já tenha ocorrido. Agora o objetivo é produzir. Não estamos mais a cargo do treinamento, mas da inovação técnica, dos departamentos de estudos e marketing ou da organização interna.

Atente para a importante observação de que descrevemos apenas a fase de produção de ideias de um processo de inovação. A inovação é um procedimento estratégico muito mais amplo, do qual a criatividade é apenas um dos componentes. Apresentamos a seguir os principais modos de organização que praticamos de acordo com nossa experiência para produzir ideias.

---

58. Ver: <http://www.kreaturk2005.com>. Acesso em 2005.

59. Ver: <http://www.innovacteurs.asso.fr>. Acesso em: 2 fev. 2011.

60. Ver: <http://www.trizfrance.org>. Acesso em: 2 fev. 2011.

61. Ver: <http://www.creativeeducationfoundation.org>. Acesso em: 2 fev. 2011.

Corpo de reserva e comandos criativos

Objetivo

Resolver rapidamente problemas pontuais, ocasionais, que precisam de um aporte criativo; dispor de uma fonte de produção de ideias maleável, flexível, pouco dispendiosa, participativa, que possa ser utilizada rapidamente.

Ferramenta

Depois de um programa de treinamento em criatividade com um grande número de pessoas, peça que voluntários criem um corpo de reserva criativo. Você poderá recorrer a eles de tempos em tempos para formar comandos temporários, que se dedicarão a buscas pontuais, na forma de reuniões de curta duração. Paralelamente, treine mediadores de criatividade internos, encarregados de fazer a mediação nesses grupos.

Célula de criatividade permanente

Objetivo

Organizar uma busca de longo prazo que exija um trabalho intenso; dispor de uma ferramenta eficaz de criatividade, composta de colaboradores bem treinados.

Ferramenta

Criar uma célula permanente, com cerca de oito pessoas, que tenha passado por um treinamento profundo em técnicas de criatividade, com disponibilidade para se reunir com regularidade em um local apropriado (ver quadro a seguir).

Dez conselhos para a célula de criatividade permanente

1. Selecione participantes motivados pela satisfação de encontrar ideias, e não "curiosos" que queriam apenas "ver como é" ou buscar crescimento pessoal.

2. Restrinja a célula a oito participantes, com compromisso de assiduidade durante certo período (ou forme um grupo de quinze pessoas, para contar

>

com pelo menos oito) e não mude a formação com muita frequência, para manter a coesão.

3. Busque participantes diferentes entre si (profissão, hobbies, idade, sexo, temperamento etc.).

4. Crie grupos fora da hierarquia, mas não os transforme num espaço de terapia de conflitos hierárquicos (o grupo é formado apenas para encontrar ideias).

5. Estabeleça um ritmo regular de reuniões – por exemplo: todas as segundas-feiras de manhã, a cada duas terças-feiras ou dois dias por mês.

6. Tenha um local específico para reuniões, isolado e independente (galpão, porão, sótão etc.) para guardar arquivos e materiais e preservar a intimidade do grupo.

7. Invista em treinamento: faça ao menos dois seminários no início, o primeiro sobre o clima, a coesão e a pedagogia, e o segundo sobre a implantação das técnicas numa ótica de produção.

8. Dê certa autonomia ao grupo (ritmo, liberdade de funcionamento), sabendo que não cabe a ele escolher os temas, as formulações e as soluções.

9. Não transforme o grupo em "celebridade": renove-o todos os anos (ou a cada dois anos).

10. Mantenha o grupo informado sobre o desenvolvimento das ideias, ou ele ficará com a impressão de "criar para nada".

Contratos temporários de produção criativa

Objetivo

Resolver um problema específico, excepcional, que exige um aporte criativo, durante um tempo limitado. Por exemplo, lançamento de um produto, projeto de uma nova sede social, implantação de uma nova organização de trabalho etc. Queremos mobilizar um grupo de reflexão criativa, mas nem por isso torná-lo permanente.

Ferramenta

Crie uma célula de criatividade temporária, de oito a dez pessoas, selecionadas e treinadas para esse objetivo (em geral na forma de um ou dois seminários de dois dias). Essa equipe poderá se reunir regularmente (uma vez a cada quinze dias, por exemplo) e se dissolverá no fim do projeto, como uma equipe de cinema ao fim de uma filmagem.

A célula de criatividade segundo W. J. J. Gordon (1965)

A contribuição de Gordon é também sua proposta original para organizar a criatividade nas empresas.

Ainda que a sinéctica "tenha sido aplicada em campos muito variados, teatro, administração, educação", escreve ele, "é no campo da indústria que ela se apresenta da forma mais universal, mais pragmática e clara". A implantação de um grupo de sinéctica numa empresa compreende três fases: a seleção, o treinamento e a reintegração no ambiente de trabalho. A seleção obedece a nove critérios de pré-seleção, entre eles energia, aptidão para a metáfora, propensão para o risco etc. "O treinamento dura um ano, à razão de uma semana por mês." O sonho de todo treinador!

Antes da primeira sessão, a empresa apresenta cinco a dez problemas em que sempre esbarra. Os cinco sinécticos recrutados se hospedam em locais independentes, postos à sua disposição [...] procuramos incutir neles um espírito de grupo [...] o grupo trabalha com dois mediadores [...] de volta à empresa, o grupo constituirá um núcleo em torno do qual se desenvolverá o espírito de invenção, seus membros devem estar preparados para desempenhar o papel de mediadores na empresa.

Esclarecemos que essa descrição aparece num livro publicado em 1965! Para se informar sobre as formas atuais de implantação do método sinéctico, é aconselhável entrar em contato com os representantes da Synectics Inc.

O receptáculo

Objetivo

Inovar a todo custo, em tempo recorde.

Ferramenta

Escolha de dez a vinte colaboradores e tranque-os numa sala com a missão de encontrar a ideia necessária. Instrução geral: você não quer ver a cara deles enquanto não encontrarem uma ideia; ameace esquecê-los lá; prometa uma recompensa excepcional. Segundo os autores, esse método tem valor desde que seja uma zona de liberdade. Os colaboradores devem sentir a pressão por resultados e ter ampla liberdade para explorar as ideias mais inesperadas e menos conformistas. Devem ter permissão para explorá-las em todas as direções e sair dessa caixa preta com ideias exploráveis.

Grupo de criatividade externo

Também podemos chamá-los de mercenários criativos.

Objetivo

Examinar os problemas usuais da empresa com novos olhos, sem preconceitos ou restrições. Fazer pessoas de diferentes horizontes trabalharem com criatividade. Colher ideias novas, que sejam incomuns e contrastem com a cultura da empresa.

Ferramenta

Reúna pessoas que não sejam da empresa, com formações e estilos diversos, em função do tema tratado (por exemplo: arquitetos, médicos, engenheiros e publicitários, ou biólogos, engenheiros, clientes, semiólogos, decoradores etc.). Faça um treinamento com essas pessoas (um fim de semana, por exemplo). Proponha que trabalhem com a criatividade à noite, nos fins de semana ou no meio da semana, conforme a disponibilidade.

Alguns exemplos concretos de organização

Caso 1

Um grupo do setor de produtos alimentícios deve lançar vários produtos novos a cada ano, o que implica numerosas inovações. Dispor de um diretor de inovação, capaz de fazer a preparação e o acompanhamento.

>

Solução escolhida: célula permanente. O grupo é composto de seis pessoas (pesquisa, comercial, estudos). Um mediador interno recebeu treinamento; o grupo é autônomo. Em um ano, o grupo trabalhou com nove "buscas de ideias".

Caso 2

Uma grande empresa de edição e de venda por correspondência deseja manter um grupo de colaboradores capazes de trabalhar espontaneamente com criatividade.

Solução escolhida: treinamento em criatividade de todo o pessoal e de um mediador interno. Os "comandos" se reúnem com frequência.

Caso 3

Um grupo bancário precisa resolver, frequentemente com urgência, problemas pontuais (por exemplo, o arranjo interno de um novo tipo de *shopping center*).

Solução escolhida: para cada operação, a empresa forma um grupo de criatividade externo, composto de arquitetos, decoradores, publicitários e sociólogos, selecionados de um cadastro de criativos e treinados para trabalhar em grupo.

Caso 4

Uma grande empresa do setor de eletrônicos deseja estimular a pesquisa por meio de técnicas de criatividade.

Solução escolhida: treinamento de um grupo de dez pesquisadores e dois mediadores. Cinco pesquisadores trabalham alternadamente com criatividade durante dois dias, a cada quinzena.

Caso 5

Uma empresa do setor de laticínios deve inovar continuamente para incentivar o consumo de leite. A inovação se divide entre técnica e marketing.

Solução escolhida: a empresa criou uma célula de inovação que se reúne regularmente (laboratório, marketing, embalagem, publicidade). Recorre regularmente a grupos de criatividade para resolver problemas pontuais.

Caso 6

Uma empresa que fabrica material para grandes obras (pás hidráulicas, entre outras coisas) está sempre procurando resolver os problemas que surgem para adaptar seus produtos a diversos contextos geográficos. Além disso, deseja avaliar o rendimento de um programa de criatividade.

Solução escolhida: o pessoal do departamento de estudos recebe um treinamento em criatividade (dois seminários de três dias, com variedade de participantes). Eles passam a trabalhar em pequenos grupos.

Para avaliar o rendimento, a empresa decide comparar o número de patentes registradas antes e depois do programa de criatividade. Os resultados são categóricos: o número de patentes aumentou significativamente.

Caso 7

Uma empresa de *design* comprou um prédio novo para instalar seus escritórios e deseja que o pessoal participe do arranjo interno.

Solução escolhida: uma série de seminários de dois dias, com a participação de arquitetos. Os grupos desenham coletivamente as divisões internas, os móveis e as disposições.

Caso 8

Uma multinacional deseja realizar uma pesquisa prospectiva seguindo a hipótese da diminuição dos recursos hídricos no planeta.

Solução escolhida: após numerosos estudos, a empresa organizou uma série de seminários criativos, com a participação de colaboradores de diferentes países e formações, para elaborar possíveis cenários.

Capítulo 6

A criatividade aplicada aos estudos qualitativos

1. Histórico e fundamentos

Os estudos qualitativos projetivos, criados na França há aproximadamente 30 anos, provocaram uma pequena revolução na psicologia social, visto que eles não se baseavam essencialmente na linguagem (da entrevista, da discussão em grupo tradicional), mas apelavam para a expressão imaginária com técnicas variadas de expressão em um contexto de dinâmica de grupo.

As técnicas qualitativas projetivas nasceram na Synapse em 1970, época em que as técnicas de criatividade eram realizadas exclusivamente para treinamento[62]. Os seminários de treinamento ocorriam fora da empresa, duravam dois ou três dias e tinham como objetivo o desenvolvimento pessoal e a produção de ideias.

Ensinávamos os participantes a abandonar temporariamente as regras da lógica, a quebrar a linguagem estruturada, falando, de preferência, de maneira associativa ou na forma de histórias imaginárias, sonhos acordados ou outros modos de expressão como o desenho, a expressão corporal, a improvisação teatral etc. Na época, a regra deontológica que nos impusemos era não analisar.

---

[62]. A Synapse foi a primeira empresa francesa de criatividade (ver a história da criatividade na p. 246). Os estudos qualitativos integrados às técnicas criativas nasceram aí, em 1970. A empresa era dirigida por Guy e Christian Aznar; e a equipe de mediadores era formada por Georges Guelfand, Roland Guénoun e Aldo Nonis. O primeiro estudo desse tipo foi feito para a Colgate Palmolive, a pedido de Didier Bériot, o primeiro a perceber a utilidade dos procedimentos projetivos e seu ardente defensor.

Na verdade, o objetivo era, em primeiro lugar, ajudar as pessoas a exprimir o imaginário, e não analisá-lo com um olhar mais ou menos psicanalítico. Mas a riqueza, a diversidade, a profusão e a espontaneidade dessa produção imaginária inverteram a regra, perguntando: "E se a gente analisasse?" Isso surgiu de uma reflexão, resumida da seguinte maneira: "Vejamos: durante os treinamentos, recebemos pessoas que nos pagam e não analisamos o que elas dizem; o que aconteceria se fizéssemos o contrário, se recebêssemos pessoas que fossem pagas por nós e nosso projeto principal fosse analisar o que elas dizem?"

Nascia o método dos estudos de motivações projetivas! Para situar o contexto e compreender a originalidade da iniciativa, devemos dizer algumas palavras sobre a situação na época.

O termo *motivação* foi inventado nos anos 1930 e os estudos sobre o assunto tomaram impulso nos anos 1950, nos Estados Unidos. Já era original por si, dizendo que, por baixo dos comportamentos que observamos nas pessoas, por baixo de suas atitudes, há uma zona subterrânea de energia cujo conteúdo e existência elas ignoram, embora seja seu motor, seu principal motivador.

A noção de *motivação inconsciente* derivava evidentemente da psicanálise, mas ia além da psicologia individual e da esfera privada, incluindo a esfera social e os comportamentos mais anódinos, como comprar um produto em vez de outro. Os estudos se desenvolveram rapidamente nos Estados Unidos, demonstrando o caráter inconsciente do comportamento de compra dos consumidores submetidos a impulsos.

No início, os métodos para detectar os motivadores inconscientes eram as entrevistas individuais não diretivas de longa duração. Inspiravam-se no procedimento proposto pelo psicólogo Carl Rogers, que havia teorizado a atitude *não diretiva* nas entrevistas clínicas, assim como a noção de empatia e de escuta positiva. Na época, o psicólogo, com seu gravadorzinho, passava horas escutando o entrevistado e incentivando-o com "ah, é..." e "hum, hum...", ou reformulando o que tinha escutado, com muito cuidado para não induzir o paciente. A pertinência dos resultados dependia bastante do talento do psicólogo em obter as informações e da sutileza de sua interpretação, que era extremamente meticulosa. O psicólogo americano Ernest Dichter (1907-1991) foi o grande mestre dessa metodologia.

As técnicas projetivas revolucionaram a prática dos estudos sobre motivação. Julgue você mesmo: em vez de entrevistar uma pessoa, cara a cara, numa relação do tipo médico-doente, utilizando a linguagem como ferramenta de ligação, tínhamos dez pessoas à disposição, durante um dia inteiro, dançando, desenhando, sonhando em voz alta, colando imagens, brincando com massinha de modelar, criando roupas, inventando esquetes para um *show*, buscando ideias razoáveis ou delirando tranquilamente, num ambiente planejado para liberar as energias e os fantasmas. Uma revolução!

Desde então, os estudos projetivos se propagaram, com nomes diferentes, por marcas diferentes, e tornaram-se a bandeira dos estudos qualitativos na França e na Europa.

Infelizmente, a qualidade decaiu com o tempo. Sessões de dois dias passaram para um dia, depois para seis horas, quatro horas, duas horas... De minha parte, nunca fiz sessões de menos de quatro horas, tempo necessário para que se dê algum treinamento e sejam aplicadas várias técnicas. Porém, por influência das empresas de estudos anglo-saxãs, habituadas ao que chamam de grupos de discussão, em que os participantes sentam-se em volta de uma mesa e levantam a mão para responder perguntas, os estudos projetivos, mais caros, sofreram concorrência de métodos mais baratos e, sobretudo, mais seguros, por serem mais racionais. Como diz o ditado, a economia troca moeda boa por moeda ruim. Esse é o motivo por que um grupo de discussão de duas horas em que os participantes fazem um vago "retrato chinês" é chamado de projetivo. Engodo! Muitos responsáveis por empresas de estudos lamentam essa situação.

O curioso é que os americanos, que deram origem a essa banalização, estão redescobrindo o que inventamos há 30 anos. Gerald Zaltman, professor de *marketing* na Harvard Business School, publicou recentemente um livro em que apresenta "uma nova abordagem" para compreender os consumidores, que corresponde exatamente ao espírito e à prática dos estudos projetivos que realizamos desde 1970.

> As decisões dos consumidores são ditadas por motivações inconscientes [...] essas forças inconscientes incluem lembranças, metáforas, sensações, histórias que interagem de maneira complexa [...] a metáfora, isto é, a transposição de uma coisa para outro registro, nos ajuda com frequência a exprimir o que sentimos [...] é preciso penetrar a mente por meio das metáforas [...] utilizar as associações [...] explorar os arquétipos [...] os mitos [...] inventar histórias fantásticas [...]. (Zaltman, 2004)

2. Implantação das técnicas projetivas

A diferença fundamental entre os estudos projetivos e os clássicos se deve a dois pontos: a diversidade dos modos de coleta de informações e a não aceitação da linguagem habitual.

Diversidade porque, como acabo de lembrar, utilizamos um grande número de técnicas de expressão, cada uma com uma função, um alvo, um rotei-

IDEIAS

ro de acesso ao inconsciente, como se, para abrir uma fechadura cuja chave se perdeu, tivéssemos um chaveiro com 20 chaves, em vez de uma.

Mas uma das principais qualidades desse tipo de procedimento de estudo é que ele se desvia da linguagem. O discurso "normal", usual, é um código social, de boa educação, de posição social, um código do pensamento racional. É o código do professor, do conselho administrativo, da mesa em que se tomam notas, da conferência em que se expressam ideias sensatas de forma elegante e estruturada. Antes de ser o reflexo da pessoa, o discurso (sobretudo em público) é o espelho de uma cultura, que constrange o pensamento e a afetividade a serem compreensíveis e aceitáveis. (E não estou me referindo à mentira...!) Apesar de ser um instrumento fabuloso a serviço da sociedade, a linguagem é ineficaz para exprimir o que é individual, íntimo, secreto, marginal, inconsciente, vago, impreciso, reprimido, isto é, a motivação inconsciente. Diante de alguém que nos faz perguntas, sobretudo numa mesa redonda clássica, em que estamos em público, o discurso socializado serve de máscara, de mecanismo de defesa, que esconde os desejos e os temores mais profundos atrás de racionalizações e estereótipos comuns. Veículo do conformismo e expressão de um *status* social, mais que de nossa verdadeira personalidade, a linguagem estruturada coloca-se como um obstáculo entre o consumidor e o psicólogo. Podemos resumir dizendo que os estudos projetivos foram especialmente concebidos para superar a barreira da linguagem socializada. Eles cumprem esse objetivo na medida em que, nos grupos, não é utilizada a linguagem estruturada, mas outros modos de expressão. Se há linguagem, ela é associativa, em que cada participante completa a frase do outro, em que o discurso não é pessoal, mas uma "linguagem de grupo", descontinuada, familiar, voluntariamente desestruturada. Alguns mediadores, como Georges Guelfand[63], insistem na necessidade de ensinar os participantes a se expressar da forma mais rápida possível, "para soltar o freio ligado a um excesso de racionalidade". "Jogue as palavras sem ordem, do jeito que vêm [...] o mais rápido possível", recomenda. "Os pensamentos querem ser muito inteligentes", observa. "Expor o que pensamos pressupõe selecionar o que parece ser mais adequado e interessante para dizer [...] Desestruturar essa linguagem, jogar com as palavras, associando-as ligeiramente, tem outro interesse: entrar em contato com a emoção." Aliás, utilizamos outros modos de expressão, além da linguagem de salão, de bar, de escritório, quando empregamos técnicas não verbais – as

---

63. Ex-mediador da Synapse, Georges Guelfand criou com Roland Guénoun e Aldo Nonis uma empresa especializada nessa área, a Insight. Publicou, em 1999, um livro sobre o assunto: *Paroles d'images: études projectives appliquées aux études marketing.*

corporais, por exemplo, ou as técnicas gráficas, mímicas, esquetes, representações, histórias fantásticas etc. As técnicas projetivas são também uma superação da linguagem banalizada. Com elas procura-se atingir o plano simbólico por meio de metáforas, analogias e desenhos, muitas vezes abstratos. O corpo, o gesto, as formas e as cores tornam-se meios privilegiados de expressão simbólica, ao lado da linguagem irracional, da poesia, do discurso automático, associativo.

Qual é a diferença das técnicas projetivas em relação àquelas utilizadas nas buscas de ideias descritas anteriormente? Em primeiro lugar, a maneira como utilizamos as informações coletadas.

No esquema abaixo, podemos ver o roteiro de desvio que discutimos. Tanto faz que o objetivo seja uma busca de ideias ou uma análise das motivações, a primeira parte do roteiro é sempre a mesma: depois de nos impregnarmos do assunto, nós nos distanciamos para produzir material imaginário. A diferença está na segunda parte.

Numa busca de ideias, depois da produção imaginária, o cruzamento é feito pelas mesmas pessoas, durante a sessão de criatividade: elas produzem ideias

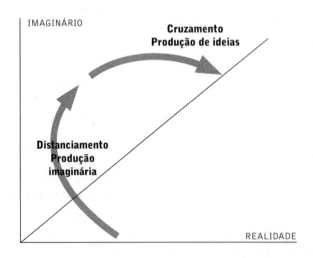

No caso dos estudos projetivos, depois da produção imaginária feita pelo público considerado, não há "cruzamento" ou produção de ideias (não é esse o objetivo), mas análise da produção imaginária por outro grupo (especialistas, analistas, semiólogos etc.).

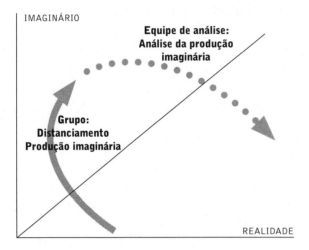

No caso da busca de ideias, é o grupo todo que, depois de divergir, faz o que chamamos de cruzamento: estabelece a relação (ou o conflito) dos estímulos distantes com os dados do problema para, com base nesse confronto, produzir uma ideia.

No caso do estudo projetivo, depois de produzir o material imaginário, as pessoas consultadas são dispensadas. Elas são pagas pela produção e pelo tempo que passaram ali. Entra em cena um segundo grupo, composto de especialistas em análise de conteúdo, para desvendar as pistas do inconsciente, como os arqueólogos que coletam fragmentos do passado e contam como era a vida cotidiana nos tempos dos faraós.

Além disso, não utilizamos as mesmas ferramentas. Na busca de ideias, utilizamos as técnicas em função do objetivo final, que é resolver um problema, chegar a uma solução. Na prática projetiva, empregamos técnicas em função de seu potencial para soltar a expressão, facilitar a divagação, mesmo que fuja do tema (sobretudo se foge do tema).

Em cada estudo, oito a dez técnicas projetivas são praticadas em grupo, num ambiente de expressão permissiva, formando um caleidoscópio de expressões. O mediador dispõe de um arsenal de ferramentas que será utilizado em função do tema e das características do grupo.

Modalidades práticas

Grupo

O princípio dos métodos projetivos é empregar o grupo e a dinâmica para estimular cada um a se "deixar levar" com toda confiança depois do treinamento. Utiliza grupos de oito a dez pessoas, selecionadas entre o público-alvo observado. O número restrito de participantes é determinado pela prática da dinâmica de grupo e não por um patamar de representatividade.

Essa amostra é significativa, mas evidentemente não é representativa da população estudada – isso exigiria que se consultassem centenas e centenas de pessoas. A função do qualitativo, em especial nos estudos projetivos, consiste em identificar temas, problemáticas ou tendências cujo peso será avaliado por uma pesquisa quantitativa. O grupo pode ser diversificado, com pessoas de perfis muito diferentes, para facilitar a interferência de papéis e *status*, ou, ao contrário, bastante homogêneo, específico do alvo (sexo, idade, tipologia etc.). Alguns mediadores, como Jean-Claude Wydouw[64], organizam grupos *em duos* para certos problemas e em casos particulares. São reuniões de grupo que envolvem, por exemplo, pais e filhos. Segundo ele, a dinâmica da sessão se baseia "na alternância de fases durante as quais os pais trabalham sozinhos e fases durante as quais realizam uma tarefa com os filhos". Outros tipos de duos podem ser criados com esse mesmo princípio. Não estamos longe da técnica de fórum criativo descrita acima e que pode ser o objeto de estudo.

Mediação

A primeira tarefa do mediador num grupo que trabalha com técnicas projetivas é familiarizar os participantes com os métodos utilizados: é a fase pedagógica, que deve ser respeitada mesmo numa sessão de quatro horas. A mediação tem três objetivos:

- Estabelecer *um nível de comunicação* no grupo que facilite e encoraje a expressão individual e coletiva das motivações, passando por cima das barreiras psicológicas e sociais que em geral atrapalham a expressão das necessidades mais íntimas. O objetivo é envolver psicologicamente o grupo, pôr em cena a emoção, a afetividade.

---

64. Ex-mediador da Synapse, Jean-Claude Wydouw fundou uma empresa especializada em estudos projetivos, a WSA.

- Facilitar *a expressão imaginativa*, fazer os participantes esquecer as obrigações cotidianas, ensiná-los a suspender o julgamento para permitir um trabalho voltado para o futuro e não para o presente (mesmo que o tema da busca seja atual), a fim de obter uma informação com vocação dinâmica e que não esteja voltada para o passado.
- *Abordar o tema de todos os ângulos*, com uma bateria de exercícios projetivos, que apele para modos diversificados de expressão, individuais ou coletivos, racionais e imaginários, verbais ou não verbais, gráficos, gestuais etc., que primeiro exigem treinamento.

O mediador segue um guia preestabelecido pelo diretor de pesquisa, em função do tema e dos objetivos, avaliado pelo solicitante do estudo.

Duração

O aprendizado e o envolvimento exigem tempo. Deixar o grupo à vontade, também. O tempo tem papel importante numa pesquisa qualitativa, tanto pelo acúmulo quantitativo de informações quanto pelo aprofundamento qualitativo do problema. Uma duração mais longa permite o uso de técnicas trabalhosas (colagens, desenhos etc.), que só têm interesse se acompanhadas de comentários individuais e em grupo. Uma sessão de desenhos, por exemplo, com material gráfico de qualidade, tinta a dedo, guache etc., precisa de pelo menos 30 minutos para o desenho propriamente dito e 10 minutos por desenho para os comentários. Ou seja, 130 minutos no total, se tivermos 10 participantes. Uma sessão de esquetes exige no mínimo 20 minutos de preparação e 5 apresentações de 10 minutos cada, seguidos de 15 minutos de comentário coletivo. Ou seja, 85 minutos no total.

Distinguimos em geral:
- *Grupos motivacionais longos*, de um dia (ou idealmente dois, fora ou dentro da empresa), que permitem obter uma qualidade excelente de informação. Nesse caso, a duração permite dedicar certo tempo à liberdade de discurso, à espontaneidade projetiva, à expressão imaginária etc., e despertar nos participantes um grau elevado de envolvimento com o problema. Além disso, permite utilizar uma vasta gama de técnicas para abordar o assunto de vários ângulos. Frequentemente acontece de chegarmos a uma solução consensual em sessões de seis horas.
- *Grupos motivacionais curtos*, nos quais consideramos uma duração mínima de três horas e meia para aplicar um procedimento criativo.

Análise

A importância do material a ser analisado, sua riqueza e sua diversidade nos levaram desde o início a desenvolver uma metodologia original de análise, aplicada por grupos multidisciplinares, compostos de psicólogos, sociólogos e semiólogos, e aos quais ainda se pode agregar o solicitante do estudo. Isso permite uma análise participativa, diretamente ligada ao tema. A natureza dessa análise é diferente daquela da análise clássica de conteúdo: mais que descrever, classificar e enumerar indefinidamente, ela pretende compreender a dinâmica das relações psicológicas entre o tema e o consumidor. Menos detalhista, menos temática, menos abstrata, pode ser mais bem definida, como um diagnóstico. Não visa definir nomenclaturas ou esgotar o conhecimento. Avança por recortes e comparações, aprofundamentos progressivos, facilitando a compreensão sintética do essencial. A análise prospectiva vai além da simples interpretação psicológica e destaca as tendências, os fluxos e eixos de evolução.

Organização prática

Todas as sessões são registradas em vídeo ou gravador. Os relatórios escritos são completados por montagens de cenas, que acompanham a análise. De fato, a experiência mostra que os solicitantes apenas aceitam algumas informações se "virem com os próprios olhos" um participante dizer isso ou aquilo (existem empresas especializadas nesse trabalho de montagem[65]). Um(a) assistente anota "tudo que é dito", integralmente. Os desenhos, as colagens, as maquetes etc. são fotografados, digitalizados e inseridos nos relatórios. O responsável pelo estudo define o projeto e o guia de mediação e coordena o trabalho do grupo. A seleção dos participantes é atribuída a empresas especializadas em formação de painéis de consumidores[66]. Graças a questionários-filtro, é possível fazer um recrutamento preciso com base em critérios seletivos.

Eventualmente as reuniões podem ocorrer na empresa, caso haja um local independente e bastante espaçoso. Por razões de discrição e neutralidade é preferível organizar as sessões externamente, em locais preparados especialmente para isso, com espelhos falsos para os observadores, sistemas de vídeo interno e videoconferência para os casos em que o solicitante esteja em outra cidade ou país – assim ele pode assistir, de Tóquio ou de Boston, a reuniões realizadas em Paris[67].

---

65. Ver: <http://www.djangoproduction.com>.

66. Por exemplo, a Recrutement Services: <http://www.recrutementservices.com>.

67. Por exemplo, a Réunions Services: <http://www.reunions-services.fr>.

Relação com outras ferramentas de estudo

Os estudos projetivos têm como vocação analisar as motivações dinâmicas dos participantes, compreender atitudes. Eles encontram um complemento útil nos estudos etnológicos, que consistem em observar o comportamento das pessoas com um olhar de etnólogo, ou nos estudos semiológicos, cuja vocação é analisar o signo, o discurso, a linguagem. Uma abordagem global permite, muitas vezes, estabelecer vínculos entre os diferentes enfoques e abordar um tema com uma visão cruzada.

3. Principais aplicações

Os estudos projetivos são utilizados normalmente para compreender melhor o comportamento de uma categoria social pela análise de seus impulsos subjacentes ou detectar tendências, identificar correntes promissoras e antecipar a recepção de uma proposta.

No setor do consumo de bens não duráveis, trata-se muitas vezes de orientar as inovações, fazendo que correspondam melhor às expectativas mais íntimas; realizar estudos fundamentais por produto ou marca; estudar a imagem de um produto ou testar hipóteses inovadoras (ideias, projetos, cenários). Esses estudos são utilizados em especial em campos em que há pudor ou resistência a se manifestar sobre assuntos pessoais. Por exemplo, quando é preciso superar o pudor e a relutância em falar da própria saúde, em especial da angústia relacionada à idade ou à perda de capacidade; explorar atitudes que têm que ver com médicos, regimes e consumo de medicamentos; identificar certa verdade sobre comportamentos relativos à "vida privada" (higiene, sexualidade etc.); ou abordar com franqueza o tema da aparência, da beleza e da sedução, tanto com mulheres quanto com homens.

Na prospectiva social e política, os estudos projetivos são particularmente apropriados para pesquisas cujo objetivo é detectar tendências. Para descobrir e analisar desejos e temores de determinado público sobre temas sociais, coletivos, de interesse geral ou políticos, permitindo que ele se projete no imaginário e no futuro. Pela projeção prospectiva num futuro próximo ou distante, desejado ou temido, as atitudes íntimas, até então secretas, privadas e com frequência muito diferentes das opiniões expressas diante de um pesquisador, podem ser identificadas de forma mais significativa. Tratando-se de estudos temáticos (proteção social, futuro do turismo, mulheres de agricultores), ou sociológicos (aposentadoria, álcool e direção), os estudos projetivos permitem compreender melhor a dinâmica das motivações e, com isso, a evolução da sociedade. Os estudos projetivos também foram utilizados para analisar a dinâmica social no plano político. Jean-Luc Auber[68] lembra que aplicou estudos qualitativos projetivos como ferramenta de informação quando foi conselheiro de François Mitterrand, em seus dois mandatos, e, depois, quando trabalhou "com Jacques Chirac na elaboração da imagem presidencial"[69].

Exemplos de guias de mediação

Exemplo 1: estudo de marketing

Tema: criação de um novo perfume.

Duração: um dia. Seis grupos de mulheres entre 25 e 35 anos, selecionadas por estilo de vida.

9h-9h30: discussão tradicional em grupo para determinar o que se espera de um novo perfume.

9h30-10h15: treino dos procedimentos projetivos com o grupo.

10h15-11h30: cada participante imagina um perfume que deseja no momento. Relaxamento? Meditação?

Exploração do imaginário desse perfume por meio de uma série de exercícios como: a) "meu perfume seria..." (associações de palavras, imagens etc.); b) "meu perfume está num filme... os atores são... a cena principal é... o ambiente é..."; c) "vejo meu novo perfume num sonho... no sonho meu novo perfume aparece na forma de... com a música... aos poucos ele muda alguma coisa em mim... ele me faz..."; d) "meu novo perfume está numa sessão de psicanálise, está deitado no divã, eu presto atenção no que ele diz... o que ele está me dizendo?"; e) "alguém sente o rastro desse novo perfume... eu entro no cérebro dessa pessoa... o que ela está pensando?" (identificação).

11h30-12h30: "meu novo perfume é uma cor". Com giz de cera, individualmente, as participantes vão tentar definir a cor desse novo perfume. Comentários: "Essa cor me lembra... provoca em mim..."

>

---

68. Jean-Luc Auber foi colaborador da Synapse.

69. "Jacques Pilhan e eu elaboramos os primeiros estudos qualitativos e depois colocamos nossas técnicas a serviço de François Mitterrand em 1984", *Le Monde*, 2 de maio de 2004.

Desenham uma personagem alegórica desse novo perfume (fada, bruxa, demônio, sábio, mágico, personagem de ficção científica etc.). Comentários projetivos.

Pausa

14h-15h15: as participantes inventam dez perfumes, e agora tentam fundir os projetos e definir apenas dois ou três: A, B e C. Para cada um, em trios, elas descrevem o contexto do perfume (colagens).

Para cada perfume A, B e C, definem uma receita imaginária, poética, fazendo um poema em grupo (por exemplo, uma erva recém-cortada, uma ágata azul, uma lembrança de infância, os reflexos na água de Debussy etc.).

15h15-16h15: as participantes desenham o território imaginário de A, B e C (em pequenos grupos). Mapa do perfume; a capital, a essência do perfume A seria... estilo, ambiente; a periferia, os arredores... o extremo confim, as reminiscências...

16h30-18h: elas testam três fragrâncias resultantes da busca, comparam cada uma aos três universos imaginários inventados ao longo da sessão.

Exemplo 2: estudo social

Tema: atitude em relação à aposentadoria.

Duração: um dia. Quatro grupos de assalariados de 55 anos, podendo se aposentar sob certas condições aos 58 ou 60 anos, ou prolongar a vida ativa.

9h-9h30: discussão tradicional em grupo sobre aposentadoria.

9h30-10h15: treino dos procedimentos projetivos com o grupo.

10h15-12h: a partir desse momento, os participantes não falam mais em nome próprio, mas em nome de personagens imaginários, que serão inventados em grupo. De uma lista concebida coletivamente, eles escolhem cinco personagens que, para eles, representam casos típicos em seu meio profissional e dão nome a eles: Paulo, Pedro etc. Para cada um, dão um corpo: fazem um desenho (em duplas), de tamanho natural, em papel canson. Incrementam a imagem com colagens. Comentários coletivos descrevem seu universo e sua vida.

Para cada personagem: às vezes ele pensa na aposentadoria, e os participantes descrevem o que passa por sua cabeça, seus pensamentos íntimos. Às vezes acontece de ele ter "pensamentos ruins", e os participantes os descrevem (com a técnica da história imaginária). Às vezes também acontece de ele ter bons pensamentos, e os participantes os relatam (com associações coletivas para cada personagem).

Chega a esposa (ou o marido): "Em que você está pensando?", "Na minha aposentadoria", "Me conte..." (os participantes criam um esquete). Chega um colega (homem ou mulher) da mesma idade: idem; um filho de 35 anos: idem; um neto de 15 anos: idem; e, por último, a imagem dele mesmo aos 18 anos. Seu passado e seu presente conversam sobre aposentadoria, o que eles dizem? (Esquete ou relato imaginário, com envolvimento pessoal dos participantes, que devem falar com os olhos fechados.)

Almoço

14h-15h30: os participantes fazem um desenho (formato grande, com tinta a dedo) abstrato, simbólico, analógico: "Minha aposentadoria é..." Comentam o desenho na primeira pessoa: "Minha aposentadoria é..."

15h30-16h30: eles preparam um filme. A cena se passa sete anos depois. Um dos personagens tem 62 anos e participa do filme. Em grupos de três, eles escrevem o roteiro e desenham o *story board*. Quem serão os atores? Qual será o cenário? Eles representam uma cena-chave. Comentários: como se veem aos 62 anos?

16h30-17h30: busca de ideias. Um dos personagens gostaria de se aposentar mais cedo: os participantes buscam dez ideias para ele (técnica do *brainwriting*). Outro personagem gostaria de trabalhar mais alguns anos: eles buscam dez ideias para ele (técnica do *brainwriting*). As ideias são reunidas em cenários.

17h30-18h30: os participantes escrevem uma carta para o Papai Noel. Eles não a leem para o grupo: ela permanece secreta, anônima. Colocam-na numa caixa. Cada um faz um desejo secreto ao Papai Noel, um desejo íntimo, pensando em sua aposentadoria.

Técnicas utilizadas nos grupos projetivos

O **treinamento do grupo** é indispensável para passar da discussão tradicional para o estudo projetivo. Ao longo da sessão, utilizamos técnicas de clima e preparação para a expressão imaginária, semelhantes às já descritas (ver p. 114), adaptadas ao tipo de público.

As **técnicas de expressão** são análogas às utilizadas na busca de ideias apresentadas nas páginas 42 a 102, mas aqui são aplicadas de forma totalmente diferente: não visam a produção, mas a expressão imaginária livre e difusa de ideias.

São bastante utilizadas, em particular, as **associações livres**, as **histórias imaginárias**, as histórias fantásticas, os contos, os retratos imaginários, os sonhos acordados etc. (ver p. 79). Como veremos nos exemplos a seguir, o princípio das narrativas imaginárias é contornar o tema e examiná-lo de ângulos diferentes (o perfume num sonho... descrevo a cor do perfume... faço uma alegoria do perfume...), o que nos permite destacar as repetições ou as contradições do discurso.

Os **procedimentos analógicos**, metafóricos, alegóricos, são gerais (ver p. 91): deslocamos continuamente o problema, o máximo possível, o mais longe possível, em registros variados, para obter informações não na forma direta, mas na de desvio. Por exemplo, nunca perguntamos: "O que você acha disso?", e, sim: "Na sua opinião, o que fulano ou sicrano acharia disso?"

A **genealogia das personagens imaginárias**, isto é, vida pessoal, casa, "histórias" cotidianas etc., permite encenar o tema em questão.

Na **forma de identificação** (ver p. 70), tentamos fazer que os participantes se projetem no assunto (eu sou um pneu, uma casca, um móvel de cozinha etc.).

O **desenho** é a principal forma de expressão, um ponto obrigatório de passagem para os estudos projetivos (ver p. 88): desenho individual, em grupos pequenos, coletivo, em suportes variados, tanto figurativos quanto abstratos. A qualidade projetiva está ligada muitas vezes à qualidade do material: em vez de simples desenhos a lápis numa folhinha de papel, usar tinta a dedo, giz de cera, guache, *sprays*, e munir os participantes de aventais de pano ou papel. Com frequência utilizamos o desenho no início da sessão, para quebrar os vícios da linguagem de salão. É preciso observar que a técnica do desenho só é interessante em função dos comentários feitos em seguida. Os temas dos desenhos são normalmente um planeta imaginário, o território do produto, a casa do produto etc.

>

As **colagens** (ver p. 90) são menos imaginativas que os desenhos, mas permitem relacionar o tema com o contexto social do momento, refletido nas mídias utilizadas (cuidado com a seleção de suportes que serão recortados).

Variantes gráficas: máscaras brancas, construção de maquetes, massa de modelar etc.

Os **poemas em grupo** favorecem a expressão metafórica. A **expressão escrita** pode funcionar igualmente na forma individual (carta) ou em mural.

Os **esquetes**, ou jogos de representação, são uma forma interessante de encenar a situação. Se quisermos evitar banalidades, é necessário preparar o grupo (atenção com o tempo). Variantes: mímica, expressão corporal.

A **criação de uma campanha publicitária** imaginária (cartazes, *slogans*, filme publicitário etc.) permite exprimir certos argumentos de forma exagerada. Do mesmo modo, a criação ou o esquete de um **programa de televisão**, a criação de um discurso imaginário diante de um público, para uma campanha eleitoral, debates públicos etc., obriga a exagerar certas características. As **buscas de ideias** propriamente ditas são pouco utilizadas em grupos projetivos. Quando o são, servem mais para analisar o que as ideias revelam ou deixam de revelar do que pelo conteúdo destas. A busca de nomes (e apelidos) é utilizada com frequência para designar o produto de outra forma.

As **projeções no futuro** permitem transpor o tema para o futuro. Ou, então, o primeiro contato com o produto ou tema por um personagem imaginário vindo de outro planeta, uma criança, um ser primitivo etc.

Anexos

Anexos

Bate-papo com Roland Moreno[70]

GA: Ligo o gravador?

RM: Como quiser. É maravilhoso estar aqui com você, depois de 30 anos, falando de criatividade com a mesma curiosidade, com a mesma fome de compreender de onde vem essa agitação neuronal que faz a gente dizer: "Está vindo, sinto que está nascendo uma ideia, está saindo da corrente, da cacofonia das associações desordenadas, da mistura de imagens que se confundem na minha cabeça. E vou ter de pegar essa ideia, frágil como uma planta que brota da terra, com palavras, sem quebrá-la".

GA: Afinal, depois de tanto tempo, você, que é um inventor patenteado, reconhecido como utilidade pública, protótipo do inventor que teve a ideia do século, o que você tirou dessa experiência da *cria*, isto é, do fato de ter frequentado grupos de criatividade como os que organizávamos na Synapse?

RM: Para mim foi uma revelação, no sentido fotográfico do termo, como um negativo que você mergulha num banho de hipossulfito de sódio e uma paisagem insuspeita se revela. Enfim, hoje em dia falaríamos de *pixels*. Como um banho de *pixels* vagando em todas as direções, que de repente se organiza em imagens, em ideias. Lembro muito bem, foi em 1972: quando acabou o seminário, em fins de março, criei a associação Innovatron, e meus contatos ficavam assombrados com essa espécie de efervescência que vem junto com o grupo. Em julho, consegui meu primeiro cliente, transformei a associação em empresa (que existe até hoje) e achei que estava diante de uma fortuna. Na

---

70. Roland Moreno é considerado o inventor mais original de nossos tempos. Ele inventou os cartões inteligentes, que hoje têm inúmeras utilidades em nossa sociedade (retirar dinheiro, fazer pagamentos em lojas, pagar estacionamentos etc.). Teve a ideia dos cartões na época em que frequentava os grupos de criatividade organizados pela equipe de Guy Aznar, numa empresa chamada Synapse.

verdade, percebi que as coisas não eram tão simples, e que existe uma grande diferença entre um primeiro cliente e uma atividade regular. O primeiro cliente é uma cilada! Da ideia à patente, há um longo caminho a percorrer. (Até o pagamento dos *royalties*, nem se fala!)

GA: Você falou em "revelação". Dessa experiência com os grupos de criatividade, precisamente em relação ao seu procedimento inventivo, você aprendeu e guardou o quê?

RM: No meu caso, foi principalmente o reflexo do procedimento em três tempos: primeiro, o registro do problema no cérebro (que eu chamo de *registro oco*, e você, de *impregnação*). Depois, a segunda fase, o *distanciamento*; por último, a terceira, a etapa do *cruzamento*, cuja descrição, na minha opinião, é sua grande contribuição.

É claro que a condição prévia é suspender o julgamento. Se você não faz isso, não pode começar a viagem. Se visse a minha raiva nas reuniões, quando as pessoas vinham a cada cinco minutos com "isso não dá certo, isso já existe"; minha vontade era dar uma surra nelas. O princípio da suspensão do julgamento é como dizer que, para viajar, precisamos de um meio de transporte: um carro, um avião etc. É a primeira evidência, senão você não começa. Depois de satisfeita essa condição prévia do "julgamento suspenso/meio de transporte necessário", a viagem começa efetivamente.

É a partir daí que se deve começar (se distanciar, divergir): a força da criatividade, a origem de tudo, é o imaginário, a coragem de se deixar levar, divagar, deixar o espírito flutuar e se distanciar.

Depois, se possível, voltar (cruzar) para a casa em que moramos. É a etapa do cruzamento (ver p. 51), como você diz, o momento crucial da invenção, quando tudo acontece.

É evidente que quem está acostumado emenda uma coisa na outra. É como um professor de natação que ensina a braçada: no início, ele faz uma, duas, três, quatro vezes, e depois você faz os movimentos automaticamente. Porém, se pula uma etapa, afunda!

GA: Você não fala da criatividade como uma coisa intelectual, um aprendizado universitário. Parece falar dela com uma espécie de emoção, como se ainda houvesse em você traços de exaltação!

RM: É verdade, e isso é efeito do grupo. É o fenômeno da emulação (emulação ou competição, já não sei mais), que ocorre por estarmos com muitos indivíduos, divididos em pequenos grupos e bem treinados por um mediador que conhece a música, que estimula, incentiva, apoia. Acho que é importante formar um grupo de produção de ideias. Acredito muito no princípio de reunir

IDEIAS

pessoas "incompetentes", quer dizer, que não conhecem nada do que estão tratando – supõe-se que não são condicionados pelos hábitos de pensamento dos especialistas, por isso exploram com mais facilidade as vias anexas –, em seguida, criar entre eles uma confiança que permite se deixar levar. Mas, se por um lado eles não conhecem nada do assunto, por outro conhecem muito bem as regras da valsa de três tempos.

GA: Você se refere ao procedimento criativo?

RM: É, eu disse "valsa", mas poderia também ter dito "motor de três tempos". Eu me refiro à decomposição das fases da criação de ideias em três etapas. Não abro mão disso.

Primeiro, o registro oco. É deixar o cérebro alerta, ficar à espreita, como um animal. A ideia vem depois, em relevo, legível, mas oca. No começo, temos apenas as insatisfações do problema, as demandas, os desejos.

Então, você varre o meio ambiente à procura de pistas, como se tivesse um detector invisível que, em dado momento, desse um sinal e você dissesse: "Esse é meu ponto de partida". Você precisa estar sempre atento aos objetos e sinais à sua volta, olhando-os com um novo olhar. Vê um tijolo oco, por exemplo, e pensa com seus botões que poderia fazer um porta-lápis para o escritório ou saibro para uma quadra de tênis. Ou, em outra direção, um muro vazado para sua casa. Devemos agir como marcianos descobrindo o mundo. De modo geral, os objetos à nossa volta, os conceitos, o ambiente, são fixos, codificados, imóveis, mortos. Para torná-los vivos, móveis, capazes de se encaixar num grande quebra-cabeça, você deve desestruturá-los mentalmente. Se forem fragmentados, o registro oco pode fazer outra coisa com eles.

Segundo, o distanciamento. É um *traveling* mental. A gente olha o problema de longe, como se estivesse em outro planeta, ou de muito perto, com um microscópio. Gosto muito daquela regra que havia nos grupos (ver p. 58), em que a gente ampliava, diminuía, considerava o problema pelo avesso, de cabeça para baixo etc. Mas a questão é chegar a bons distanciamentos. Alguns são apenas fantasias pessoais, sem relação com o assunto. Outros são transposições geniais. Não existe regra, você tem de aceitar o desperdício. Isso é o mais importante. Se você não estiver disposto a desperdiçar, você não está preparado para encontrar.

GA: E quanto ao surgimento da ideia?

RM: É o terceiro ponto. A ideia vem depois do *traveling* mental, quando a gente cruza esses elementos desordenados com a realidade (ver p. 51). A criação está ali, na interseção, quando percebemos como o plano do distanciamento pode se cruzar com o problema. A ideia é sempre misturar essas duas coisas.

Assim como a patente é uma combinação de meios, a ideia é uma combinação de duas coisas, de dois conceitos, de dois sonhos, duas palavras. Assim como são necessárias duas pessoas para fazer um filho, para criar uma ideia é preciso unir duas noções que se encaixem. Existe uma força que vem da conjunção de dois conceitos que eram distantes. Aliás, para unir dois conceitos, você precisa se esforçar: a criação consome uma energia louca. Se você não estiver motivado pelo desejo de encontrar, é melhor ir jogar bocha. É preciso energia e obstinação.

GA: É verdade. Eu me lembro da época em que você vivia registrando patentes, obstinadamente, em todos os países do mundo. Nós comentávamos entre nós: "O que o Moreno anda fazendo? Registrando patentes".

RM: Exatamente. E a obstinação anda de mãos dadas com a certeza. As ideias são muito voláteis, são meio como um sonho. Em dado momento, você precisa confiar em sua ideia, acreditar piamente nela, estar disposto a dar as calças por ela, caso contrário, quem vai acreditar nela? Por exemplo, há alguns anos tive de enfrentar uma campanha da imprensa que dizia: "O *chip* não é mais inviolável". Foi como se dissessem: "Moreno está mentindo há 22 anos". Fiquei muito mal. Porém, como acredito em minha ideia, ofereci um milhão de francos franceses para quem conseguisse violar o *chip*. Não apareceu ninguém. Isso é a convicção íntima do inventor.

GA: Se você tivesse de fazer um retrato do inventor, o que diria?

RM: O inventor não é um especialista, pode não ter nada que ver com o assunto. Ele capta ligações ocultas entre duas coisas que existem. Quando a ideia nasce, ele fica numa excitação que se traduz em agitação geral. Ele tem confiança total na ideia, uma fé capaz de mover montanhas. Ele deve ser capaz de encontrar parceiros, pelo menos para financiar o protótipo.

GA: Hoje, na prática, como você faz para buscar ideias?

RM: Tenho uma técnica de maníaco. Guardo obsessivamente tudo que chama a minha atenção. Recortes de jornais, documentos diversos, frases pegas no ar, croquis, páginas fotocopiadas de livros, notícias do dia (é raro que o jornal passe intacto pelas minhas mãos). Com a internet é a mesma coisa: eu imprimo, recorto ou guardo numa pasta no meu computador.

Faço pilhas com todo esse material, e todas essas coisas têm em comum o fato de serem insólitas (para mim), espantosas e esquisitas: elas me fazem reagir na hora. A pilha me estimula, quando mergulho nela de tempos em tempos. Isso *des-ordena* minha ordenação mental habitual. Tenho a impressão de expor meu cérebro a um conjunto de produtos desoxidantes que o desenferrujam. Sinto que ele fica mais fluido quando é exposto a esse tratamento. Meu cérebro fica mais excitado e permeável às coisas e ideias novas.

Na verdade, colecionar o insólito e a loucura dos homens que lotam as páginas dos jornais ajuda a sair do caminho seguro da lógica. Temos tendência a descer a ladeira do mais fácil, a andar nos trilhos, a respeitar as regras da experiência anterior. Ora, a criatividade é o contrário, é a insegurança, o risco. A pilha de insólitos me ajuda a explorar minha loucura pessoal.

GA: Você busca ideias sozinho?

RM: Acho que, no fim das contas, sempre encontro as ideias sozinho, mesmo no meio de um grupo. Porém, para que essas ideias solitárias apareçam, preciso do aquecimento, do estímulo, da excitação do grupo. Estou sempre organizando reuniões com minha equipe ou com colegas de fora.

A criatividade em grupo tal como você a pratica é uma iniciação: se não passarmos por ela, sempre vai faltar alguma coisa. Não estou falando dos grupos que praticam o *problem solving* ou usam métodos racionais, mas dos grupos que, em dado momento, provocam um estalo na gente. Não é uma coisa que você compreende, é uma coisa que você sente, uma coisa que se mexe em um canto do cérebro. É quase física, como alguém que encontra a posição certa para esquiar ou andar a cavalo. É sentir intimamente o caminho para encontrar as ideias. Todas as técnicas são avisos, lembretes para recuperar esse momento mágico que o grupo proporciona. Sempre recorro a elas, mesmo na minha idade, sozinho, ou em grupo, quando dá branco, ou então para dar a partida, como um *starter*.

Você fez muito bem em escrever este livro. Para mim, todas essas técnicas de busca de ideias são absolutamente atuais. E está na hora de relançar a criatividade, é urgente. Estamos atravessando um período em que o mundo está uma bagunça e precisamos encontrar soluções inimagináveis para problemas sociais e ambientais.

Diferencio muito bem criatividade e inovação. Para mim, a inovação nem sempre é positiva, nem sempre significa ou proporciona progresso. Não devemos fazer um culto à inovação. A inovação não é um objetivo por si.

Acredito que o mais importante no seu trabalho é a mudança mental, a confiança na própria criatividade e a certeza de que, juntando quatro ou cinco pessoas bem treinadas em criatividade, vamos resolver o problema. Isso é dar às pessoas a vontade e o prazer de criar novos conceitos. Pensando bem, você vende satisfação!

Roland Moreno
Guy Aznar
Paris, 1º de dezembro de 2004

Breve história das técnicas de criatividade

A ideia de que a criatividade aplicada à produção de ideias não é um processo solitário e misterioso, associado a indivíduos excêntricos, mas pode ser desenvolvida, ensinada e organizada, surgiu há cerca de 50 anos.

A escola americana

Os estudos do americano Jean P. Guildford marcaram época. Depois de observar que as publicações científicas sobre criatividade eram muito fracas, impulsionou a pesquisa. Como ele prova com diversos estudos, a inteligência inclui o fator criatividade, e as situações que implicam resolver problemas apelam para o conjunto das funções mentais, entre elas a criatividade. CQD: não podemos renunciar à criatividade para viver e nos desenvolver.

A partir de 1950, Paul Torrance, outro americano, defendeu que cada indivíduo possuía um potencial criativo que podia ser medido, e desenvolveu uma série de testes de criatividade.

Mas a criatividade só pôde ser valorizada fora dos laboratórios das universidades com a criação de técnicas de busca de ideias aplicáveis em empresas e de práticas didáticas que permitiam ensiná-la em faculdades, escolas e seminários.

Nesse sentido, devemos citar duas correntes que se desenvolveram paralelamente nos Estados Unidos: o *brainstorming*, de Osborn (praticado empiricamente desde 1938) e a sinéctica, de Gordon (com base em pesquisas iniciadas em 1943). Apresentamos as origens e especificidades do *brainstorming* na página 102 e as características da sinéctica na página 94. Para resumir, podemos dizer que o *brainstorming*, inventado por um publicitário, está mais ligado à produção rápida e quantitativa de ideias, enquanto a sinéctica é essencialmente analógica, mais ligada à invenção tecnológica.

Mas as técnicas seriam vagas e fluidas se não fossem integradas a um processo global de raciocínio e aprofundadas permanentemente por um ir e vir entre a prática em campo e a reflexão. Foi o que fez Sydney J. Parnes, que desenvolveu com Alex Osborn um procedimento global, um *process* sistemático (ver p. 197). Há 50 anos ele dirige a Creative Education Foundation e o Creative Problem Solving Institute. Essas duas instituições, que reúnem todos os anos 500 especialistas em criatividade numa grande convenção internacional, mantiveram no topo o entusiasmo dos fundadores e ampliaram consideravelmente o campo de reflexão, incorporando correntes vindas de diferentes horizontes.

A prática organizada da busca de ideias se desenvolveu também por outros caminhos, em outros continentes, sem que seus protagonistas se conhecessem.

A escola russa

É marcada pelo método Triz, de Guenrich Altshuller, que decidiu estudar não os mecanismos psicológicos da criatividade, mas seu resultado objetivo: as patentes de invenção. Depois de analisar 200 mil patentes em busca dos procedimentos seguidos pelos inventores, ele fez certo número de constatações: os sistemas técnicos seguem um processo de evolução (ele detectou oito leis fundamentais); os caminhos que levam à invenção são poucos (ele observou 40 principais); os princípios da invenção não são específicos a uma área e podem ser transferidos de um campo para outro; a invenção sempre vem depois de uma contradição.

O método pretende que cada problema colocado seja transformado em problema geral, para identificar a contradição e, então, buscar os princípios de invenção que podem ser aplicados utilizando uma matriz (ver p. 159). Podemos dizer que se trata de um método analógico que, em vez de se inspirar na natureza ou em campos variados, inspira-se no estoque de princípios de invenção oriundos de patentes. Ampliado pelo uso do computador, é de grande eficácia para qualquer problema tecnológico. As associações Triz estão em muitos países.

A escola japonesa

A escola japonesa criou um sistema de coleta de ideias apresentado aqui como "coleta de ideias individuais" e "inovação participativa" (ver p. 169). O princípio, que consiste em recolher as ideias das pessoas, é tão antigo quanto o mundo. Nós o descrevemos na p. 169 em diante.

Foi recentemente, em 1973, durante a primeira crise do petróleo, que o procedimento teve um impulso decisivo: os japoneses, com a faca no pescoço, buscavam formas de economizar energia, material e custos. Envolveram toda a hierarquia das empresas, do presidente ao peão, numa revolução total de sugestões e ideias. Esse impulso superou todas as expectativas: 220 ideias por pessoa ao ano na Nissan!

Os sistemas de sugestão são herança do *kaizen* japonês. *Kaizen* significa "progresso contínuo". É um procedimento "de múltiplos pequenos progressos no dia a dia". Tende a promover a manifestação espontânea do pessoal operacional, baseada na observação em campo.

Se o *kaizen* se assemelha à inovação por pequenas melhorias, a inovação participativa pode romper com o passado. Nesse caso, é enfatizada a capacidade de inovar realmente, isto é, manifestar uma criatividade capaz de encontrar soluções inesperadas. Ela lembra que ideias extremamente inovadoras podem vir de funcionários de todos os níveis. Essa criatividade complementar deve ser incentivada: é o que fazem certas empresas japonesas, como a Toyota e a Honda, que têm orçamento próprio para construir protótipos de acordo com as ideias produzidas em campo.

Hoje, na maioria dos países, existem associações que coordenam os esforços realizados na coleta de sugestões. Na França, o tema é defendido pela associação Innov'acteurs (www.innovacteurs.asso.fr) (ver p. 169).

A escola inglesa

A originalidade da escola inglesa é marcada principalmente pela contribuição de Edward De Bono, criador do método do "pensamento lateral", que designa uma forma de pensamento irracional, não linear. Ao contrário do *brainstorming* (que abre um espaço limitado para a "loucura") e dos métodos de desvio (que apelam temporariamente para o irracional), o método de De Bono utiliza principalmente processos conscientes, estimulados por provocações aleatórias. O acaso não implica envolvimento, é invocado em situações restritas e controlado por códigos (por exemplo, o código "po" emitido antes de uma proposta irracional). O pensamento lateral é uma forma de desvio consciente, metódico, organizado. A diversidade de ferramentas atribui um caráter sistêmico ao procedimento. Aliás, o método incentiva atitudes favoráveis à criatividade, simbolizadas por um código de cores (os seis chapéus) que pode ser utilizado em reuniões do tipo clássico. Isso confere um caráter extremamente prático ao procedimento, e contribuiu para seu sucesso (ver p. 151).

A escola francesa

A escola francesa incrementou a criatividade com diversas inovações técnicas, e deu um tom particular à mediação dos grupos de criatividade. Aqui, descrevo em particular a Synapse, citada diversas vezes neste livro.

Constituída como associação e depois transformada em empresa de consultoria, a Synapse foi fundada, em outubro de 1966, por meu irmão Christian Aznar (que trabalhava com comunicação), por Pierre Bassis (que dirigia uma firma de estudos de mercado) e por mim (que estava saindo da Sorbonne impressionado com os cursos sobre imaginação). O espírito de maio de 1968 já estava no ar, brandíamos o slogan "todo mundo é criador" e passávamos a noite buscando ideias por puro prazer, por qualquer motivo. Entramos no campo da criatividade sem conhecer nada dos estudos americanos, e foi por acaso, numa livraria, que descobrimos o livro de Gordon sobre a sinéctica. Ele se tornou nossa bíblia.

Incrementamos a prática da criatividade com diversas contribuições: primeiro com as técnicas projetivas, inspiradas no trabalho de Didier Anzieu, e a aplicação do teste de Rorschach, que alguns empregavam na psicologia clínica. Depois trouxemos técnicas oníricas, inspiradas na técnica do "sonho acordado", de Robert Desoille. Por último, veio o uso intensivo do desenho e dos modos de expressão gráfica. A ida de alguns de nós para o Esalen Institute, na Califórnia, trouxe as técnicas de expressão corporal.

Nosso principal modo de intervenção era implantar células permanentes de criatividade nas empresas e desenvolver programas de treinamento de longa duração. De passagem, inventamos uma profissão, a criação de marcas, e fundamos a Novamark[71]. Inventamos também os estudos qualitativos criativos, unindo as técnicas de criatividade aos estudos de motivação (ver p. 224). A Synapse foi um viveiro de onde saiu grande parte dos profissionais franceses da criatividade. Cito alguns deles nos agradecimentos.

---

71. Antes a criação de marcas era feita pelas agências de publicidade e não constituía uma atividade profissional específica. Ainda hoje essa atividade é exercida por antigos colaboradores da Synapse, como Marcel Botton, Guy Crété e Corinne Bessis. Diversos consultores se especializaram nesse ramo, como Olwen Wolfe, da Worlding.

Além da Synapse, e sem nenhuma relação com ela, foi criada na França uma vasta cultura de criatividade, com práticas específicas e originais, que resultaram em numerosas invenções.

Entre as empresas de treinamento ou consultorias de criatividade, citamos a Créargie, Hubert Jaoui, Bernard Demory, Michel Fustier e, mais recentemente, a Expert, a Kaos, a Inergie, a Iris Consultants, a Pharest e numerosos consultores que não posso citar. Entre os que têm livros publicados, citamos especialmente Pierre Berloquin, Bernard Demory, Michel Fustier, Hubert Jaoui, François-Marie Pons, Florence Vidal etc. No campo dos estudos qualitativos, criou-se na França um estilo original, vindo da criatividade e representado por numerosos especialistas. Entre os que têm livros publicados, citamos Georges Guelfand e Jean-Claude Wydouw.

Atualmente, a criatividade cresce bastante na França. A maioria dos praticantes se encontra na Associação Francesa para o Desenvolvimento da Criatividade (www.crea-france.com).

Bibliografia

ALLEN, Myron S. *An introduction to morphological creativity*. Califórnia: Institute of Applied Creativity, 1961.

ATLAN, Henri et al. *Création et créativité*. Saint-Quentin en Yvelines: Castella, 1961.

_____. *Entre le cristal et la fumée*. Paris: Seuil, 1979. [Ed. bras.: *Entre o cristal e a fumaça*, Rio de Janeiro: Zahar, 1992.]

AYMÉ, Marcel. *Le passé-muraille*. Paris: Gallimard, 1943. [trad. O passa-paredes. São Paulo: Francisco Alves, 1982. Coleção Mestres do horror e da fantasia.]

AZNAR, Guy. *La créativité dans l'entreprise*. Paris: Éditions d'Organisation, 1972.

BACHELARD, Gaston. *Le droit de rêver*. Paris: PUF, 2002. [Ed. bras.: *O direito de sonhar*. Rio de Janeiro: Bertrand Brasil, 1994.]

BACUS-LINDROTH, Anne; ROMAIN, Christian. *Libérez votre créativité*. Paris: J'ai lu, 1997.

BELLON, Bertrand. *Innover ou disparaître*. Paris: Economica, 1994.

BERLOQUIN, Pierre. *La recherche d'idées*. Paris: Bayard, 1993.

BOIREL, René. *L'invention*. Paris: PUF, 1972.

BRABANDÈRE, Luc de; DEPREZ, Stanislas. *Le sens des idées*. Paris: Dunod, 2004.

BRABANDÈRE, Luc de; MIKOLAJCZAK, Anne. *Le plaisir des idées*. Paris: Dunod, 1994.

BUZAN, Tony. *Dessine-moi l'intelligence*. Paris: Éditions d'Organisation, 1995.

BYSTEDT, Jean; LYNN, Siri; POTTS, Deborah. *Moderating to the max*. Ithaca: Paramount Market Publishing, 2003.

CHANGEUX, Jean-Pierre; CONNES, Alain. *Matière à pensée*. Paris: Odile Jacob, 2000. [Ed. bras.: *Matéria e pensamento*. São Paulo: Unesp, 1996.]

DE BONO, Edward. *Réfléchir mieux*. Paris: Éditions d'Organisation, 1991.

_____. *La stratégie du projet latéral*. Paris: Dunod, 1998.

_____. *La boîte à outils de la créativité*. Paris: Éditions d'Organisation, 2004.

_____. *Les six chapeaux de la réflexion*. Paris: Eyrolles, 2005. [Ed. bras.: *Os seis chapéus do pensamento*. Rio de Janeiro: Sextante, 2008.]

DEMORY, Bernard. *La créativité en pratique et en action*. Paris: Chotard, 1984.

EHRENZWEIG, Anton. *L'ordre caché de l'art*. Paris: Gallimard, 1967. [Ed. bras.: *A ordem oculta da arte*. 2. ed. Rio de Janeiro: Zahar, 1977.]

FREREJEAN, Alain; KLEIN, C. A. *De Gutenberg a Bill Gates*. Paris: Tallandier, 2001.

FUSTIER, Michel. *Pratique de la créativité*. Paris: ESF, 1988.

FUSTIER, Michel; FUSTIER, Bernadette. *Exercices pratiques de créativité*. Paris: Éditions d'Organisation, 2001.

FURHAM, A.; RIBCHESTER, T. "Tolerance of ambiguity: A review of the concepts", *Current Psychology*, v. 14, n. 3, p. 179-99, 1995.

GAUDIN, Thierry; L'YVONNET, François. *Discours de la méthode créatrice*. Gordes: Éditions du Relié, 2003.

GETZ, Isaac; ROBINSON, Alan G. *Vos idées changent tout*. Paris: Éditions d'Organisation, 2003.

GOLEMAN, Daniel. *L'intelligence émotionnelle*. Paris: Village Mondial, 2005. [Ed. bras.: *Inteligência emocional*. Rio de Janeiro: Objetiva, 2007.]

GORDON, W. J. J. *Synectics*. Paris: Harper and How, 1961.

_____. *Stimulation des facultés créatrices par la méthode synectique*. Paris: Hommes et Techniques, 1965.

GUELFAND, Georges. *Paroles d'images*. Montreal: Gaëtan Morin, 1999.

GUILFORD, J. P. "Is some creative thinking irrational?". Journal of Creative Behavior, n. 16, p. 151-4, 1982.

GUILLAUME, Paul. *Psychologie de la forme*. Paris: Flammarion, 1937. P. 89.

GUILLOT, Danielle; DEMORY, Bernard. *Pour des réunions efficaces et dynamiques: exercices et jeux d'animation créative*. Hericy: Puits Fleuri, 1997.

Guntern, Gottlieb. *Les 7 règles d'or de la créativité*. Paris: Village Mondial, 2001.

HADAMARD, Jacques. [1945]. Essai sur la psychologie de l'invention dans le domain mathématique. Paris: Jacques Gabay, 1993. [Ed. Bras.: Psicologia da invenção na matemática. Rio de Janeiro: Contraponto, 2009.]

ISAKSEN, S. G.; DORVAL, K. B.; TREFFINGER, D. J. *Résoudre les problèmes par la créativité*. Paris: Éditions d'Organisation, 2003.

JACOB, Isabelle. Propostas e técnicas disponíveis em: www.iris-consultants.com. Acesso em 20 fev. 2011.

JAOUI, Hubert. *La créativité:* mode d'emploi. Paris: ESF, 1990.

JANSSOONE, Didier. *La boîte à idées*. Cormelles-le-Royal: EMS, 2003.

JOULIN, Nathalie. *Les coulisses des nouveaux produits*. Paris: Éditions d'Organisation, 2002.

KENT, G. H.; ROSANOFF, A. J. "A study of association in insanity". *American Journal of Insanity*, n. 37-96, 1910.

KERMADEC, Yann de. *Innover grâce au brevet*. Paris: Insep Consulting, 2001.

KOESTLER, Arthur. *Génie et folie de l'homme: le cri d'Archimède*. Paris: Calmann-Lévy, 1965.

KÖHLER, Wolfgang. *The Mentality of Apes*. Londres: Pelican Books, 1957.

LEWIN, Kurt. *Principles of topological psychology*. Nova York/ Londres: McGrawHill, 1936. [Ed. bras.: Princípios de psicologia topológica. São Paulo: Cultrix, 1973.]

LUBART, Todd. *Psychologie de la créativité*. Paris: Armand Colin, 2003. [Ed. bras.: *A psicologia da criatividade*. Porto Alegre: Artmed, 2008.]

MACLEAN, Paul; PAUL, Donald. *Les trois cerveaux de l'homme*. Paris: Robert Laffont, 1990.

McDERMOT, Robin E.; Mikulak, Raymond J.; Beauregard, Michael R. *Développer l'initiative et la créativité du personnel*. Paris: Dunod, 1996.

MICHALKO, Michael. *Thinkertoys!* Paris: Éditions d'Organisation, 2002. [Ed. bras.: *Thinkertoys:* manual de criatividade em negócios. São Paulo: Editora de Cultura, 1995.]

MICHEL, Robert; DEVAUX, Marcel. *Stratégie pour innover*. Paris: Dunod, 1996.

MOLES, Abraham; ROLAND, Claude. *Créativité et méthodes d'innovation*. Paris: Fayard-Mame, 1970.

MORIN, Edgar. *Introduction à la pensée complexe*. Paris: ESF, 1990. [Ed. bras.: *Introdução ao pensamento complexo*. 3. ed. Porto Alegre: Sulina, 2007.]

MORTON, Deutsch; COLEMAN, Peter T.; MARCUS, Eric. *Handbook of conflicts and resolution*. Hoboken, NJ: John Wiley, 2000.

OSBORN, Alex F. *Créativité: l'imagination constructive*. Paris: Dunod, 1988. [Ed. bras.: *O poder criador da mente*. 8. ed. São Paulo: Ibrasa, 1988.]

PAPANEK, V. J. In: PARNES, Sydney J. *Source book for creative problem solving*. Hadley: Creative Education Foundation Press, 1992.

PARNES, Sydney J. *Source book for creative problem solving*. Hadley: Creative Education Foundation Press, 1992.

POINCARÉ, Henri. "L'invention mathématique." [1908]. In: Hadamart, Jacques. *Essai sur la psychologie de l'invention dans le domaine mathématique*. Sceaux: Jacques Gabay, 1993. (Les grands classiques Gauthier Villar.)

RAMECOURT, Marjolaine de; PONS, François-Marie. *L'innovation à tous les étages*. Paris: Éditions d'Organisation, 2001.

RAYNAL, S. *Le management par projet: approche stratégique du changement*. Paris: Éditions d'Organisation, 1996.

ROBINSON, A.; STERN, G. *Entreprise créative*. Paris: Éditions d'Organisation, 2000.

ROCHE, Loïck; GRANGE, Thierry. *Innovation et technologie*. Paris: Maxima, 1999.

RODARI, Gianni. *Grammaire de l'imagination*. Paris: Rue du Monde, 1998. (Ed. Bras. *Gramática da fantasia*. São Paulo: Summus, 2008.]

RORCHARCH, Hernann. *Psychodiagnostic*. Paris: PUF, 1962.

SALLÉ, M.; Desmenards, P. H. *Le management par la vision*. Paris: Creargie, 2000.

SANDER, Bernie. *Le systèmes de suggestions en révolution*. Paris: JV & DS, 1995.

SERVAN-SCHREIBER, David. *Guérir*. Paris: Pocket, 2003. [Ed. bras.: *Curar*. 15. ed. Barueri: Sá Editora, 2004.]

SOL, Jean-Pierre. *Techniques et méthodes de créativité appliquée*. Paris: Éditions Universitaires, 1974.

SWINERS, Jean-Louis; BRIET, Jean-Michel. *L'intelligence créative au-delà du brainstorming*. Paris: Maxima, 2004.

TORRANCE, E. Paul. "Education and the creative potential". In: Source book for creatice problem solving. Nova York: Creative Education Foundation, 1992. p. 78.

VIDAL, Florence. *L'instant créatif*. Paris: Flammarion, 1984.

WYDOUW, Jean-Claude. *Créativité: mode d'emploi*. Paris: Éditions d'Organisation, 1997.

ZALTMAN, Gerald. *Dans la tête du client*. Paris: Éditions d'Organisation, 2004.

ZWICKY, Fritz. *Discovery, invention, research through the morphological approach*. Nova York: MacMillan, 1969.

Índice remissivo

Altshuller, Guenrich 160, 247
Analogia(s) 22, 33, 51, 67, 70, 72-76, 81, 89, 91-102, 105, 113, 138, 145, 162, 185, 212, 228
Anzieu, Didier 249
Arquimedes 78
Árvore de ideias 31, 68, 156
Associações 32-35, 38-40, 47-48, 63, 65-66, 68-69, 73, 84, 88-89, 91, 93, 100, 108, 111, 137, 195, 210, 226, 234-236, 241
Avaliação 13, 14, 105, 108, 142, 170-173, 176-177, 185-193, 194-195, 199-200, 217
Atlan, Henri 42, 251
Auber, Jean-Luc 7, 234
Aznar, Christian 7, 224, 249
Aznar, Guy 59, 124, 224, 241, 245, 251

Bachelard, Gaston 251
Bacus-Lindroth, Anne 251
Bériot, Didier 224
Berloquin, Pierre 7, 49, 77, 250, 251
Bessis, Corinne 249
Biônica 93, 98
Bissociação 63-65, 68, 92, 215
Blosiu, Julian 165
Boirel, René 65, 251
Botton, Marcel 7, 124, 249
Brabandère, Luc de 14, 34, 60-61, 66, 145, 251
Brain post-it 110
Brainstorming 16, 19, 22-24, 51-52, 57, 61, 89, 94, 102-113, 150, 152, 156-158, 193, 246, 248
Brainwriting 111, 236
Briet, Jean-Michel 253
Broca, Paul 116
Buzan, Tony 47, 251

Changeux, Jean-Pierre 251

Claude, Roland 252
Colagens 74, 88-91, 214, 231-232, 235, 237
Colombo, Christóvão 43
Connes, Alain 251
Crété, Guy 7, 249,
Criatividade individual 84, 156-157, 208-212
Cruzamento 24, 31, 39, 42, 45, 50, 51-59, 64, 66, 70, 73-79, 81, 84, 86, 89, 99, 101-102, 108, 117, 153, 156, 161, 185, 186, 195, 201, 204, 215, 228-229, 242

Damásio, António R. 117
Darwin, Charles 64
De Bono, Edward 15, 22-23, 49, 61, 151-156, 217, 248
Demory, Bernard 210, 250, 251
Desenhos (gráficos) 46-48, 52-53, 62, 68, 77, 85, 88-90, 100-102, 105, 112, 118, 136-137, 141, 185, 211, 214, 223-225, 228, 231-232, 234-236, 237, 249
Desvio (técnicas de) 14, 16, 22-25, 34, 42-46, 50-51, 57, 58-91, 96, 113, 150-153, 156, 161, 165, 212, 228, 237, 248
Descartes, René 116
Desoille, Robert 249
Deutsch, Morton 253
Devaux, Marcel 252
Dinâmica dos grupos 21, 30, 40, 114-150, 208, 224, 230
Distanciamento 19, 24, 31, 37, 38, 45-46, 48, 50-51, 52-55, 57-59, 69-70, 73, 76-78, 81-84, 86, 89, 91, 97, 98-102, 108, 117, 154, 161, 166, 185-186, 195, 205, 228-229, 242-243
Dorval, K. B. 61, 252
Duque de Veneza 181
Dupont, Philippe 7, 99

Ehrenzweig, Anton 15, 39, 41, 251
Einstein, Albert 87, 95
Emoção (emocional) 41, 46, 47, 59, 70, 81, 85, 97, 114, 115-117, 123, 125, 130, 132, 140, 142-144, 150, 154-156, 161, 227, 230
Encontros (técnicas de) 57, 63-70, 113, 150
Estudos qualitativos 14, 88, 202, 224-238
Expressão corporal 91, 119, 127, 131-133, 134, 148, 224, 237, 249

Flaubert, Gustave 70, 104
Fraley, Gregg 90
Frerejean, Alain 251
Freud, Sigmund 95
Fustier, Michel 101, 196, 250, 251
Fustier, Michel e Bernadette 97, 252

Gaudin, Thierry 252
Gavriloff, Philippe 159
Gestalt 38-40, 153
Getz, Isaac 252
Goleman, Daniel 115-116, 252
Gordon, William J. J. 23, 36, 49, 58, 70, 71, 79, 93-101, 220, 246, 249, 252
Grange, Thierry 253
Grévy, Ghislain 7, 159
Guelfand, Georges 7, 224, 227, 250, 252
Guénoun, Roland 7, 224, 227
Guildford 14, 103, 160, 246
Guillaume, Paul 40, 252
Guillot, Danielle 7, 78, 210, 252
Guntern, Gottlieb 252
Gutenberg, Johannes Gensfleisch 64, 78, 212,
Grupos de criatividade 29-42, 57, 72, 84, 98, 114-150, 166, 173

IDEIAS

Hadamard, Jacques 14, 41, 65, 80, 87, 195, 252

Isaksen, S. G. 61, 252
Identificação 70-75, 83, 86, 91, 96, 234, 237
Imaginário 17-25, 31, 34-35, 37, 42, 50-54, 56-58, 70, 83-84, 91, 102, 138, 152, 159, 169, 185-186, 206, 225, 228-229, 234-238
Impregnação 24, 36, 45-50, 57-58, 70, 73, 78-80, 86, 89, 91, 97, 195, 216, 242
Inovação 13-15, 65, 95, 113, 169-181, 201-203, 212, 217, 221-222, 245, 247-248

Jacob, Isabelle 7, 49, 54, 62, 111, 145, 195, 196
Jakobson, Roman 87,
Janssoone, Didier 252
Jaoui, Hubert 250, 252
Joulin, Nathalie 252
Jouvenel, Hugues de 85

Kepler, Johannes 64,
Kermadec, Yann de 252
Kirton, Michael 145
Klein, C. A. 251
Koestler, Arthur 5, 44, 63-64, 76, 80-81, 87, 92-93, 160, 215, 252
Köhler, Wolfgang 42-44, 212, 252
Krupp, Alfred 181,

L'Yvonnet, François 252
Lacan, Jacques 39
Leontief, Wassily 65
Lewin, Kurt 121, 252
Lista 61, 67, 164, 168
Little, Arthur D. 95
Lubart, Todd 17, 52, 116, 194, 252

MacLean, Paul 252
Malthus, Thomas Robert 64
Mao 59
Mapa mental 47-48, 68, 156
Mariot, Jacques 7, 124
Matrizes 51, 63, 65-69, 92, 189, 193, 196

Mediador(es) 73, 77-78, 113, 143-144, 156, 177, 179, 188-190, 207-208, 218, 220-222, 230-231, 242
Metáforas 96, 101, 116, 139, 226, 228
Método 22-23, 31, 42-113, 114, 117, 145, 150-181, 187, 189, 190, 197, 208, 220, 225-226, 230, 245, 247-248
Mendeleiev, Dimitri Ivanovitch 65
Michalko, Michael 252
Michel, Robert 252
Mikolajczak, Anne 34, 66, 145, 251
Moles, Abraham 40, 252
Moreno, Roland 45, 210, 241-245
Morin, Edgar 253
Mozart, Wolfgang Amadeus 51
Myron, Allen S. 67, 251

Nonis, Aldo 7, 224, 227

Oníricas (técnicas) 19, 51, 57, 79-86, 113, 150, 249
Osborn, Alex F. 32, 62, 65, 86, 95, 102-110, 187, 191, 195, 197, 246, 247, 253

Papanek, Victor J. 93, 253
Parábolas 85, 101
Parnes, Sydney J. 61, 105, 109, 195, 197, 247, 253
Patrick, C. 195
Paul, Donald 252
Pensamento lateral 22-23, 25, 150-159, 161, 248
Poincaré, Henri 41, 81, 95, 160, 253
Pons, François-Marie 187, 196, 250, 253
Projetivo; projeção; técnicas projetivas 70-79, 90-91, 137, 138-139, 224-238
Puccio, Gérard 146

Racional 65, 85, 93, 101, 116-117, 122, 161, 165, 205
Raison, Mark 191-192

Ramecourt, Marjolaine de 187, 253
Robinson, A. 252, 253
Roche, Loïck 253
Rodari, Gianni 253
Romain, Christian 251
Roteiro 31, 48, 162, 228, 236
Rorschach, Hermann 36, 76, 239
Rossman, J. 195

Saint-Péron, Rémi 7, 169, 177
Sander, Bernie 253
Scanning 39, 41, 45, 52-55, 78, 161, 195,
Seredinsky, Andrew 164
Servan-Schreiber, David 115-117
Sol, Jean-Pierre 253
Sonho
Acordado 48, 83-84, 133, 137, 249
Onírico 86
Stanislavski, Konstantin 73
Stern, G. 253
Svitalsky, Tim 146
Swiners, Jean-Louis 253

Tokugawa 181
Torrance, Thomas F. 246, 253
Treffinger, D. J. 61, 252
Treinamento 16, 31, 37, 39, 50, 82, 109, 113, 121-142, 147-148, 166, 176, 177, 204-231, 249-250
Triz (método) 16, 18, 25, 93, 150, 151, 159-169, 217, 247

Vidal, Florence 250, 253
Vinci, Leonardo da 29, 47, 76, 93, 210
Von Ehrenfels, Christian 38
Von Kekulé, Friedrich August 80

Wallas 194
Walter, Grey W. 94
Wolfe, Olwen 249
Wydouw, Jean-Claude 7, 230, 250, 253

Zaltman, Gerald 226, 253